U0458384

教育部人文社会科学研究

“马克思主义政治经济学视域下福利经济理论范式重构研究”

（项目编号：22YJCZH238）项目成果。

马克思主义视域下
西方福利经济理论研究

张九红◎著

上海三联书店

目　录

导论：问题与视角

一个时代离我们越近，我们对它就了解得越少，对于我们自己的时代，我们是了解得最少的。[①]任何一个人想要理解和把握一个时代的经济现象，不仅需要了解现时代的经济事实，还需要具备一定的历史感，或者说具有一定的历史经验。因为，历史的叙述不可能是纯经济的，它还反映着那些非经济的事实。历史是我们了解经济事实和非经济事实，以及各种社会学科怎样联系在一起的最好方法。福利经济理论的历史是神圣而古老的，"卡拉法及其继承者的大部分著作以及繁琐学派者及其继承者的大部分著作，都属于福利经济学的范畴"[②]。从这个角度来讲，我们需要对其进行经济学史的研究。同时，"福利经济学一直将幸福作为这门学科的核心，并将其视为指向人类福祉和不同人所拥有优势的唯一引导"[③]。

---

① [美]约瑟夫·熊彼特著.经济分析史(第三卷)[M].朱泱等译，北京：商务印书馆，1994：13。

② [美]约瑟夫·熊彼特著.经济分析史(第三卷)[M].朱泱等译，北京：商务印书馆，1994：461。

③ [印度]阿马蒂亚·森著.正义的理念[M].王磊、李航译，北京：中国人民大学出版社，2012：254。

从这个意义来说，我们需要对其进行哲学、政治学和社会学等跨学科研究。哲学是时代的精华，通过哲学思想，我们可以了解一个时代的精髓；利用哲学思维，我们可以把握现时代的脉搏。

两百多年的资本经济发展对人类社会产生了广泛而深刻的影响。经济发展为人的自由全面发展和自我价值实现提供了前所未有的物质基础，为个人权利的重新阐释提供了新视角，为社会正义赋予新内涵。由经济发展引发的福利问题也为理解国家与个人关系开启新视域。福利，尤其是关于财富增长及其分配的经济福利，正伴随着社会经济发展和个人民主意识的提升，成为国家和个人关心的焦点。

2004年，美国社会保障厅调查结果显示，当前，世界上至少有130多个国家和地区建立至少一项或者多项福利保障项目。①根据这个调查结果，我们可以看出，几乎所有的工业化国家已经建立多种多样的福利保障项目。在发达国家，它们几乎构建出一整套系统而完善的社会福利保障体系，在发展中国家，社会福利保障项目日益完善。福利经济学作为指导社会福利实践的重要理论之一，其发展经历了近一百年时间的洗礼，其间历程曲折辗转，但是，它始终致力于社会福利的实践指导。鉴于当前世界经济发展的不均衡状况和中国经济发展的转型现实，现在正是对其进行哲学思考的恰当时机。一方面，有助于推动福利经济理论走向跨学科创新融合的新视域，另一方面，有利于结合中国社会经济发展现状，推进社会福利实践活动。

① [韩]朴炳铉著.社会福利与文化——用文化解析社会福利的发展[M].高春兰、金炳彻译，北京：商务印书馆，2012：1。

一、问题提出的背景和意义

经济学家约翰·凯恩斯在20世纪30年代曾经如此预言:"假如日后没有重大的战争事件,人口也没有大规模地增加,那么,经济问题是可能会在100年之内得到解决,或者至少在100年之内有解决的希望。这就意味着,如果我们展望未来,可以看到,经济问题并非是人类永恒存在的问题。"①随着时间推移,距离凯恩斯预言的时间界限愈来愈近,资本社会发展的经济成果也愈来愈验证着他的预言:当前发达国家的生活水平,比20世纪20年代,已然超出他所预言的4—8倍。就其平均状况而言,当前人们的生活水平超过20世纪20年代的生活水平已有8倍。就其结果而言,我们是否可以说,人类经济问题终将解决,生存竞争将不再成为人类生存本能诉求与终极目标呢?

这需要从两个层面来回答。第一,世界经济发展状况不均衡,发达国家之间、发展中国家之间,以及发达国家与发展中国家之间,社会经济发展状况不均衡。这是人类解决经济问题和生存竞争问题必须面对的一个事实。在资本社会中,这种不均衡状况并不会随着资本经济的发展,自然而然地解决。因为,正如托马斯·皮凯蒂所言:"虽然全球经济发展处于趋同机制之中,后发国家利用知识和技术,在资本积累与利益获得方面,赶超发达国家,但是,全球经济同样处于分化、分裂机制之中,尤其是资本收益率大于经济增长率时,这种分化和分裂的力量会更加强大。"②这不

① [英]约翰·梅纳德·凯恩斯著.劝说集[M].李井奎译,北京:中国人民大学出版社,2016:212。

② [法]托马斯·皮凯蒂著.21世纪资本论[M].巴曙松译,北京:中信出版社,2014。

仅表现为不同国家之间的经济不均衡，同时也表现为个人财富分配的不均衡。无论是从世界经济发展的整体性来说，还是从各个国家经济发展的特殊性来说，福利水平高低不同的事实表明：社会不平等状况处于扩大趋势之中。

第二，如果说经济问题的解决，意味着人类不再受到饥饿、贫困等威胁，那么，按照当前资本社会发展的势头和成果，世界经济积累的巨大物质财富，终将解决贫困和饥荒问题。然而，愿望终归是愿望，理论上的可望解决与事实上的可望解决，依然存在着巨大的差距。纵然是事实上可望解决的经济基础已然达到，但是，实践中可望解决的途径与方式却依然无所知、无所求。因为，人类长期以来凭借其天生的本能与冲动来解决经济问题，"如果经济问题得到解决，那么，人类就会失去他们传统上的那种生存目的"。①如何让一个普通人，抛弃早已根深蒂固的习惯与本能，过上全新的自由而闲暇的生活？或许这比解决人类经济问题更加难以解决。不过，我们暂且不必耗费脑力思考这个课题，我们需要首先关注当下人类生存生活的福利课题。

福利问题是每个时代的重要主题之一，当然，现时代社会更加关注福利。因为，自从资本主义市场机制确立以来，人获得生存生活独立性的同时，也失去了依附于他人（比如奴隶主或者地主）以获得安全保障的社会关系。在市场机制中，人们获得一定的自由和独立，但是，资本社会的风险和威胁越来越难以凭个人力量抗衡。这是因为"对个人幸福与公众幸福的最大伤害是市场

① [英]约翰·梅纳德·凯恩斯著.劝说集[M].李井奎译，北京：中国人民大学出版社，2016：212。

机制摧毁了他的社会环境、他的街坊、他在社群中的地位以及他的同业公会;总而言之,也就是摧毁了以往包含在经济活动之中人的关系、自然的关系。工业革命导致了社会的解体,而贫穷问题只不过是这一个事件的经济面而已”①。换言之,人的生存生活依赖于资本物的关系,资本是当下人类生存的最直接形式,了解资本逻辑,投进资本市场,是人类当下获得自由生存的根本途径。然而,如果人类陷入资本逻辑,沉溺于资本市场,获得的又是固化的生存模式。因此,现代社会的福利问题,不仅是经济现象的贫穷问题,而且是生命生存的综合问题。其中涉及社会发展的宗旨、经济财富积累的目的、政治国家的导向等问题。

正如上文所言,当前,世界上大多数国家已经建构至少一项或者多项社会福利保障,但是,各个国家的经济发展水平不同,其福利水平各不相同,因而,福利问题表现为两种极端。一个极端是丰裕社会为民众提供较高水平的福利,这集中于发达国家。这些国家经济发展水平很高,物质财富积累的总量很大,国民物质生活丰裕程度远远超过人类生理需求的界限。这种高水平福利同时带来一些问题。一是过高的福利水平造成国家或者政府沉重的财政负担。政府在平衡经济效率和社会平等张力关系时,面临严峻的压力。二是过高的福利水平给人的健康带来双重影响。因为“健康并不仅仅意味着人能活着或者活的寿命很长,它更重要的含义是活得好。好的内涵是多维度的”②。民众福利水平与

---

① [英]卡尔·波兰尼著.巨变:当代政治与经济的起源[M].黄树民译,北京:社会科学文献出版社,2017:197。

② [美]安格斯·迪顿著.逃离不平等——健康、财富及不平等的起源[M].崔传刚译,北京:中信出版社,2014:005。

民众生活的满意度并不呈现持续的正相关关系。虽然，丰富的物质供给能够提高人们对生活满意度的评价，但是，“钱只能让人在一定程度上觉得幸福，没有钱而心里感到幸福也会让生活变得更美好”①。另一个极端是发展中国家的低水平福利。这些国家的社会经济发展相对落后，社会经济财富总量不足，民众福利水平相对较低。甚至有些贫穷落后国家，民众依然处于饥饿贫困之中，国家或者政府能够提供的福利保障非常有限。因而，人的基本生存问题是整个社会面临的首要问题，更不要谈经济问题的解决或者生存竞争的消除。

虽然，这两种福利状况的差别很大，但是，它们都是我们应该思考和研究的重要课题。福利问题是一个随着社会经济变化而变化的课题，高水平福利存在的问题，可以为低水平福利提供经验和教训，而低水平福利课题的解决，同样启示着高水平福利课题的探索。目前而言，高水平福利存在两个问题：一个是国家或者政府解决福利水平与生活满意度持续正相关关系；二是国家或者政府解决财政问题，保持高水平福利持续稳定。低水平福利社会同样存在两个问题：一是国家或者政府推进社会经济快速持续发展，以便为民众福利水平的增进提供必要的物质基础，同时关注社会经济发展的生态成本和社会成本问题；二是国家或者政府推进民众社会福利体系的综合建构问题。

西方福利经济理论已经历近一百年时间的洗礼，虽然，其间遭遇波折和辗转，但是，随着人类社会历史的推进，福利问题作为

① [美]安格斯·迪顿著.逃离不平等——健康、财富及不平等的起源[M].崔传刚译，北京：中信出版社，2014：027。

现代社会主题之一,它越来越成为人们关注的重点和焦点。然而,西方福利经济理论始终局限于经济学框架,因此,它对人的现实生活的改造能力始终有限。因而,在人类历史进入21世纪的当下,我们需要对其进行马克思主义哲学视角的批判和审视。这样做的意义有两点:一是推动西方福利经济理论的创新融合,激活它指导社会福利实践的能量;二是为当前发展中国家的福利实践提供理论支撑和实践指导。

当前,中国是发展中国家,但是,中国的社会财富总量很大,因此,正是探讨国家或者政府推进社会福利实践的关键时间节点,尤其是党的十九大明确指出,社会主要矛盾已经转变为人民日益增长的美好生活需要和不平衡不充分的发展之间的矛盾。这意味着国家对中国社会经济发展现状的理性认识集中于以下三点。第一,物质文化生活和美好文化生活的关系问题。即人的美好生活由狭窄的物质经济需求发展到宽广的美好文化需求。这与经济福利狭窄化的演化路径相契合。因此,西方福利经济理论的哲学研究,一方面,指出发达国家的福利建构成果以及存在的问题和不足,另一方面,启示中国推进美好文化生活的实践路径。第二,社会经济发展的不均衡不充分现状与美好生活之间的矛盾,实际上,这是指社会经济发展应该由低质量阶段转向高质量阶段。一方面,社会经济的均衡发展能够为民众提供相对公平平等的财富积累机会;另一方面,社会福利总量最大化有利于激活社会主义市场经济的活力,推动社会经济深入和持续发展。福利水平的均等化有利于推进社会经济充分发展,福利水平与经济发展处于同一矛盾体中。由于西方福利经济理论是资本社会现实存在的理论反映，它指导福利实践的路径无法超越资本逻辑的框架。换言之，想要解决人类的经济问题、生存竞争问题，必须跳出资本社会的视域，从人类社会的视角，审视和批判现代社会经济的发展问题。第三，经济生产和社会发展的关系问题是指社会状态由量到质的转变过程，这意味着社会发展与经济生产的协调性由经济目标转向非经济目标。这与福利经济理论导向人类最高福祉的宗旨相契合，但是，福利经济理论局限于“经济人”的福利课题，因而，它对福利实践的指导作用受到制约，无法很好地解决活生生现实个人的生活满意感问题。因此，马克思主义哲学的历史唯物主义是我们对其批判的最佳视角。其一，它强调现实个人的生存生活问题，强调自由全面发展的个人与社会现实存在之间的关系问题。其二，它强调共同体对人类社会发展的终极导向作用，强调现实个人、劳动实践和人类社会的历史和现实的发展问题。

福利问题是一个涉及社会、政治和文化的综合性问题。西方福利经济理论单纯从经济福利视角对其进行系统化研究，这与现代社会经济发展的阶段和进程相契合，在一定程度上为现代社会福利实践提供理论指引。同时，这也意味着它牺牲福利课题的非经济福利维度，当现代社会经济进程达到一定程度时，非经济福利的维度必然彰显，此时单一的经济福利视角不再适用于已经变化了的社会现实。因此，经济福利理论必然转向跨学科的综合性视域。我们对其进行哲学研究的目的是：一方面推动西方福利经济理论路径的转向，发掘其指导社会福利实践的能量；另一方面，批判资本不是抛弃资本，而是为了更好地发展资本，驾驭资本，这也为马克思的福利思想注入现实的活力和能量,为构建中国福利实践,提供有益的经验和教训。

二、理论研究的一般进展

在理论研究的历史长河中,我们把庇古先生开创的福利经济学作为理论研究的起点,但这并不是说在20世纪20年代以前没有福利经济研究,而是说经济福利的研究由此兴起、发展和完善,并演变成一个独立的学科系统。实际上,熊彼特在《经济分析史》第一卷中得出这样的结论:"在经院学者的所谓应用经济学中,核心概念仍然是支配其经济社会学的'公共利益'。这种公共利益是在独特的功利主义气氛中构想出来的,指的是个人经济欲望的满足,这种经济欲望是观察者的理性或理性的指导所能察觉出来的,因而撇开技术细节不谈,这种功利与现代福利经济学例如庇古教授的福利经济学中的福利概念是完全相同的东西。"①因此,在庇古先生创立福利经济学之前,福利问题研究一直伴随经济学发展始终,只不过鉴于当时社会经济发展状况、社会政治结构发展状况,它并没有成为一门独立的学科。直到20世纪20年代,福利经济学在新古典政治经济学的基础上,在适应社会经济发展和政治结构变革的前提下,发展成为一门独立的学科。随着人类历史车轮的推进,它已经历近一百年时间的洗礼,其间福利经济理论的哲学基础和研究方法,几经辗转变换,有发展的贡献,也有徘徊的困境,更有突破后的融合创新。

---

① [美]约瑟夫·熊彼特著.经济分析史(第一卷)[M].朱泱等译,北京:商务印书馆,1991年版,2015年第7次印刷:157。

如果按照传统教科书的说法，福利经济学发展至今，已经历旧福利经济学、新福利经济学，以及后福利主义和非福利主义四个阶段。不过我们不打算采用这种划分方法，而是根据福利经济理论的哲学基础和方法论，将其划分为三个阶段。第一阶段的初创时期包括旧福利经济学和新福利经济学。这一时期的哲学基础和方法论比较单一，主要是功利主义哲学和效用理论。不过这一时期发生两点变化：一是功利主义哲学基础逐渐缩小；二是效用理论由基数效用转向序数效用。我们把阿马蒂亚·森突破阿罗不可能定理之后的福利经济理论称为第二阶段。这一阶段有两个主要特征。其一，审慎地对待功利主义哲学在福利总量中的作用和价值，并且，从经济学视角批判和反思理性经济人假设，转向探讨活生生的人的实际生活状态。其二，效用不再是唯一的衡量标准，社会伦理和道德义务也成为评价人的社会生活的重要标准。比如公平、正义、自由和权利等成为衡量福利状况的重要维度。第三阶段是指20世纪末至今，行为经济学和神经经济学的重大发展，为福利经济理论的创新融合提供新方法和新工具。人们在突破时期的基础上，通过经济实验和神经实验的数据分析，进一步扩展福利经济理论的研究视域，并指导福利社会实践活动。

第一个阶段是福利经济学的初创时期，包括旧福利经济学和新福利经济学。虽然，它们二者存在着明显的方法论区别，旧福利经济学坚持基数效用理论，认为效用可以度量，可以进行人际间比较；新福利经济学认为效用只能通过人的选择偏好进行衡量，福利效用不能进行人际间比较。然而，这一时期福利经济理论的哲学基础是功利主义,它把福利限定在个人效用的满足感和获得感,追求大多数人的最大幸福,即社会总福利。此阶段,虽然,“效用,无论是总效用,还是边际效用,都被看作是一种心理现实,一种显然来自内心而与外部观察无关的感觉——它不是那些外在的可以观察到的有关市场行为的事实推算出来的,虽然要用它来解释这些事实”①。换言之,人们认为效用不可通过外部观察来推算,但是,它同样是一种可以直接测量的量。虽然,这种测量存在着困难,但是,这种坚持直接测量人的心理效用的理论,给经济理论分析经济事实和经济现象带来了麻烦和阻碍。因此,阿尔弗雷德·马歇尔进一步发展这种效用理论,并且找到可以测量这种心理现实效用的方法,即消费者剩余理论和生产者剩余理论。虽然,这种测量不是直接测量,而是通过货币间接测量,但是,这已足够用来衡量人的福利水平。阿瑟·庇古在马歇尔经济理论的基础上,采用一般均衡理论阐述国民资源最优化分配途径和方式,运用基数效用理论,阐述社会财富分配的比例和关系对国民财富增长的影响,进而开辟出福利经济学的新天地。其后的福利经济学一直都在这个框架之下,探讨如何实现社会财富总量的持续增进,以及社会财富分配方式如何影响财富总量的问题。国民财富增长是福利经济理论的重心,社会财富分配对国民财富增长产生重要影响时,才成为其关注的对象。这种情况或许违背了庇古先生的初衷,也或许并没有偏离他的重心。因为,庇古先生的福利经济理论同时含着两种倾向:一种是注重社会财富总量

① [美]约瑟夫·熊彼特著.经济分析史(第三卷)[M].朱泱等译,北京:商务印书馆,1994年版,2015年第7次印:448。

的积累，即经济效率的提高；另一种是注重社会财富的分配，即社会平等的实现。然而，他对平等的关注是建立在效率前提之下，并且他的理论重点也是社会总福利的增进，对福利平等程度和实现平等的途径并没有给予足够的重视。

增进国民财富的理论得到持续发展，但是，庇古先生的基数效用方法很快受到“科学”经济学的攻击，其中以罗宾斯为代表，他认为不同个人之间效用的比较是不科学的。因为，不同个人的效用是价值判断，而不是事实判断，价值判断超出实证科学的研究范围。①很快，人们便找到解决这种矛盾的方法，即帕累托最优标准和萨缪尔森的显示性偏好理论。帕累托（Vilfredo Parato，1848—1923）认为经济学关于价值判断或价值存在就是一种错误，为了避免效用的计量和加总难题，他提出以“偏好顺序”代替基数效用，运用无差异曲线，以偏好顺序表示各个人和全体的最大满足量。然而，“帕累托最优这个概念的提出与发展恰是出于消除分配判断的需要”②，因此，帕累托标准存在两个缺陷：其一，它剔除经济学的价值判断，依据理性经济人假设研究经济效率最大化问题；其二，依据个人偏好排序最优推导社会偏好函数，以此指导国民经济实践。这种社会偏好函数在后期遭遇阿罗不可能定理的否定，因而，帕累托最优标准看似解决了效用比较难题，实际上，把福利经济研究推向了更加狭窄化的道路，福利经济理论杜绝价值判断和人际间比较。

---

① [英]莱昂内尔·罗宾斯著.经济科学的性质和意义[M].朱泱译，北京：商务印书馆，2009。

② [印度]阿马蒂亚·森、詹姆斯·福斯特著.论经济不平等[M].王利文、于占杰译，北京：人民大学出版社，2015：8。

随着福利经济学的发展,功利主义哲学限制了它的经济效率诉求,于是人们缩小功利主义哲学对福利经济学的影响,把理论建构在帕累托最优标准和经济人假设的基础上。依托于理性经济人假设,通过个人偏好排序推导社会偏好排序,构建符合理性经济人假设的社会福利函数,并以协调资源配置方式,促进国民财富的积累与增加,指导国民经济活动。这是福利经济理论注重经济效率的必然逻辑轨迹,因而,20世纪30年代,遭遇主流经济学攻击和批判之后,众多经济学家逐渐转向构建社会福利函数。其中比较著名的有卡尔多-希克斯福利标准、西托夫斯基福利标准和李特尔福利标准、伯格森-萨缪尔森社会福利函数和阿罗社会福利函数。这些福利标准或者福利函数的共同目标是解决人际间效用比较难题,或者说避开人际间效用比较难题,用"偏好排序"代替"效用计量",通过个人偏好排序推导出社会偏好排序,并以此指导国民资源配置,提高经济效率,增进国民财富总量。换言之,它们只注重经济效率,放弃分配公平问题。虽然,李特尔福利标准试图在经济效率和分配公平之间保持一种平衡,但是,这个标准只停留在理论层面,并没有研究具体指导方法。此外,伯格森-萨缪尔森社会福利函数试图构建一般性的社会福利函数,避开效用计量难题。虽然,它同时兼顾效率和公平,但是,这只是一种理想趋向,当把这种福利函数应用到实践中时,它依然是偏重经济效率,而忽略分配公平。

效率和公平本身就是福利经济理论的难点,如果我们放弃人际间效用比较,转向偏好排序构建社会福利函数,最终导向,要么是只注重经济效率,增进经济财富总量,要么是当财富分配影响经济效率时，福利分配为了适应经济效率的需要，被理论地考察，但并不实际地指导福利实践。换言之，在经济效率和分配公平之间，经济学家总是着力于提高经济效率，放任公平遗失。我们这里重点讨论阿罗不可能定理，因为它是现代福利经济学的分界点。在此之前，现代福利经济理论一片争鸣、欣欣向荣，同时期的福利实践活动繁荣至顶峰。在此之后，福利经济理论陷入徘徊困境，同时期的福利实践停滞不前、遭遇危机、发生变革。

肯尼斯·J.阿罗在福利主义、帕累托标准和个人效用不可比较的前提下，引入公共选择理论，建构阿罗社会福利函数。正如阿罗强调的那样，"本书奠基于前贤们对于社会福利性质的思索，并试图提供一套系统的研究方法以总结以前的成就"①。他在分析补偿原则的基础上，坚持用序数效用理论和集体选择理论，"建立一个社会排序，使之满足理性假设，即，令序关系 R 满足公理 1 和公理 2"②。他认为卡尔多-希克斯虚拟补偿原则把分配问题隔离开，在总体上比较两种社会状态的做法是没有意义的，"换句话说，忽略收入分配而谈总产出是没有意义的"③。同时，他认为伯

① [美]肯尼斯·J.阿罗著.社会选择与个人价值[M].丁建峰译，上海：上海人民出版社，2010：1。

② 公理 1：对于所有 x 和 y，或者 xRy，或者 yRx。即对于任何选项 x 和 y，要么是 x 优于 y，要么是 y 优于 x，或者是 x 和 y 无差异。x 偏好于 y 或 x 和 y 无差异，可以记作 xRy。R 表示所有满足 xRy 的关系。满足公理 1 的关系 R 被称为连通的。公理 2：对于任意 x、y、z，xRy 且 yRz，则有 xRz。满足公理 2 的关系称为传递性。满足公理 1 和公理 2 的关系，称为弱序，或者简单起见，称为序。很明显，若一个关系满足了弱序，就可以对不同的备选项进行排序。"弱序"中的"弱"字说明，这种排序并不排除无差异关系，亦即，公理 1 和公理 2 不排除对于不同的 x 和 y，xRy 和 yRx 同时发生的情形。[美]肯尼斯·J.阿罗著.社会选择与个人价值[M].丁建峰译，上海：上海人民出版社，2010：13。

③ [美]肯尼斯·J.阿罗著.社会选择与个人价值[M].丁建峰译，上海：上海人民出版社，2010：44。

格森-萨缪尔森社会福利函数(无论是否会实际补偿),以个人主义为其前提假设,根据个人所得商品数量比较不同社会排序,这同样无法推导出满足五项限制条件的社会福利函数。因此,他把市场选择和政治选择同归于一般集体选择理论,构建阿罗社会福利函数,以此得出唯一真正的社会排序。然而,他的研究结论是:在其基本假设[①]前提下,不存在"对于一个相当广泛的范围内的个人排序集合,社会福利函数能够给出一个真正的社会排序"[②]。

第二个阶段包含着两个方向。其一,坚持效用理论的福利主义趋向。不过,他们放弃序数效用理论,转向基数效用理论,并结合社会选择理论和公共选择理论,指导国民经济活动。基数效用理论的回归意味着国民财富总量和社会总福利之间的关系依然是研究重点,但是,经过新、旧福利经济学的剧烈震荡和阿罗不可能定理的辗转徘徊,回归后的基数效用理论,更加注重社会财富分配问题。后福利主义结合新政治经济学,把福利实践构建在自由和民主、经济和政治、市场和政府的平衡关系上。市场通过公平竞争,推进经济效率提高,增进国民财富总量;国家通过公平正义,调控由自由竞争引发的财富不平等状况,同时对国家权力进

① 限制1:集体博弈选择方面,但是对博弈论本身不加讨论。限制2:假定个人价值是给定的,个人价值观不受社会选择方案的影响。限制3:社会中的所有人都是理性人。都以追求其自身效用最大化为目标。由理性经济人构成的市场活动,社会福利原则遵循帕累托效率标准。理性经济人的个体偏好是交往的,通过交往来保证合作行为符合社会整体利益。[美]肯尼斯·J.阿罗著.社会选择与个人价值[M].丁建峰译,上海:上海人民出版社,2010。

② [美]肯尼斯·J.阿罗著.社会选择与个人价值[M].丁建峰译,上海:上海人民出版社,2010:27。

行监督和规制。

另一个方向是阿马蒂亚·森开辟的非福利主义。福利主义坚持基数效用理论,指导民众经济福利的增进。非福利主义的自由、公平、正义和权利,增进民众非经济福利的诉求。阿马蒂亚·森从不同于福利主义①的角度,提出效用并不是衡量福利的唯一因素,而应该从自由、平等和公正等角度研究人的实际生活状况。换言之,他不是从"理性经济人"的假设出发,而是从现实的人②出发。个体偏好是一个人的实际偏好,不是只追求个人利益,不考虑任何其他人的利益而产生的偏好。此外,阿马蒂亚·森认为帕累托标准作为社会福利的衡量标准,存在着根本性缺点和不足。虽然,其后的经济学家对此进行了补充③,但是,用个人偏好排序代替个人效用度量,坚持价值免谈立场,这些基本观点限制了帕累托标准的运用,也限制了社会福利函数的发展。

非福利主义给我们的启示是:人的福利不仅包括可观察、可度量的经济福利,而且包含不可察、不可量的非经济福利。庇古先生在构建福利经济学体系时,也区分了这两种福利,并且,他明确指出二者之间并没有明显的界限。然而,基于福利经济研究的

---

① 福利主义是指社会排序仅仅取决于个人的效用水平。每个人都是自身效用的最好判断者。至于如何得到效用水平是无关紧要的,这也使个人的效用或偏好在福利经济学中变得尤为重要。张世贤主编.西方经济思想史[M].北京:经济管理出版社,2009:435。

② 一个人所生活的社会、所属的阶层、与社会以及社会经济结构的关系,都会影响到这个人的选择,不仅仅因为这些因素会影响他的个人利益,而且还影响他的价值观,包括他对社会中其他成员"应有的"考虑的观念。[印度]阿马蒂亚·森著.集体选择与社会福利[M].胡的的、胡毓达译,上海:上海科学技术出版社,2004:6。

③ 对帕累托标准的补充理论主要有:卡尔多-希克斯标准(卡尔多 1938,希克斯 1941)、西托夫斯基标准(1947)、伯格森-萨缪尔森社会福利函数(伯格森[1938],萨缪尔森[1947])、阿罗社会福利函数(1951)。

实际需要，他把福利内涵限定在效用表征的经济福利上。因此，从福利经济理论研究伊始，它就内在地包含着经济福利与非经济福利的双重向度。

阿马蒂亚·森再次构建包含伦理价值判断在内的福利内涵，这与社会经济发展阶段相适应，也与福利课题的演进逻辑相适应。福利实践需要人际间比较，“事实上，所有公共政策都会……引入人际间的比较”①，尤其是推进包含权利、自由和公平、正义在内的现实人的实际生活时，人际间效用比较，人的可行能力都是福利经济理论需要探讨的问题。所谓可行能力指的是一个人选择何种生活方式的自由，因为，“选择生活的自由能极大地增进人类的福利”②，而且，“我们并非只能去追求自身的福利，而是可以选择我们有理由去追求的东西”③。因而，如果，我们以可行能力为视角，不是以效用为视角，我们将会发现人的实际生活状况的改善隐含在效率、自由和平等三者的平衡关系中。

正如帕累托所言：“政治经济学的基础，或者从更广义的层面来说，每门社会科学的基础显然都是心理学。有朝一日，我们肯定能从心理学原理推导出社会科学的规律。”④得益于心理学实验和技术的发展与完善，神经经济学和行为经济学日益蓬勃发展，帕累托的预见由理想走向现实。这两种经济学充分利用心理学实验和神经科学实验数据，试图建构包含经济行为异象在内的

① ［印度］阿马蒂亚·森著.集体选择与社会福利［M］.胡的的、胡毓达译，上海：上海科学技术出版社，2004：028。

②③ ［印度］阿马蒂亚·森著.正义的理念［M］.王磊、李航译，北京：中国人民大学出版社，2012：015。

④ 转引自：［美］理查德·塞勒著.“错误”的行为［M］.王晋译，北京：中信出版社，2018：005。

经济学体系。它从实验数据出发，批判主流经济学的理性经济人假设，把心理理论与经济理论连接起来，用来解释主流经济学无法解释的社会经济“异象”。我们把这一时期的福利经济理论称为第三阶段。

这种新视角对经济学前提假设进行实验的、科学的验证，并提出不同于主流经济学的社会人假设。具体而言，其一，行为经济学认为经济活动的主体是社会人，他们只具有有限理性，自我控制不足，还有复杂的情感、个体偏好和心理认知。其二，社会人不仅具有自利本性，还具有利他倾向。其实，众多经济学家都认为经济活动的主体，不仅仅关注自身福利，也关注他人福利。这些人包括经济学的鼻祖亚当·斯密，新古典经济学的创始人阿尔弗雷德·马歇尔，以及后来肯尼斯·J.阿罗、保罗·萨缪尔森和阿马蒂亚·森等。然而，不管这些经济学家对经济人假设的见解如何，经济学理论依然基于这样的假设：经济主体的行为目的是最大化自身利益，对他人福利的考虑并不在经济学范畴之内。福利经济学由庇古以来，也内在地隐含着这样的假设，否则新福利经济学也不会极力排斥隐含价值判断的基数效用理论。

神经经济学和行为经济学不同于众多经济学家的地方在于：它们对人并非完全理性和自利的阐述，不是建立在人性的理论辩解上，而是建立在经济行为实验数据和心理、神经实验数据的基础上，利用这些实验数据证明人并非完全理性和自利。其中，实验经济学利用严格的实验室数据，神经经济学则主要通过脑神经科学实验数据。弗农·史密斯通过分析经济实验数据，认为人的心智秩序、市场秩序和社会秩序[①]三者协同作用于行为人的决策和选择。丹尼尔·卡尼曼和阿莫斯·特沃斯基(1979)利用前景理论[②],解释人对损失和收益的不同选择和决策。他们认为关于收益的价值判断完全符合一般的财富效用函数曲线,随着财富的增加,人们的边际收益敏感度降低。换言之,人们不再看重获益。然而,关于损失的价值判断则是随着财富的损失减少,人们越来越看重损失,以至于收益的价值要远高于损失价值(至少1倍)才能平复人们因为损失而造成的痛苦感受。正如理查德·塞勒所言:"从某一财富水平开始,随着财富效用的减少,损失在不断增加,令人越来越心痛。"[③]因此,他们对理性经济人的颠覆是彻底的,也为伦理学和经济学的联姻提供了有力证据。

对"效用"理论的新发展,为后福利主义基数效用的回归提供新工具和新方法。或许在未来可能的时间内,神经经济学的实验可以对效用直接量度。2017年诺贝尔经济学得主理查德·塞勒,提出两种效用说:"'获得效用'(acquisition utility)和'交易效用'(transaction utility)。获得效用是根据标准经济学理论得出的

---

① 心智秩序——神经经济学自创立之日起就擅长于此。市场秩序:通过市场体系和技术扩展的合作秩序。社会秩序:社会经济交流的外部秩序,形成互惠和共享的规范,这些规范使得人类的社会性具有跨文化的普遍性。引自[美]保罗·W.格莱姆齐、[瑞士]恩斯特·费尔、[美]科林·F.卡默勒等主编.神经经济学:决策与大脑[M].周晓林、刘金婷等译,北京:中国人民大学出版社,2014:22。

② 前景理论用价值函数v代替了期望效用理论的效用函数,这一函数U并不是在绝对结果(和由绝对结果导致的财富水平)的基础上定义的,而是常常从现状是相对收益还是相对损失的角度定义的。前景理论的价值函数沿用了期望效用的假设,即随着收益或损失的增大,结果的效应越来越小(经济学家们将这一性质定义为"降低的边际敏感性")。引自[美]保罗·W.格莱姆齐、[瑞士]恩斯特·费尔、[美]科林·F.卡默勒等主编.神经经济学:决策与大脑[M].周晓林、刘金婷等译,北京:中国人民大学出版社,2014:185。

③ [美]理查德·塞勒,卡斯·桑斯坦著.助推——如何做出有关健康、财富与幸福的最佳决策[M].北京:中信出版社,2018:033。

相当于经济学家所说的'消费者剩余'(consumer surplus)……交易效用指的是实际支付的价钱与'参考价格'之差,而参考价格是消费者的期望价格。"①根据经济人计算,获得效用是其最终目的,只要他认为商品的价值远高于市场价格,那么,这次交易对于他来说就产生大量的获得效用。然而,对社会人而言,他还会考虑交易的另一面,即交易过程中的心理预期。如果,交易价格高于心理预期,那么他的交易效用为负,反之,交易效用为正。理性经济人不会体验到交易效用,因而获得效用不会受其影响,而对于一般的社会人来说,交易效用会冲抵获得效用,社会人最终的获得交易满足感与他支付的货币数量并非一致。因此,我们用传统福利经济理论的货币量度效用的观点来判断效用高低,就会出现偏差。

除此之外,神经经济学从神经科学实验的视角,为这种效用理论提供数据支撑。神经经济学家发现眶额皮层和经济决策之间存在紧密联系。这个结论的实验数据主要来自两个不同的团队(Padoa-schioppa and Assad, 2008; Tremblay and Schultz, 1999)②。Padoa-schioppa and Assad(2008)通过实验数据,认识到"眶额皮层神经元以基数感方式(与序列偏好相反)编码价值,并且价值的神经元表征适应了行为条件"③。Tremblay and Schultz (1999)的实验数据分析表明:"眶额皮层神经元编码果汁的相对偏好(即序值等级)。"④同时顶叶皮层也对价值表征起着重要作

---

① [美]理查德·塞勒著."错误"的行为[M].王晋译,北京:中信出版社,2018:67-68。

②③④ [美]保罗·W.格莱姆齐、[瑞士]恩斯特·费尔、[美]科林·F.卡默勒等主编.神经经济学:决策与大脑[M].周晓林、刘金婷等译,北京:中国人民大学出版社,2014:662。

用，“基于价值的决策以通用货币的方式运作，与所考虑的形态或他们激发的行为无关”。[①]换言之，货币是量度效用的重要尺度。这也印证了理查德·塞勒的两种效用说。脑神经回路反应和价值编码之间的紧密关系，进一步验证交易效用不仅是社会人的心理感觉，而且是实际发生的行为选择和价值量度。从这个角度来说，这启示我们在度量人的福利水平时，应该同时考虑交易效用对获得效用的正面或者负面的影响。如果交易效用为正，那么货币价值小于实际获得效用；如果交易效用为负，那么货币价值大于实际获得效用。也就是说，消费者的货币消费量与人的实际获得感和满意感具有一定的差额。如此一来，依据货币量量度社会人的福利水平就失去了准确性，那么建立在个体福利基础之上的社会福利总量，以及由此推导出的社会福利偏好函数，就存在误导或者偏差。因此后福利主义的基数效用理论需要按照社会人的实际效用获得感，重新规范它的计算方法。

然而，格雷格·S.科拉多（Greg S. Corrado）、利奥·P.萨格鲁（Leo P. Sugrue）、朱利安·R.布朗（Julian R. Brown）、威廉·T.纽瑟姆（William T. Newsome）等人认为：虽然在神经科学实验中已经发现眶额皮层和顶叶皮层会对选择对象编码价值，行为人依据价值大小或者高低作出经济选择，但是经济选择只是行为人的一种活动，并不等于行为人获得的价值大，行为人的幸福感就高，因为人们还没有找到大脑中关于主观幸福反应的神经回路，我们不应该鲁莽地把二者等同。虽然神经经济学家非常严谨地提醒经

① ［美］保罗·W.格莱姆齐、［瑞士］恩斯特·费尔、［美］科林·F.卡默勒等主编.神经经济学：决策与大脑［M］.周晓林、刘金婷等译，北京：中国人民大学出版社，2014：665。

济学家，但是我们从大脑神经回路对价值表征的实验结果，也看到了福利经济理论的希望。或许神经经济学不能按照价值选择的神经回路数据得出幸福感高低的结论，但是经济学家可以依据脑神经的价值表征数据完善基数效用理论。比如通过神经科学提供的效用表征数据，实现传统福利经济学的理想目标：通过个人效用量，加总为社会效用总量。如果我们能够实现这样的应用，后福利主义就解决了人际间效用比较难题，那么我们就可以利用一般均衡模型和社会福利函数指导国民经济活动，最终得出最优化的社会财富配置模式和政府转移支付的最优化途径。虽然这只是一种设想，但是非常值得期待。因为神经经济学的另外两项研究成果，社会偏好理论和慈善动机理论也为此提供了理论支撑和方向指引。

传统福利经济理论的社会偏好是根据个人偏好排序，推导出社会偏好排序，而由于人际间效用比较难题，最终导致阿罗不可能定理。虽然阿马蒂亚·森突破了阿罗不可能定理，但是，这也只是一种理论猜想和价值信仰，并没有提供实证的方法或者数据。神经经济学对社会偏好的研究则为此提供了实证数据，并进一步拓宽社会偏好的内在变量。

它从社会偏好和大脑的关系入手，通过观察大脑中关于社会偏好的相应区域，收集实验数据，并结合社会偏好模型，分析影响人们社会偏好的相关变量。比如除了效用之外，还有共情、公平感、社会贡献感等。共情心理或者我们可以称之为亚当·斯密的“同情心”，它包括慈善行为与惩罚。共情心理促使我们关注他人的福利是否实现，并且积极主动地推动其完成。慈善行为即是个人共情的社会偏好表现。神经经济学通过分析与偏好相关的神经活动的数据①,得出结论:慈善行为部分是理性的,经济学的纯粹利他模型和非纯粹利他模型(warm-glow 模型),能够很好地解释人们慈善捐赠的经济行为,但是共情心理和不公平厌恶心理同样对慈善行为产生重要影响。共情心理能够引发大脑中管理情绪的神经活动,这些情绪变动对行为人慈善捐赠的行为决策产生重大影响。此外,很多人都抱有"公正世界"的信仰,无辜的受害者的悲惨遭遇会威胁这一信仰。当人们面对这些现象时,会产生不公平厌恶感,对优势公平获得者有惩罚的冲动。惩罚:即对公平的追求,对不公平的厌恶。即使这种惩罚,受益者是第三方,行为人自身也承担一定的成本,行为人依然会选择惩罚不公平现象。不过这种成本越高,行为人慈善行为的倾向会随之降低。这也说明了行为人并非纯粹利他,同时具有自利倾向。事实上,神经经济学证明了人的自利行为倾向的实在性,不过在单纯竞争性

① 我们注意到从几十年来的动物实验数据收集而来的大量证据来看,一些特定的脑区——腹侧纹状体和伏隔核,以及(在某些情形下)脑岛和眶额皮层——会对个体基本需求的满足做出回应,比如食物、住所和社会接触。功能性成像研究表明,在人类中,这些脑区还会对抽象奖赏做出反应,比如金钱(Knutson and Cooper, 2005),目前的最新研究已扩展到了社交背景下的奖赏。King-Casas 和其同事(2005)对信任在互惠的经济交换中的发展进行了研究,他们发现来自合作伙伴的善意交易能够增加尾核顶部的活动。由于动物和人类的研究暗示尾核与奖赏学习相关,尾核的反应被解释为神经奖赏信号。关于慈善捐赠是理性行为的更直接的证据来自 Moll 等人(2006)的研究。他们使用 fMRI 观察了个体对各类慈善机构作出捐赠决策时的大脑活动。他们发现在被试获得金钱收益或决定捐钱时都观测到了腹侧纹状体的激活,这说明其重叠部分在计算金钱收益的效用和有关捐赠的效用都被涉及。更进一步来说,有代价捐赠时引起的腹侧纹状体和内侧额叶激活与被试的实际捐赠额度相关。这一结果表明,与计算得失效用相关的脑区同时也负责计算捐赠金钱以提供公共物品的效用。[美]保罗·W.格莱姆齐、[瑞士]恩斯特·费尔、[美]科林·F.卡默勒等主编.神经经济学:决策与大脑[M].周晓林、刘金婷等译,北京:中国人民大学出版社,2014:457。

实验中,行为人更多地关注自身利益,但是,在战略性合作实验中,行为人大部分表现出考虑他人福利。因此,神经经济学和行为经济学的研究结果显示:行为人同时具有自利和利他的倾向。在经济决策和社会活动中,我们应该把行为人看成具有复杂心理和情感的活生生的社会人,他的经济活动和行为表现,不能按照传统经济学的理性经济人假设来评价。

除此之外,神经经济学的慈善动机研究结果,还有助于说明另外一个困扰福利实践的问题,即公共物品供给中的“搭便车”现象,以及“公地悲剧”。所谓“搭便车”现象,是指在公共物品的提供中,私人捐赠作为一种主要形式,理性行为人倾向于最大化自身利益,拒绝提供公共物品,仅仅享受由其他行为人提供公共物品的效用。不过,根据神经经学的数据分析表明:并不会出现大量的“搭便车”的现象,也不会出现“公地悲剧”式的掠夺。所谓公地悲剧,就是由国家提供的福利,相当于一个公共池塘,每个经济行为人都想从中获得最大化利益,并且,行为人认为我不占用这种公共资源,其他人也会占用,最终,国家福利资源被消耗殆尽。[①]“在美国,有关部门的数据表明,1995 年几乎半数收入水平低于 10000 美元的家庭进行过捐赠,且平均捐赠额超过 300 美元(Andreoni, 2006)。政府开支势必会使一些私人捐赠受到排挤,

① 福利国家与鱼塘有相似之处。即鱼塘里的鱼是公共资源,如果我不去捕,别人也会去。那样的话,我就失去了我应该得到公共福利。但是,鱼群被捕速度如果超过了鱼群的繁殖速度,那么,水中的鱼很快会被捕尽,最终每个人都要吞下资源枯竭的苦果。环境学家、经济学家和政治学家称其为“公地悲剧”。[美]汤姆·戈·帕尔默.福利国家的悲剧.[美]汤姆·戈·帕尔默编.福利国家之后[M].熊越、李杨、董子云等译,海口:海南出版社 2017:001-037。

但这种影响远远低于 1∶1 的比重。Kingma 和 McClelland (1995)对一项向国家公共电台捐赠的早期数据的再分析几乎没有发现这种‘排挤’影响。”[①]这个研究结论对福利实践具有重要意义。因为，福利实践一直以来受到众多学派的反对和攻击。他们主要的论点是：如果，国家或者政府过多地干预行为人的经济活动或者选择，那么，人们会选择“搭便车”，进而出现“公地悲剧”的后果。神经经济学的神经实验数据得出与之相反的结论：并不会出现大量的“搭便车”现象，福利的公共资源并不会真的像鱼塘那样，行为人并不会竭泽而渔，而是在慈善动机和社会偏好的推动下，持续促进个人对他人福利的关注，以提升社会总体福利。这就为国家或者政府推进社会福利实践提供了理论支撑，并且，堵住自由主义者的悠悠之口。当然，国家转移支付还面临其他问题，但是，这并不否定国家或者政府在福利实践中的角色和作用。

三、马克思主义哲学的视角与方法

国内关于西方福利经济学的研究，主要集中于经济学领域和社会学领域[②]。经济学领域主要研究和阐明西方福利经济理论的历史发展历程和基本理论。这确实为当下中国社会经济发展过程中出现的民生问题提供相应的解决思路和经验。社会学领域主要研究和阐明：西方福利经济运动和福利经济制度。这为我

---

① [美]保罗·W.格莱姆齐、[瑞士]恩斯特·费尔、[美]科林·F.卡默勒等主编.神经经济学：决策与大脑[M].周晓林、刘金婷等译，北京：中国人民大学出版社，2014：454。

② 厉以宁、吴易风、李懿(1984)、朱荣科(1998)、郑玉歆(2004)、姚明霞(2005)、王志凯(2004)、景天魁、彭华民(2009)、丁建定(2009)等等。

国构建完整、系统的社会保障系统提供理论支撑。

比如，厉以宁、吴易风、李懿合著的《西方福利经济学述评》，对西方福利经济学进行全面系统的阐述。从福利经济学的理论渊源到福利经济学的主要内容，都给予了详细且见解独到的阐释，除此之外，还对福利经济实践中出现的问题，包括理论研究现状和理论研究问题给予了比较客观公正的评价。此外，王桂胜主编的《福利经济学》，主要介绍福利经济学的基本概念、发展历史和研究方法，帕累托原理，帕累托最优和完全竞争，市场一般均衡分析，补偿原理，社会选择理论以及人口发展与社会福利的关系等内容。孙月平、刘俊、谭军编著的《应用福利经济学》，从理论到实践的角度，阐明当前西方福利经济学的理论，包括其内容、原则和出现的问题，并把福利国家作为其理论应用的一个典型体现展开阐述。除此之外，还从以下几个方面，展开应用福利经济学的讨论：收入与公平分配，贫困与反贫困；教育与医疗，失业与就业，资源、环境与可持续发展等。此外，王志凯《比较福利经济学分析》认为，福利经济作为一种科学合理的政治形式、高度的社会民主意识和追求资源配置的全社会效益最大化的经济制度和模式，它对于经济发展和社会进步有着积极、深远的意义。

福利经济学既具有规范性，又具有实证性，解决社会发展过程中出现的分配、公平等问题。由此，对西方福利经济学比较关注的还有社会学领域。社会学领域对福利经济的研究包含四个层面：一是将福利经济作为一种状态，即以提高人类幸福水平为主旨；二是作为一种体制来研究，这方面的研究包括的内容比较广泛，特别是国际和地区的比较研究突出了依附于不同经济、政治、文化的社会福利发展道路的不同,强调本土经验的重要性;三是将福利经济作为一种具体的制度来研究,涉及具体的制度安排,福利经济制度中的不同影响因素,及这些因素之间的相互关系,比如经济因素、政治因素和文化因素等;四是根据我国民政部门的划分方式,社会福利主要包括老人、儿童和残疾人等特殊人群的福利政策和福利状况,这是一种非常狭义的社会福利研究,它只是整个福利经济的一个组成部分。国内社会学领域的研究成果主要有:由景天魁和彭华民主编的《西方社会福利理论前沿》,丁建立和巍科科主编的《社会福利思想》等。此领域对西方福利经济学的研究,主要是通过理论研究,发掘福利经济制度构建的经验和教训,期望从中获取有益于中国社会保障制度建设的理论观点和实践经验,博采众长,为我所用。

然而,如果我们仅仅站在经济发展,站在资本立场上来思考福利问题,而不是站在社会立场和人民生活幸福的视角,统筹整个社会和谐发展,那么资本与民生的关系问题始终无法得到真正解决。随着世界经济状况的变化,福利经济学随之发生变化,尤其是人类进入21世纪新时代,经济理论的规范方法再次深入福利课题。西方经济学由传统的、数学的、科学的方法转向伦理的、政治哲学的方法。这首先表现为对理性经济人的批判和反思,尤其是行为经济学和神经经济学通过实验数据的方法,实证地探讨社会人的行为选择问题。基于此,在审视和批判西方福利经济理论时,我们需要超越单纯的经济学视域或者社会学视域,转而走向哲学综合视域。正如阿马蒂亚·森所言,"随着现代经济学与伦理学之间隔阂的不断加深,现代经济学已经出现了严重的贫困化现象……经济学正如它已经表现出来的那样，可以通过更多、更明确地关注人类行为的伦理学思考而变得更有说服力”①。哲学综合视角成为必须和必然，这是由经济福利理论自身发展逻辑决定的，也是由社会经济现实发展的历史阶段决定的。不过，这里的哲学指的是马克思历史唯物主义哲学，因为西方福利经济理论是资本社会现实的理论形态反映，我们必须从超越资本意识形态的视角对其进行批判和审视，才能最终完成理论和实践的超越。

从马克思历史唯物主义视角来说，福利课题是现代社会存在的经济事实表现，它随着社会经济状况的变化而变化。社会经济发展的不同阶段，福利课题的内涵各不相同，福利实践的路径各不相同。福利课题是一个由总体性福利，走向单一经济福利，最后趋向总体性福利的过程。福利课题的这一进程与社会经济发展的现实存在相契合。在社会经济发展水平较低阶段，福利内涵是未分化的总体性福利，福利实践统合在社会活动和政治活动中。然而，随着社会经济持续推进，福利内涵的经济维度日益彰显，经济福利成为现代资本社会必然面临的重大课题。现代福利经济学正是社会经济现实存在的理论反映。虽然，现代福利经济理论日臻完善，但是，它内在地摒弃非经济福利维度。因此，当经济福利达到“门槛值”，非经济福利日益凸显时，福利经济理论遭遇徘徊困境。随着人类社会进入 21 世纪，社会经济进入新模式，福利课题也亟待解决，尤其是非经济福利课题日益凸显。然而，

---

① 阿马蒂亚·森作了一个评注，他说“当然，我并不是说与伦理学日益隔阂是现代经济学陷入困境的唯一原因”。[印度]阿马蒂亚·森著.伦理学与经济学[M].王宇、王文玉译，北京：商务印书馆，2014：13－14。

囿于现代社会存在的福利经济理论无法突破资本逻辑的框架,因而,我们想要解决现代人的福利课题,需要从一种跳脱出资本逻辑框架的视角,对其进行批判和审视,方能最终完成人类幸福福祉的宗旨。

现代福利课题是一个涉及社会、政治和文化的综合性课题,其中社会宗旨是福利课题的总指挥,政治是福利课题的核心环节,文化则是福利课题的根基。社会经济发展的阶段决定福利内涵的分化程度,政治模式决定福利实践的具体路径,而文化特质决定建构何种福利模式。在亚当·斯密时期以前,福利与幸福几乎同义,它不仅包括经济福利,而且包括非经济福利。在此之后,福利内涵与幸福不再完全等同,经济福利更加凸显,非经济福利日益隐没。现代福利经济理论承接经济福利内涵,展开经济学视域研究,并指导社会福利实践。实际上,这与现代社会的政治和经济结构的变化相适应,因此,福利经济理论与社会经济发展的关系处于动态的变化之中。当福利经济理论日益兴盛时,福利实践活动如日中天;当福利经济理论陷入徘徊境地时,福利实践同样遭遇困境和挫折。当然,福利实践的困境和挫折不能完全归咎于福利经济理论的指导不力,但是,在很大程度上,福利经济理论的主导性和确定性,确实影响着福利实践活动的效果。

现代福利课题的解决需要国家或者政府力量的介入,因为,现代社会是资本逻辑主导的社会,一切社会存在都是资本增殖的工具和手段,人作为社会存在的主体,他同样受制于资本逻辑。西方福利经济学是资本社会现实存在的理论表现,无论它实现何种突破,都无法超越资本社会这个现实存在。因此,经济学视域的融合创新，并不能从根本上消除它的不足与缺陷。这是因为新政治经济学的国家是作为福利实践的失败者被批判和攻击的，它把福利责任主体归为个体，只不过这个个体责任在不同国家或者不同福利实践模式中，占据的比例不尽相同。

如果我们想要超越西方福利国家的模式，必须从马克思主义哲学视角，对其进行批判和审视。换言之，我们必须借助马克思历史唯物主义的方法，推动社会现实存在变化，从而解决现代人自由全面发展的福利课题。正如马克思所言："个人力量（关系）由于分工而转化为物的力量这一现象，不能靠人们从头脑里抛开关于这一现象的一般观念的办法来消灭，而是只能靠个人重新驾驭这些物的力量，靠消灭分工的办法来消灭。没有共同体，这是不可能实现的。只有在共同体中，个人才能获得全面发展其才能的手段，也就是说，只有在共同体中才可能有个人自由。"[①]因此，虽然现代国家是一种虚幻的共同体，但是，在资本社会中，我们仍然需要借助这种具有相对独立性质的共同体形式，推动社会现实存在的发展变化，进而推动福利课题的转变。对现代国家，我们必须采取审慎的理性态度，既承认它协调市场和社会张力关系的力量，又警惕它维护资本利益的天然本性。

在研究福利课题时，我们同时采用经济学规范研究和马克思历史唯物主义的研究方法。一方面，我们阐明福利课题是社会现实存在的经济事实的具体表现，福利内涵与社会经济发展的阶段相适应。从这个角度来说，现代福利经济理论和实践的兴起、发

① 德意志意识形态（单行本）[M].北京：人民出版社，2003：63。

展、徘徊和融合创新是资本社会发展的必然结果。另一方面，我们阐明福利经济的理论和实践始终受制于资本逻辑，随着资本社会的深入发展，福利课题必然走向未来人类社会的向度和需求。换言之，当前福利课题的跨学科综合研究，实际上是未来人类社会需求的可能萌芽，现实个人的自由全面发展是这一萌芽的最终实现形态。这是一个历史的过程，我们需要时间和实践。“因为现存的交往和现存的生产力是全面的，而只有全面发展的个人才可能占有它们，即把它们变成这些个人生活的自由活动。”①

总体而言，福利问题哲学思考的当代意义表现为两个方面。一方面，推动西方福利经济理论实现真正的创新与融合，发掘它指导社会福利实践的能量。另一方面，推动马克思主义哲学的现实化与具体化，结合中国经济发展特质，指导中国社会福利实践活动。阐明社会福利实践模式是由各个国家的社会经济状况、政治制度模式和文化传统特质共同决定的。发达国家福利实践的重心是解决经济福利的瓶颈问题，推动社会发展转向非经济目标。发展中国家福利实践的重心是维持经济发展与社会保护二者张力平衡，避免遭遇西方发达国家的福利实践困境，最终超越资本逻辑，实现人的自由全面发展这一根本目的。

四、文章的主要内容与结构

现代社会是市场扩张与社会保护相互作用的社会，其中自由竞争原则占据主导地位，社会公平正义原则居于从属地位。在这

① 德意志意识形态（单行本）[M].北京：人民出版社，2003：100。

样的社会发展背景下，福利经济理论探讨的福利内涵随着社会经济发展阶段的变化而变化。实际上，随着社会经济的进一步发展，福利内涵必将突破经济福利的单一诉求，走向总体性福利诉求。为了阐明福利经济理论的这一历史演进路径及其现实意义，笔者用五个章节对其进行哲学研究。

第一章主要阐明福利问题的历史渊源和现代流变。福利问题的历史渊源在于哲学意蕴上的幸福问题。福利问题的现代流变在于经济福利的量化研究。从比较的视角，区分现代福利内涵与古代福利内涵的不同之处，有助于我们理解福利经济理论的困境、突破和创新的历史根源。从逻辑演进的视角，理解福利经济理论和福利实践曲折辗转和融合创新的逻辑根源。

第二章、第三章、第四章从福利经济理论的视角，分析福利经济理论和实践的兴起、徘徊、突破和创新融合的整个演变过程。

第二章主要阐明福利经济理论发展之初，人们如何构建福利经济的理论框架和实践模式。其一，经济效率主导下的经济福利为理性经济人的生活勾画出一幅美妙图景。人们认为福利是可量度的、外在的、可观察的，是一种人的需求与欲望的满足感与获得感。福利责任主体是个体，而个体的才能、天赋、性格和德性是福利增进的重要特质。国家或者政府作为福利实践的推动者，协调市场与社会的关系，以推进社会福利总量。其二，通过个体福利量的加总或者个体偏好排序，推导社会福利总量或者社会偏好排序。福利不仅是个体消费量或者生产量，也是社会财富的消费量和生产量，由此构建理论与实践之间的联系。其三，在福利理论与实践的关系中，福利实践的目的是提升经济效率，福利实践的途径是政府转移支付。然而，经济效率与分配平等不是对等关系，经济效率始终优先于分配平等。其四，随着社会经济现实的深入发展，福利经济的理论和实践同时陷入困境。福利经济理论无法由个体福利水平推导出社会福利水平，它对社会福利实践的指导意义遭到质疑。福利实践遭遇个体福利水平不均等和福利瓶颈问题。社会财富分配不均等反过来影响经济效率的提升，当经济福利水平达到“门槛值”后，人的福利水平同时受到自然环境成本、社会成本、心理安全等其他因素的影响。

第三章主要阐明引入社会选择理论和公共选择理论后，福利经济理论走向极端化，并陷入徘徊境地，随着经济危机的爆发，福利实践日益衰弱，最终走向变革。理论困境和实践危机同时推动福利经济理论实现突破性发展。其一，后福利主义转向基数效用理论，结合公共选择理论的最新成果，探索经济效率和社会平等关系的平衡问题。其二，非福利主义引入自由、权利、公平和正义等要素，探求人的实际生活状况以及社会经济发展趋向。其三，福利实践发生变革，实践原则和模式发生变化。由此之后，国家在福利实践中的作用和力量受到市场和资本更多的规制。

第四章阐明西方福利经济理论的最新趋向和根源性困境。理论新发展走向创新融合视域，为基数效用理论和自由—权利视角提供新方法和新工具，并进一步探索福利实践的可能出路。虽然，福利经济理论实现融合创新，但是，福利实践模式和路径依然处于不明朗境况中，这源自市场经济和现代社会的对抗关系。从资产阶级经济学视角，无法突破市场扩张对社会保护的制约与束缚，因而，我们需要从马克思主义哲学视角批判和审视福利经济的理论和实践。

第五章承接第四章提出的根源性困境，从马克思主义哲学视域，批判和审视西方福利经济的理论和实践。这主要表现在以下三个方面：一是对西方福利经济理论的前提假设进行批判和审视，用现实个人的视角，推动自由自觉的劳动实践，审视理性经济人的经济福利问题；二是以马克思自由观为立脚点，阐释西方福利经济理论的自由—权利维度，并指出规制现代国家权力的根本出路；三是从总体性视角，分析福利课题的根本原则，以及超越资本逻辑构建符合人类幸福的可能性。

结语部分阐释福利问题哲学研究的当代意义。一方面，推动西方福利经济理论跨越资本逻辑的制约，激活它指导社会福利实践的能量。另一方面，推动马克思主义中国化深入发展，在借鉴西方福利实践的经验和教训的基础上，结合中国社会经济发展阶段、传统文化特质和政治制度模式，构筑具有中国特色的社会主义保障体系，为人的自由全面发展开辟全面的社会生产力和交往关系。

五、研究的结论与存在的问题

本研究得出以下三个主要结论。

结论一：福利不仅包括经济福利，而且包括非经济福利，西方福利经济学集中研究经济福利，这与现代社会政治经济结构的历史发展相契合。随着现代社会经济的发展，西方福利经济学由经济福利研究走向总体性福利研究。这包括两层含义。其一，福利内涵由纯经济福利走向总体性福利。在福利经济学研究之初，由于社会经济发展的状况,再加上理论方法和学科发展的现实需要,经济福利是人们关注的首要对象。把福利内涵限定在经济福利层面,一方面,这有利于充分利用经济学的理论和方法对其进行量化研究,另一方面,这种研究路径符合当时社会经济发展的现实需要,有利于指导当时的社会经济活动。其二,因为人的福利不仅包括经济福利,而且包括非经济福利,所以,随着福利经济理论和实践的推进,福利的总体性诉求也逐渐发展。一旦非经济福利内涵凸显出来,福利经济学必然突破单纯的经济学研究视域,走向跨学科的交叉、融合、创新视域。

结论二:如同福利经济理论的发展一样,福利实践也经历这样一个由单一经济福利到总体性福利的过程。这包含两个层面:一是福利保障的内容由单一福利项目走向全面福利项目,由最初的失业保险,走向保障人的生存生活的方方面面;二是福利实践由保障一部分人的福利,走向保障社会全体民众的福利,而且福利水平也由低级走向高级。当然,这种福利实践分为发达国家和发展中国家,发达国家的福利保障项目和水平相对较高,发展中国家的福利实践处于发展和建构时期,因而其福利项目和水平相对较低,但是这并不是说发达国家的福利实践已经达到完善程度。实际上,发达国家和发展中国家一样,同样面临着福利实践的难题,只是偏重点不同而已。发达国家福利实践的难题在于:如何保持福利水平与人们的生活满意度持续提升的问题。发展中国家的社会福利实践首要问题在于:社会经济发展的充分性和平衡性,以及社会福利保障系统的建构问题。至于福利水平的持续提升和人们满意度的瓶颈问题,还没有成为他们关注的首要问题。然而，由于发达国家福利实践的教训启示，发展中国家应该平衡社会经济生产与发展的目标问题，避免单纯追求经济福利。

结论三：无论是福利经济理论，还是社会福利实践，都必须超越资本逻辑的框架。一是福利经济理论应该走向跨学科的综合视角，这不仅是指心理学、社会学、政治学和哲学的综合视角，而且是指马克思主义历史唯物主义视角。这是因为现代社会孕育的资本文明，它解决的是经济发展和财富创造的问题。市场经济体制的经济效率毋庸置疑，它创造的巨额财富，为福利问题的解决提供前提和基础，但是，资本逻辑的最终目的不是人的自由全面发展。如果，我们仅仅从资本逻辑的视角，审视人的福利问题，那么，我们始终无法跳出资本逻辑的框架。尤其是当经济福利已经得到解决之后，非经济福利需求日益凸显时，马克思主义的人类社会视角显得尤为重要和迫切。

本书也存在如下几个问题。

问题一：福利问题是一个跨学科问题，经济学和哲学研究的立场和方法不尽相同，甚至价值判断都是相对立的。如果我们对其进行哲学研究，必然需要融合这种对立和矛盾，寻找其相同之处，这就决定了本论题的研究受制于经济福利理论的发展现状和结论，以及哲学研究的目标和路径。当前，在研究方法上，西方福利经济理论已走出纯粹经济学的逻辑性与科学性，纯模型和数学推演的方法已不再那么突出，这为哲学研究创造了契机。然而，这并不意味着哲学研究的困难就消除了，而是说，我们可以从哲学视角，思考非经济福利的重要性，并且利用福利经济理论的转变与突破，把经济福利与非经济福利统合起来，进而推进福利实践,建构二者之间的平衡关系。这里的核心问题是:理论与实践相统一的中枢环节——国家。在社会福利实践中,国家或者政府权力的规制是令人头疼的问题,从哲学视角对其分析时,亦是如此。

问题二:由于本论题是跨学科研究,在研究深度和广度上难免受制于作者自身的生活阅历和专业积累,因而文章中的一些结论或者看法并不那么成熟。再加上理论与实践的对接是一个庞大的工程。即使理论逻辑严密,福利实践在推进的过程中,也会遭遇不同文化背景、社会环境和政治制度的影响。因而,这是一个需要针对不同国家、不同文化特质和不同政治制度模式,具体研究和分析的课题。在这篇文章中,笔者无法展开到这一层面,不过,这将是笔者今后学术研究的一个重要方向。

第一章　福利问题的渊源与演变

福利除了包含经济福利之外，还包含非经济福利，但是，为了适应经济学研究和推演的需要，经济学家把福利概念限定在人的需求和欲望的满足感与获得感上，即经济福利。面对这种把福利内涵狭窄化的经济学思路，如果我们要对其进行哲学视角的批判和审视，那么我们首先需要对福利概念的内涵进行历史逻辑的探索，以便明确现代经济学的福利内涵与古代福利内涵不同之处，进而从哲学视角思考西方福利经济理论和实践的经验与教训，并对其进行批判与超越。

第一节　福利内涵的历史渊源

在经济学中，福利概念往往被认为是一个不言自明的概念。经济学家把它与一些相似的概念等同起来，比如满足(satisfaction)，效用(utility)，幸福(well-being)和快乐(happiness)等。但是在不同经济学流派中，福利内涵的界定不尽相同。比如边际主义者把它等同于人从商品和劳务中获得效用，反映人们的快乐和幸福。新古典经济学者认为福利的概念比效用更加宽泛，人的福利水平和状态，除了受消费量影响之外，它还受到其他因素的影响，比如心理因素。非福利主义者认为，效用不能量度人们的实际生活状态，这是因为人不是完全自利的经济人，而是具有利他本性的社会人。因而人的福利水平和状态，受到人的社会责任的伦理动机的影响。由此可见，当经济学流派对福利内涵阐释不同时，他们的理论主张和实践导向也就大相径庭。因而，本论题首先对福利内涵的渊源和流变进行探究，这有利于我们从哲学视角，审视和批判现代福利经济理论和实践的发展、徘徊、突破和创新融合历程。

一、福利内涵的演变

阿马蒂亚・森认为："在《尼各马可伦理学》中，亚里士多德就把经济学与人类行为的目的联系起来，指出了经济学对财富的关注……但在更深层次上，经济学的研究还与人们对财富以外的其他目标的追求有关，包括对更基本目标的评价和增进。[①]"熊彼特认为："卡拉法及其继承者的大部分著作，以及繁琐学派者及其继承者的大部分著作，都属于福利经济学的范畴……现代福利经济学只不过是复活了边沁的传统而已。[②]"我们认为在边沁以前的时代，福利与幸福几乎是同义词。现代经济学的福利概念起源于两个传统：一个是古希腊时期亚里士多德的德性幸福论，另一个是近代功利主义幸福论。两个传统的幸福内涵各不相同，它们诉

---

① ［印度］阿马蒂亚・森著.伦理学与经济学［M］.王宇、王文玉译，北京：商务印书馆，2014：9。
② ［美］约瑟夫・熊彼特著.经济分析史（第三卷）［M］.朱泱等译，北京：商务印书馆，2011：461。

求的实践模式与途径各不相同。

古希腊的哲学家苏格拉底、柏拉图和亚里士多德探求的幸福包括一般人的可见的幸福和爱智慧者的德性幸福。可见的快乐、财富和荣誉是人性中必然诉求的现实幸福，而德性的完满善，才是人们应该诉求的最高幸福。

正如亚里士多德所言："幸福，会把它理解为生活得好或做得好。但是，关于什么是幸福，人们就有争论了，一般人的意见与爱智慧者的意见就不一样了。因为一般人把它等同于明显的、可见的东西，比如快乐、财富或荣誉。不同的人对于它有不同的看法，甚至同一个人在不同时间也把它说成不同的东西：在生病时说它是健康；在贫穷时说它是财富；在感到了自己的无知时，又对那些提出他无法理解的宏论的人无比崇拜。"[①]由此可见，关于幸福的认识通常分为一般人的见识和爱智慧者的见识。一般人认为幸福就是可见的、外显的东西，比如，健康的身体、巨大的财富和尊贵的社会地位。然而，亚里士多德认为，这些都是幸福生活的前提条件，真正的幸福是爱智慧者的德性生活。所谓德性包括一个人的理智德性和道德德性，理智德性是人们获取幸福生活的基本知识和技能。道德德性则是人们关注自己以外的他人所需要的善的、友爱的和自制的良好品格。因为，良好德性品质不是先天就有的，而是后天教导和习惯养成的，所以，每个人都有获取最高善幸福的可能性。正如亚里士多德所言："所有未丧失接近德性能力的人都能够通过某种学习或努力获得它"[②]。至于人们最终

① [古希腊]亚里士多德著.尼各马可伦理学[M].廖申白译注，北京：商务印书馆，2003：9。
② [古希腊]亚里士多德著.尼各马可伦理学[M].廖申白译注，北京：商务印书馆，2003：25。

能否达到德性幸福的境界，则主要取决于人们对善、友爱和自制等德性的培养和运用。善的德性是指引人们获取幸福的根基，友爱则有利于人们同情他者、关爱他人，进而剔除人性的贪嗔痴疑慢，获得人与他人、人与社会之间的平衡。自制的能力则是一个人践行以上两种德性的品质。一个不自制的人，很容易被误导、被引诱，他实践善的能力、关爱他人的能力都会被削弱。

这种德性之光是人性的根本，如果人们从事善的实践、遵循善的教导，人们习得善的德性；反之人们从事恶的实践则会养成恶的品格。人们的这种德性之光，既弥足珍贵，又容易被恶的社会环境和实践活动误导，因而，需要人们精心的培养与呵护。社会政治实践是塑造和培养人幸福德性之光的途径和方式，通过政治实践，不同阶层的人可以体验到所属阶层的幸福模式。比如，"如果护卫者一心追求一种不是一个名副其实的护卫者应有的幸福生活，不满足于一种适度的安稳的，在我们看来是最好的生活，反而让一种幼稚愚蠢的快乐观念困扰、支配，以致利用权力损公肥私，损人利己，那么他迟早会发现赫西俄德所说的'在某种意义上半多于全'这句话确是至理名言"①。柏拉图认为不同阶层体验的幸福各不相同，不同幸福模式所需要的德性品质各不相同，不能强求社会整体化一地按照某一幸福标准衡量各个人的幸福状况和水平，社会幸福的模式不是固化的。正如柏拉图所言："我们建立这个国家的目标并不是为了某一个阶级的单独突出的幸福，而是为了全体公民的最大幸福。"②

---

① [古希腊]柏拉图著.理想国[M].郭斌和、张竹明译，北京：商务印书馆，1986：203。
② [古希腊]柏拉图著.理想国[M].郭斌和、张竹明译，北京：商务印书馆，1986：133。

最大幸福的目标需要德性幸福之光的指引，需要充分发挥人们的公共善、友爱和自制品格，促使各个阶层在社会生产和政治活动中，构建符合该阶层的幸福体验模式，并且，这种幸福论要求人们在寻求个体幸福生活时，对全体公民的最大幸福做出最大的贡献。比如，护卫者应该坚守职责，保卫城邦和公民安全，哲学王专注于统筹整个国家或者城邦，护卫者护卫社会整体的安全与稳定，如果，他们追求超越护卫者所属的幸福模式，那么，他们最终连属于护卫者应有的幸福也享受不了。为了整个城邦稳定的幸福善，每个人应该坚守属于本阶层的职责、生活水平和幸福标准，从而“整个国家将得到非常和谐的发展，各个阶级将得到自然赋予他们的那一份幸福”①。幸福是整体，整体幸福需要均衡、平等。贫穷和富有都是城邦的敌人，因为“富则奢侈、懒惰和要求变革，贫则粗野、低劣，也要求变革”②。

我们在此阐明古希腊城邦政治的幸福实践模式，并不是主张幸福生活阶级化或者阶层化，而是认为个体幸福体验模式各不相同，不同人群享受不同的幸福模式，个人不能利用所属阶层的社会权力，去谋取更多、更全的幸福内容。比如，护卫者利用公民赋予的权力，为个人谋取私利，这不是德性之光指引的幸福实践模式，而是公民道德败坏的表现。纵使这个人获取到享受更多幸福的手段和工具，实际上，这却损害了他的幸福生活本身。因为幸福不仅包含外在的、明显的快乐、财富或者荣誉，它还包含内在的最高善的沉思生活，即心灵的宁静和灵魂的无纷扰。

---

① ［古希腊］柏拉图著.理想国［M］.郭斌和、张竹明译，北京：商务印书馆，1986：134。
② ［古希腊］柏拉图著.理想国［M］.郭斌和、张竹明译，北京：商务印书馆，1986：135。

除了政治实践的幸福模式之外，古希腊先贤们还给我们指引了另外一条路径，即家庭管理的实际智慧。虽然，“就我们所知，在我们的文化祖先古希腊留给我们的遗产中，初步的经济分析是一个微小的——甚至很微小的——成分……他们所谓的经济（即家庭，即法律或规则），仅指家庭管理的实际智慧”，[①]但是，正是这种没有经济学分析的实际智慧，为人们获得幸福生活指出了具体的路径。这种智慧就是培养自我驾驭财富的能力。

其一，幸福生活所需的物质财富是有限的。如果一个人仅仅知道追求无限的物质财富，那么他并不是在追求一种良好的生活，而是成为其欲望的奴隶，过的是一种被奴役的生活。“财富显然不是我们在寻求的善。因为它只是获得某种其他事物的有用的手段。”[②]其二，财富没有好坏善恶之分，关键是看驾驭财富的人是否具有自觉的能力。“凡是有利的就是财富，凡是有害的就不是财富”，“同一种东西是不是财富，要看人会不会使用它”，“即使是钱，对于不会使用它的人，也不是财富”，“即财富是一个人能够从中得到利益的东西”。[③]财富的效用和价值在不同的人那里各不相同，至于如何利用手中的财富，使其发挥最大效用和价值，则依据每个人驾驭财富的能力。财富作为获得幸福生活的手段和工具，如果，人们利用得好，就可以增进一个人幸福感，反之，可能带来无尽的失望与痛苦。其三，情感、欲望同样是“好的生活”之关键，“在它们支配着人们的时候，却无时无刻不在损害

① ［美］约瑟夫·熊彼特著.经济分析史（第一卷）［M］.朱泱等译，北京：商务印书馆，1991年版，2015年印：91。

② ［古希腊］亚里士多德著.尼各马可伦理学［M］.廖申白译，北京：商务印书馆，2006：13。

③ ［古希腊］色诺芬著.经济论　雅典的收入［M］.张伯健、陈大年译，北京：商务印书馆，2011：3。

着人们的身体、精神和财产”。因此,“我们一定要争取自由,坚决反对这些暴君”。①

虽然,先贤们“把经济推理与他们有关国家与社会的一般哲学思想糅在一起,很少为经济课题本身而研究经济课题”,②但是,正是这种蕴含着社会学和哲学意味的幸福探索,启发我们理解现代福利概念的内涵,进而探求“一个人如何才能过上好的生活”。

福利概念的另一个传统来自功利主义哲学。这个传统由功利主义者边沁创立,经由约翰·穆勒、弗朗西斯·埃奇沃斯、亨利·西季威克、艾尔弗雷德·马歇尔发展,最终庇古以此为基础,创立福利经济学。

功利主义发源于联想心理主义。所谓联想心理主义是一种基本假设,用来研究心理学领域的各种问题,它和哲学经验论含义相同,认为社会现象,尤其是经济现象可以通过人的心理活动来研究。比如,物品满足人的欲望程度,表现了这个物品的效用价值。换言之,通过个人欲望被满足后的心理活动,观察和研究社会经济现象。个人欲望被满足,获得一种快乐的体验,那么这个物品对人具有效用。如果我们能够计量这个效用的大小,那么就能衡量这个人的快乐程度。功利主义正是通过这种心理效用价值论,把伦理学的幸福概念与经济学的效用价值概念连接起来,用经济学的方法和工具对人的幸福问题进行量化研究。

边沁创立功利主义哲学的基础是中世纪经院科学对效用价

① [古希腊]色诺芬著.经济论　雅典的收入[M].张伯健、陈大年译,北京:商务印书馆,2011:5。
② [美]约瑟夫·熊彼特著.经济分析史(第一卷)[M].朱泱等译,北京:商务印书馆,1991:91。

值和伦理幸福的阐释。从 14 世纪到 17 世纪的几十年[①]，"中世纪的经院科学包含着文艺复兴时期的世俗科学的所有胚芽。这些胚芽在经院思想体系虽然生长得很缓慢，但却一点一点地在生长，所以 16、17 世纪的俗人是继承了而不是摧毁了经院哲学家的工作"[②]。"俗人"们一方面继承了古希腊先贤们的哲学和社会政治学关于幸福的思想，强调幸福生活的实践统一性。只不过这种实践统一性指的是人的来世幸福。另一方面，他们通过经济学的效用价值概念，把伦理学的幸福与经济学的经济福利直接关联起来。这种把伦理幸福扩展为"效用价值"量的方法，成为功利主义幸福论的前提和基础。

其一，幸福内涵被界定为"公共利益"。也就是说幸福指的是整个社会经济效果的公平和公正。如何实现公平、公正？"公共利益"指出必须建立在理性观察或理性指导原则之下，根据个人经济欲望来实现公平、公正。换言之，利用审慎的理性来完成幸福欲望的测度。"不公平"或者违反"自然"的经济行为或经济后果，都有损于"公共利益"。即幸福生活的实现既依托于个体审慎

---

① 熊彼特根据经济问题受到注意的程度，把经院思想的历史演进分为三个时期。(1)从 9 世纪到 12 世纪末，这是经院思想积聚力量的时期。(2) 13 世纪，是经院哲学的古典时期。这一时期开创了有别于神学和哲学的经院科学，为人们以后的社会科学和自然科学工作开辟了道路，奠定了基础，但这里只是确立了起点。这一时期，社会学和经济学的源头很小，但是已经具有个人主义倾向和功利主义倾向，并且始终强调凭借理智可以察觉公共利益。(3)从 14 世纪到 17 世纪，该时期包含了经院经济学的全部历史。其中包括应用经济学的核心概念"公共利益"的论述，以及经院学者的福利经济学与经院学者的"纯"经济学联系在一起的核心概念"价值"的阐明。[美]约瑟夫·熊彼特著.经济分析史(第一卷)[M].朱泱等译，北京：商务印书馆，1991。

② [美]约瑟夫·熊彼特著.经济分析史(第一卷)[M].朱泱等译，北京：商务印书馆，2015：133。

理性的运用，又依托于社会公平、公正的实现。其二，幸福概念通过"价值"概念和经济学连接在一起。这种"价值"概念即是"欲望和欲望的满足"。这是经院学者对亚里士多德的交换价值和使用价值的发展，他们把价值和人的主观心理和欲望满足联系起来，构建一种以主观效用为标准的价值理论。效用不是来自商品或货物本身，而是个人对商品或货物的利用获得的欲望满足。通过这种"价值"概念，人们只需要关注人从商品和劳务中获得的效用大小，就可以量度人们的幸福水平。

福利内涵的再一次发展是由18世纪意大利高水平的福利经济理论推动和完成的，实际上它也是边沁功利主义幸福论的基础。18世纪意大利的福利经济理论研究的福利概念与现代福利经济学的经济福利概念基本相同。不过，现代福利经济学受到主流经济学的影响更大，最后不得不走向价值免谈的科学的、逻辑的立场，而18世纪的福利经济理论着重于福利内涵的分化，即经济福利和非经济福利，但是对经济福利的量度问题，受制于当时心理学发展的低水平状况，他们并没有发展出具体量度经济福利的方法。不过它区分了两种幸福内涵。一种幸福是依据自然本性或秩序而进行的德性生活。公共利益就是这种幸福的现实表现，因为公共利益既满足个人欲望本性，又通过公平、公正保持这种满足不违反自然秩序。换言之，人的幸福就是自然教给人应该遵循的自然的规律和规则。另一种幸福是主观的，或者说约定俗成的社会规则和秩序，这种幸福具有历史相对性。社会秩序、便利和人的需要依据审慎的理性判断，符合公平、正义的公共利益构成幸福生活的两个维度。这两个维度之间既相互制约，又相互促进，处于对立统一的矛盾关系中。人们认为社会现象既遵循自然法则，又符合理性描述，边沁的功利主义幸福论恰好满足自然法则和理性描述，由此功利主义天然地成为福利经济理论的哲学基础。不过，熊彼特认为，功利主义和效用主义的联系是历史的，而不是逻辑的。因而人们在批判效用理论时，不能想当然地以为，只要攻克了功利主义的堡垒，效用理论也就一无是处了。之所以阐明这一点，是因为经济福利理论工具正是效用理论，并且这个工具被现代福利经济学用到极致。如果我们仅仅对福利经济理论的效用工具进行批判和审视，就无法超越具有功利主义哲学传统的现代福利经济学，因而我们还需要对功利主义哲学进行批判和审视。

杰里米·边沁认为"一个人唯一能够信赖的就是他自己的利益，但是他加了一个限制条件，强调人们追求私利是有理性的或开明的，也会考虑到他人的利益、感情和反应"。①换言之，审慎的理性是个人幸福的根本。虽然人也会关注他人的幸福和利益，但是这并不是他的初衷。这个时期的幸福内涵同时具有两层含义：一是个体幸福的诉求，尤其是经济福利是审慎理性的根本诉求，纵使他也关注其他人的幸福，但是这不是他的初衷或者本性，而是互惠机制所致。二是社会幸福的诉求，"所有个人幸福是相等的，每个人一份，不多也不少。最后这种社会总和被代之以或等同于公共利益或社会福利"②。也就是说表现个人幸福的快乐可以计量，并且通过代数相加的方式，由个人幸福得出社会幸福总

① [美]约瑟夫·熊彼特著.经济分析史(第一卷)[M].朱泱等译，北京：商务印书馆，1991：204。

② [美]约瑟夫·熊彼特著.经济分析史(第一卷)[M].朱泱等译，北京：商务印书馆，1991：208。

量。公共利益就是谋取“最大多数人的最大幸福”。

由此之后，福利内涵的伦理学幸福维度逐渐被纯粹的经济福利替代，并且由于主流经济学的强大影响力，福利内涵进一步缩小化和狭窄化。这种缩小与狭窄化的福利内涵，虽然不符合人的实际福利诉求，但是适应了福利经济学理论发展和福利实践推进的需要。

二、社会福利内涵的演变

社会福利是一个复杂的概念，涉及社会学、政治学和经济学多个领域，即使同一学科，不同研究者对其概念定义也不同。一般地说，社会福利包含两层含义：其一，社会福利是一种帮助人们满足其政治、社会、经济、教育和医疗等需要的国家制度、补助和服务的制度。其二，社会福利是社会共同体生活的一种幸福和正常的生存状态①。在经济学中，它主要是指“公共政策应该趋向增加人们（个人或集体）的幸福和满足：无论是限制市场自由运作的消极政策，还是相信交易体系不能产生所有可欲东西的国家积极行动，在伦理上都没有什么区别”。②也就是说，社会福利是人类共同体的一种总体幸福状态或者正常的生存状态。

实现这种总体幸福状态的社会福利思想有两个历史渊源：一是亚当·斯密的古典自由主义经济思想。斯密推崇市场交易的自由原则，并且他认为人们在“无形之手”的推动下可以增进社会共同福利。然而他强调这种总体幸福状态的增进是个人自利行

① Barker, R.L. *The Social Work Dictionary*[M]. Washington, D.C.: NASW Press, 1999.
② [英]诺曼·巴里著.福利[M].储建国译，长春：吉林人民出版社，2005：12-13。

为的天然本性,"无论人们会认为某人怎样自私,这个人的天赋中总是明显地存在着这样一些本性,这些本性使他关心别人的命运,把别人的幸福看成是自己的事情,虽然他除了看到别人幸福而感到高兴以外,一无所得"①。斯密强调在市场经济的自利原则之外,人的天然本性中还包含了一种利他主义倾向,正是这两种看似矛盾的天然本性成为推动现代社会进步的重要力量。自利本性促使人们最大限度地增进个人福利;利他本性在推动人们增进个人自利的同时,关注他人福利的增进。自利和利他推动社会福利总量增进和水平提高。亚当·斯密的经济学理论还提出了社会福利的量度问题,即通过消费者的消费量,判断他的生活状况或者福利水平,"个人是贫是富,是根据他能在什么程度上享受人类生活必需品、便利品以及娱乐品……他是富裕抑或贫穷,就要看他可以支配多少劳动量,也就是说,他能够购买多少劳动"②。这种消费能力实际上是一种支配他人劳动的能力。所谓支配他人劳动的能力,就是用货币来购买其他人的劳动产品的能力。用人的消费活动中的货币量的大小,来衡量人的经济福利的大小,社会福利总量则是一国内一定时期的消费总量。

另一个起源是杰里米·边沁功利主义的社会福利思想。杰里米·边沁认为:"自然把人类置于两位主公——快乐和痛苦——的主宰之下。只有它们才指示我们应当干什么,决定我们将要干什么。是非标准,因果联系,俱由其定夺。"③增进快乐或

① [英]亚当·斯密著.道德情操论[M].蒋自强等译,北京:商务印书馆,1997年版,2006年印:5。

② [英]亚当·斯密著.国富论[M].张晓林、王帆译,长春:时代文艺出版社,2011:20。

③ [英]杰里米·边沁著.道德与立法原理导论[M].时殷弘译,北京:商务印书馆,2011:58。

减少痛苦，是人类每项行动的唯一指标。既包括私人行动，也包括政府行动。“如果利益有关者是一般的共同体，那就是共同体的幸福，如果是一个具体的个人，那就是这个人的幸福。”①其社会福利内涵包含两层含义：其一，人的天然本性趋利避害，追求个人幸福或福利；其二，共同体或个人幸福可以测量，所有个体幸福加总就是共同体幸福总量。其测量主要通过幸福的“强度”“持续时间”“确定性或不确定性”“临近或偏远”②等指标进行。虽然，边沁强调幸福的个体体验和人趋利避害的天然本性，但是他同时强调共同体幸福的重要性，并指出实现这种幸福的方式就是通过人为立法。根据功利原理，指导政府制定相关政策，促进社会福利总量增加，实现社会福利水平增进和提高。

在经济学中，真正的社会福利内涵是由庇古提出的，不过，他把福利内涵缩小为经济福利。他依据杰里米·边沁的功利主义原则，通过基数效用对个体经济福利量和社会福利总量进行量度和加总。因而，这里的社会福利指的是由个人经济福利量加总而来的经济福利的社会总量。但是，由于现代主流经济学的强势影响，庇古的这种社会福利方法并没有贯彻和推行下去，在 20 世纪 30 年代受到以罗宾斯为代表的逻辑实证经济学家的攻击，最后社会福利的测度方法不得不转向序数效用论。由此之后，社会福利量度逐渐走向数理化和模型化道路，发展出一系列的社会福利标准或者函数模型，如帕累托标准、卡尔多-希克斯福利标准、西托夫斯基福利标准和李特尔福利标准。虽然这些标准内容各不

---

① [英]杰里米·边沁著.道德与立法原理导论[M].时殷弘译，北京：商务印书馆，2011：59。
② [英]杰里米·边沁著.道德与立法原理导论[M].时殷弘译，北京：商务印书馆，2011：88。

相同,但是社会福利内涵都是通过个体福利量考察社会福利总量。

帕累托在埃奇沃斯无差异曲线理论的基础上,提出“最优条件”概念。这种最优原则不需要进行人际间比较,也不需要任何基数效用评估个人福利,只需要关注一个人从一种状态到另一种状态时,是使他变好还是变坏,抑或是没有任何影响,来判断某一社会经济政策的影响。帕累托最优标准在考察社会福利时,不需要进行现实的社会福利分配,也不需要考察个体之间的福利差异。社会经济政策依据的标准是:如果没有任何人的情况变得更糟,而有的人情况变得更好,那么这种变化就意味着社会福利总量增进;如果这种社会福利增进一直增进到不能再增进的状态,那么社会福利总量就达到最优状态。

然而,帕累托最优关于社会福利的阐释存在两个缺陷:其一,帕累托最优关注的是经济效率,忽视社会福利分配。其二,在个人偏好排序基础上推导出的社会偏好排序,一旦出现一部分人的福利增加,而另一部分人的福利减少,关于这种社会福利状况的变化,帕累托标准就无法判断了。帕累托标准对社会福利衡量和判定有其便利和不可超越之处,所以,被经济学界广泛接受和应用,对其在现实社会福利判定中遇到的困难,西方福利经济学家提出了一系列修正标准。这些标准统称为“补偿标准”或“补偿原则”。其中,影响比较大的有卡尔多-希克斯福利标准、西托夫斯基福利标准和李特尔福利标准。它们分别从不同方面修正帕累托标准。

尝试对社会福利内涵进行精确定义的是伯格森教授,他于

1938年提出社会福利函数,“福利函数的数值,取决于所有影响福利的变量,包括每一个家庭所消费的每一种货物数量和所从事的每一种劳动数量,以及每一种资本投入的数量等”[①]。伯格森认为社会福利不仅建立在帕累托标准的基础上,注重经济效率的增长,而且还需要关注收入分配问题,因而他把消费、交换、分配和生产等经济要素纳入社会福利函数中,构建一个衡量社会福利水平的一般性福利函数。保罗·萨缪尔森于1947年进一步发展这种社会福利函数。他把社会福利和个人效用建构起对应的函数关系,从个人效用函数的变化,观察社会福利函数的变化。这种函数被称为伯格森-萨缪尔森社会福利函数(B-S社会福利函数)。

B-S社会福利函数吸收了卡尔多-希克斯标准和李特尔补偿标准的优点,针对帕累托标准在实际运用中出现的不足进行弥补。首先,它和希克斯的无差异曲线相类似,在其他条件不变的条件下(商品数量、劳务种类),个人效用的增加能够促进社会福利的增加;在社会福利水平不变的条件下,个人间的福利替代性降低。社会福利函数取决于每个个人效用的函数,个人效用极大化是社会福利极大化的必要条件。其次,它继承了李特尔标准关于公平分配的价值理念。也就是说,B-S社会福利函数不仅关注经济效率的增长,还注重解决收入分配问题。社会福利函数线远离原点,则社会福利水平提升。在同等效率条件下,社会福利函数线越凸向原点,收入分配越公平。

伯格森-萨缪尔森社会福利函数建立在福利主义、强帕累托

---

① 马旭东、史岩.福利经济学:缘起、发展与解构[J].经济问题,2018(2):9-16。

标准和严格的函数准凹性前提下，具有一般抽象性。在这一函数基础上，改变函数的变量（加入其他变量或减少现有变量），可以建构起不同的社会福利函数。由于这种一般抽象性，所以这种函数的实践性大大降低。为了建构一种实践性强的社会福利函数，用以指导社会经济政策的制定和执行，阿罗在福利主义、帕累托标准和个人效用不可比较的前提下，引入公共选择理论，建构阿罗社会福利函数。然而，最终的研究结果是：在其基本假设[①]前提下，不存在"对于一个相当广泛的范围内的个人排序集合，社会福利函数能够给出一个真正的社会排序"[②]。

阿罗不可能定理之后，社会福利问题沿着两条路径进一步深入研究：一是论证阿罗不可能定理是在严格条件下得出的结论，它并不影响人们关于社会福利状况的判断。另一个路径是由阿马蒂亚·森开启，引入人际间可比较分析。他认为：其一，社会选择函数不必要一定具有完全的传递性。其二，对于有些社会选择问题，连完全性都不需要，一个具有传递性和自反性的社会排序，依然可以作出偏好选择，"是否能摒弃完全性取决于所作选择的性质"[③]。其三，社会选择函数不仅仅依赖于个体偏好的排序，还依赖于个体间偏好强度的比较。"这一论点的说服力不是基于纯

① 限制1：集体博弈选择方面，但是对博弈论本身不加讨论。限制2：假定个人价值是给定的，个人价值观不受社会选择方案的影响。限制3：社会中的所有人都是理性的，都以追求其自身效用最大化为目标。由理性经济人构成的市场活动，社会福利原则遵循帕累托效率标准。理性经济人的个体偏好是交往的，通过交往来保证合作行为符合社会整体利益。［美］肯尼斯·J.阿罗著.社会选择与个人价值［M］.丁建峰译，上海：上海人民出版社，2010。

② ［美］肯尼斯·J.阿罗著.社会选择与个人价值［M］.丁建峰译，上海：上海人民出版社，2010：27。

③ ［印度］阿马蒂亚·森著.集体选择与社会福利［M］.胡的的、胡毓达译，上海：上海科学技术出版社，2004：4。

粹个人偏好强度的度量，而是基于对人与人之间进行比较的附加特征。”[①]最后森得出结论：“如果集体选择不仅仅依赖于个体排序，而且也依赖于人与人之间的福利水平或个体福利的边际得失的比较，那么，就会有许多新的可能了。”[②]社会福利函数需要加进基数效用和人际间比较，“一旦个体偏好的信息内容扩充到包括可进行人际间比较的基数的社会福利函数，就可有多种方法进行社会判断。最常用的方法是功利主义的方法[③]，它通过计算个体效用作为社会福利的量值，对几种可能的排序也是基于个体效用值的总和来进行”[④]。

第二节　古典政治经济学的遗产

亚当·斯密是福利内涵突变的分水岭，在此之前，福利问题的哲学伦理意蕴浓厚而牢固，在此之后，福利内涵随着现代社会经济的发展，经济福利内涵逐渐凸显，并且随着经济学理论，尤其是效用价值理论的深入发展，经济福利成为衡量人们现实生活水平和状况的最主要指标。福利经济学利用边际效用理论和货币

---

① [印度]阿马蒂亚·森著.集体选择与社会福利[M].胡的的、胡毓达译，上海：上海科学技术出版社，2004：4。

② [印度]阿马蒂亚·森著.集体选择与社会福利[M].胡的的、胡毓达译，上海：上海科学技术出版社，2004：5。

③ 这种方法由杰里米·边沁提出，后来被广泛应用到经济学中，其中包括马歇尔、庇古和罗宾逊等经济学家。在关于收入分配状况以及几种可能的收入分配状况的判断时，多尔顿(1967)、丁伯格(1970)等多数经济学家也是运用这一方法进行处理。但是，功利主义过于关注福利总和而忽视福利分配问题，最终的结果必然是强烈反对平等主义。

④ [印度]阿马蒂亚·森、詹姆斯·福斯特著.论经济不平等[M].王利文、于占杰译，北京：中国人民大学出版社，2015：16。

量度工具，对人的经济福利内容进行系统的理论研究，并以此指导国民经济活动，推动社会资源最优化配置和社会福利总量最大化。古典政治经济学对这种研究范式和实践活动产生了深远的影响。一是因为古典政治经济学是现代经济学的开创时期，它不仅蕴含着现代经济学发展的未来趋向，同时蕴含着现代经济学的哲学根基。因而，它同样蕴含着现代经济福利的哲学旨向。二是因为福利问题由此之后走向纯经济学研究，经济福利成为衡量人们现实生活的重要指标。福利内涵被缩小化和狭窄化，人的美好文化生活内涵似乎也被限定在经济福利的维度上。

一、市场经济的财富魔法

市场经济创造财富的魔法有两个前提条件，一是理性经济人最大化自身利益的本性，是推动社会经济财富发展和积累的根本动力。个体利益最大化的同时，意味着社会公共利益实现最大化，不过社会利益最大化的结果并不是自利人的主观目的，它是市场经济的客观效果。二是自由竞争的市场机制，即市场经济活动是由市场价格自觉调节的，政府或者国家只需要为理性经济人提供良好的经济秩序和法律安全保障。

其一，理性经济人假设的确立。古典政治经济学的创立把人的自利本性从神性的束缚中解放出来。在资本主义社会兴起以前，人性的自利本性被压抑在神性中，人的幸福生活不在于现世财富的享有和积累，而在于以今生的赎罪来获取来世的幸福生活。然而经历过文艺复兴和理性启蒙的洗礼，人性的自利性逐渐被解放出来，古典政治经济学进一步肯定人的自利本性是自由竞争的市场经济的核心动力。亚当·斯密如此阐释:“我们获得自己的饭食,并不是出于屠夫、酿酒师以及面包师的恩惠,而是出于他们自私的打算。我们并不是向他们奢求仁慈,而是唤起他们的自利之心,从来不向他们谈论自己的需要,仅仅是谈论对他们的好处。”①也即是说,市场经济是一种自由竞争和自由交换的经济秩序,在这个秩序中,个体都是理性的自利人,他们的行为目的在于最大化自我利益,并不关注他人的利益,因而,在市场中,如果我们想要获得自身利益最大化,一是充分按照自由竞争的规则行动,二是充分利用自我才能和天赋,从别人那里或者与别人合作的过程中,获取自我利益最大化。如果市场经济活动的每个个体都获得自身利益最大化,那么社会利益总体也将实现最大化。亚当·斯密在这里强调的是市场经济的自由性、竞争性和互惠性,即他同时强调经济效率和社会公平。只不过推动这种效率和公平关系的机制不是人为的,而是由市场价格机制调节和人的自利本性推动而完成的。

理性经济人具有两个特性,一是理智理性。所谓理智理性即是说他能够充分利用市场信息,判断其经济活动的最优化后果,即自身利益最大化,并且他具有严格的自利本性,只关注自身利益。与其他人的经济互动是为了获得互惠原则的自身利益最大化。参与自由竞争的经济行为人,根据价格信息,时刻调整自身所属资源的配置方式,以获取自身利益最大化。那么,最终整个社会的资源将在价格机制和理性经济人的调整下,实现最优化配

---

① [英]亚当·斯密著.国富论[M].张晓林、王帆译,长春:时代文艺出版社,2011:10。

置，进而创造出某一时期内最大的社会财富。理智理性意味着人们可以获得解读市场的全部信息，而且，他不会因为信息的误导做出错误的经济行为。换言之，自由竞争的市场经济，在价格机制的调控中，经济行为人的经济活动，能够推动社会经济资源实现最优化配置。虽然亚当·斯密强调自由竞争，但是他并没有完全否认国家或者政府在市场经济中的作用，我们不能把放任自由主义的主张归咎于他。

二是道德理性。所谓道德理性即是说经济行为人在实现自身利益最大化时候，他必须具有一些良好的道德德性，比如，勤劳与节俭的德性。因为，财富的创造并不完全等同于财富的积累。如果一个人奢侈妄为，他可能会把创造出来的财富全部浪费掉，而这并不利于自身利益最大化，因此，道德理性是自我利益最大化的品格。如果一个人只具有理智理性，或许他可以在市场经济互动中，获得大量的物质财富；如果他不具有良好的道德德性，尤其是自我控制的严谨德性，那么他创造出来的财富很可能被消费掉或者浪费掉，而不是成为财富进一步积累的资本。因为，除了自我控制的谨慎德性之外，亚当·斯密同时强调人的同情心和友爱心的道德德性。虽然他认为经济人的自利性是创造社会财富的根本动力，但是他同时认为同情心和有爱心也是人的天然本性。

有人认为这是亚当·斯密问题的重要表现，即他的人性理论具有矛盾性。实际上，如果我们把他的人性理论贯彻到底时，就会发现二者并不是矛盾对立的，而是相互统一的。自利心是人们创造经济财富的驱动力，而同情心和友爱心是人们获取非经济财富的驱动力。个体自利本性的充分发挥,激活自由竞争的市场经济,创造出最优化资源配置方式,实现社会经济效率最大化,个人在自由竞争中获取属于自我最大化的经济财富。同情心或者友爱本性的充分发挥,是人们获取非经济财富的重要驱动力。财富和地位能够使人们不断地获得社会的尊敬,因此,它们被人们当作自然的追求对象,而同情心和友爱心的表现,可以为人们赢得更多的尊敬和羡慕。从这个意义上来说,自利行为创造的个人财富与获得的社会地位,能够为个体带来社会的尊敬,而同情心和友爱心的发挥,即关注他人利益和社会公共利益,社会通过另一种形式回馈个体以尊敬和荣誉。如此一来,自利性与同情心统一于行为人的社会活动中。

因此,一个人的财富状况和福利水平源自于理性能力的培养与运用。理智理性可以通过外在的教导和学习养成,德性理性则可以通过习惯加以培养。古典政治经济学的财富魔法认为:在自由竞争的市场机制下,个人是自我利益的衡量者,也是自我利益的实践者,并不需要国家或者政府来协调人的财富状况和幸福水平。

其二,亚当·斯密在继承前人经济理论的基础上,创立了系统的市场经济理论体系。这种经济秩序以理性经济人为前提假设,以自由竞争为经济原则,探索国民财富增长的性质和原因。他认为财富是有原因的,而贫穷则没有。获得财富的方式和途径就是每个人都参与到自由竞争的市场机制之中,如果一个人陷入财富缺乏的境地,那是因为他没有充分利用自身的才能与天赋,创造属于自身的财富。一个人的福利状况由他自由参与市场的能力和本性决定，一个人的贫困状况仅仅因为他的性格缺陷或者道德败坏，和市场机制或者社会制度没有关系。

自由竞争的市场经济确实激发了人类追求经济福利最大化的天性，创造出了惊人的巨量物质财富。马克思曾经如此惊叹："资产阶级在它不到一百年的阶级统治中所创造的生产力，比过去一切世代创造的生产力还要多，还要大。"①

市场机制实现社会资源最优化配置的原则是自由、竞争和平等。自由和竞争内在地包含在市场活动的整个过程，自由保证每个经济行为人充分运用自我理性以实现自身利益最大化的目标；平等保证每个经济行为人能够在市场活动中充分利用自我才能与天赋，实现自我财富最大程度的创造与积累；竞争保证自由和平等的实践机制。即通过自由、公平、平等的竞争机制，个体由市场机制分配到适合发挥个体才能与天赋的领域内。

自由主义者认为社会能够自动区分每个人的才能与天赋，进而对其进行分工指导，促使他们在不同的社会领域从事不同的工作，利用自我才能和天赋为个体创造和积累财富，同时也为社会整体利益贡献力量。"分工是劳动生产率提高的重要原因"②，因为分工可以提高人们的劳动技能和熟练程度，"使得每个人能够创造出更多的产品供自己使用之外，还可以大量出售③。同时由于人的注意力的每一次转移，都浪费一些时间，"一个人将他的手从一种业务转移到另一种业务的时候，通常都要闲逛一会儿。当

① 马克思恩格斯选集（第一卷）[M].北京：人民出版社，1995：277。
② [英]亚当·斯密著.国富论[M].张晓林、王帆译，长春：时代文艺出版社，2011：3。
③ [英]亚当·斯密著.国富论[M].张晓林、王帆译，长春：时代文艺出版社，2011：7。

他要开始新的工作的时候，极少是全神贯注的”①。因此分工不仅可以提高劳动者的技能，而且节省人们转移注意力的时间，进而提高经济效率，创造出更多的社会财富。

社会分工天然地保证经济行为人参与经济活动的自由性与平等性。社会分工会依据社会最优化选择，配置人力资源，以促进社会财富最大化增进，并且由于分工能够创造出更多的社会产品供自己和他人享受，所以分工同样使“一个治理得非常好的社会里出现许多的富裕，并将其推广到了最下层的人民……所以，社会的所有不同的阶级都变得普遍富裕起来”。换言之，社会分工是社会财富分配的自然规则，这种分工并不会造成社会财富的极端分配，而是共同增进社会所有阶层的福利。因此工人获取工资，资本家获取利润，而地主获取地租，这是社会分工的自然结果，也是自由竞争的市场机制中平等原则的表现。然而这种看似自由、平等的工资、利润和地租分配理论，实际上是对劳动者创造的社会财富的扣除和瓜分。自由、平等是财产所有者的自由与平等，劳动所有者是财产所有者实现自由和平等的牺牲品。因此，当考虑到平等的政治哲学、伦理学维度，我们不能说社会分工实现了自由与平等。

按照古典政治经济学家的立场，市场经济最大程度激发人们追求财富创造和积累的本性，有利于推动个体发展和积累物质财富，进而提升个体的经济福利水平。对于社会各阶层来说，市场经济的自由、平等和竞争原则，是实现阶层间流动的最优原则。

① [英]亚当·斯密著.国富论[M].张晓林、王帆译，长春：时代文艺出版社，2011：6。

换言之，社会财富的分配并不影响阶层福利的差异，自由竞争的市场经济机制自然地推动社会财富最优化分配。"每个人都不断努力为自己所能支配的资本找到最有利的用途。当然，他所考虑的是自身的利益。但是，他对自身利益的关注自然会，或者说，必然会使他青睐最利于社会的用途"①，"他总是被一只隐形的手推动着去达到他无意追逐的目的。即使他并没有任何的这种意图，但是他对于社会并不总是更坏。在追求他个人的利益的时候，他常常要比他真实地有意促进社会利益还更为有效地促进了社会的利益"②。也就是说，在社会资源配置的过程中，个人是最了解自我利益的人，因而，他会利用手中的社会资源，实现最优化配置。如此一来，每个人的资源都按照这一原则实践时，社会总资源就能实现最优化配置，那么，这种最优化配置的模式，必然创造出最大化的社会财富。就个人而言，他实现个体财富的最大化利益；就社会总体而言，经济效率实现最大化。而且，由于市场经济的原则是自由、竞争和平等，社会财富的分配也达到最大程度的平等。因此，古典政治经济学家这里强调的自由和平等，是指按照自由竞争原则，根据个体才能和天赋进行的财富分配。

自由竞争通过生产、交换、分配和消费的经济运行过程，实现个体利益最大化。这一过程只需要国家或者政府提供良好的、安全的经济环境。经济人通过自由平等的竞争，完成自我利益最大化目标；依据互惠原则，增进其他人的经济福利。这是自由竞争

---

① [英]亚当·斯密著.国富论[M].张晓林、王帆译，长春：时代文艺出版社，2011：316－317。

② [英]亚当·斯密著.国富论[M].张晓林、王帆译，长春：时代文艺出版社，2011：318。

市场机制的理想，实际上，这种理想并没有真正地实现过，并且限制国家干预经济活动的理论也没有严格执行过。关于这一点无论是在市场机制建立之初，还是在市场机制发展至今的任何阶段，自由竞争的市场机制，从来没有完全脱离国家活动的协调。国家协调市场经济活动的力度，是由市场经济的需要规定的。古典政治经济学为现代福利经济理论和福利实践留下的遗产，不在于它主张完全的自由放任经济政策，而在于市场经济创造财富的魔法力量。同时，还在于经济行为人是个体福利的责任主体，并且，个体福利水平完全决定于个体的才能、天赋、性格与德性，与市场经济制度或者社会政治制度无关。

这两种类型的遗产，对现代福利经济理论和实践都产生了深远的影响。一方面，它们直接继承自由竞争的市场机制，主张个人负责为主体的福利增进原则。另一方面，它们发展国家在市场与社会关系中的协调作用，主张国家应该成为协调经济效率与社会平等的重要力量，但是它们最终的落脚点是经济效率。在后面的章节，我会详细阐释，现代福利经济理论和实践如何利用这些遗产资源。

二、非经济福利的社会自觉

人性的复杂性映射在现实世界中，表现为对经济福利和非经济福利的双重诉求。人们不仅追求舒适的物质享受，而且追求心灵的宁静和精神的愉悦。在亚当·斯密之前，经济福利和非经济福利的生活并无截然区别，但是，在亚当·斯密时期，由于市场经济的蓬勃发展，社会财富总量急速增加，经济福利在人们的实际生活中，更加受到人们的关注，而且，由于自由竞争的市场机制，为个体提供了参与经济活动的客观平台，人们由此获得个人财富的创造与积累，经济福利得到持续提升和增进，非经济福利在很大程度上被经济福利掩盖了。不过，虽然古典政治经济学放大了经济福利的光辉效应，但是，非经济福利的诉求，仍然是人们阐释经济人实际生活的重要维度。

所谓非经济福利，指的是除了经济福利以外，影响人们生活质量的所有内容。庇古如此区分经济福利与非经济福利，“人类既将‘自己作为活着的目的’，也将自己作为生产的工具。一方面，人被自然与艺术之美所吸引，其品格单纯忠诚，性情得到控制，同情心获得开发，人类自身即成为世界伦理价值中的一个重要组成，其感受与思想的方式实际上构成了福利的一部分。另一方面，人类可以进行复杂的工业操作，搜求艰难的证据或者改进实际活动的某些方面，成为一种非常适合生产可以提供福利的事物的工具。人类为之做出直接贡献的前一种福利就是非经济福利，而为之作出间接贡献的后一种福利就是经济福利。我们不得不面对的事实是，从某种意义上说，社会可以自主地对这两种人作出选择，并且因此集中力量开发包含于第二种的经济福利，同时却在无意间牺牲了包含于第一种的非经济福利”①。也就是说，人类的福利同时包含经济福利和非经济福利，二者统一于人自身。既统一于人的社会实践活动，又统一于人自身。然而，在现代社会中，并不是所有人都能够同时实现两者统一。因为，社

① [英]阿瑟·塞西尔·庇古著.福利经济学(上)[M].金镝译，北京：华夏出版社，2013：11。

会自主地选择这两种人，一种人用来开发包含在他自身中的经济福利，另一种开发包含在他自身的非经济福利。不过，这并不是一种不平等思维，而是因为现代社会是市场经济和资本逻辑主导的社会，人并不是社会的目的，而是经济发展的工具。经济福利凸显是人类开展社会实践活动的必然结果，并且，在市场经济机制和资本逻辑的推动下，人类的经济福利将会随着社会财富总量的持续增进达到一定的水平。然而，这种经济福利有其自身的界限，因为它在开发包含于人自身的经济福利的同时，无意间牺牲了人的非经济福利。

虽然，古典政治经济学家专注于经济福利的开发和创造，非经济福利并没有成为他们关注的首要对象，但是，他们深深地理解非经济福利的重要性。因为，此时期的福利内涵，还基本上等同于幸福内涵。人们在探索幸福生活时，一方面强调物质财富的重要性，同时还关注幸福的精神重要性。因此，在市场经济发展之初，非经济福利以一种社会自觉的形式内化于人们的社会活动中。

人们认识到，“幸福不是一个抽象的观念，而是一个具体的整体，所以，这些东西便是幸福的组成部分”①。这些东西指的是美德、财富、权利和名誉等等。因此，经济福利成为人们追求幸福生活的重要方面，不仅顺应人们提升个体福利水平的现实需要，而且在理论上也符合福利功利主义的实践诉求。功利主义追求的是“最大多数人的最大幸福”，而这种社会幸福总量是通过个体幸

---

① ［英］约翰·穆勒著.功利主义［M］.徐大建译，北京：商务印书馆，2014：46。

福量加总得来的，所以，市场经济激发人的自利本性，最大程度地增进自我利益，同时，也是社会福利最大化的实现。“竞争就可让人达到卓越，甚至在一些寻常的职业里也可以产生雄心勃勃的目的，而且，还经常爆发出最大的努力。”[①]勤劳，甚至是超常规的勤劳，以及节俭，创造和积累巨量财富，为人们提供提高生活质量和水平的多种方式和途径。随着物质财富的增长和积累，个人物质生活水平不断提升和发展，理性经济人，在无形之手的引导下，推动社会利益的长足进步与发展。

人是社会中的人，并且，必然生活于社会之中，被他人关注和获得他人赞扬与尊敬的欲望是人的本性。“人类社会的所有成员，都处于一种需要互相帮助的状况中”，行为人即使从理性自利的角度出发，也会通过关注他人利益，以增进自身利益，尤其是获得社会的尊敬和赞扬。当行为人在实现自我利益的前提下，实践一种合乎社会规范和高尚德性的活动时，他的自身利益不仅没有减少，反而因为他的高尚行为，进一步提升了他的非经济福利水平。因而，自由竞争的市场机制，在激发自利本性极致发挥的同时，也增进了人们关注非经济福利的实践途径和方式。

此外，市场经济的自由、竞争和平等的原则，有利于推动社会阶层之间的流动，这是社会进步的重要表现，也是不同阶层群体进一步提升非经济福利的重要途径。这是因为，在自由竞争的市场经济下，经济行为人因其财富创造和积累到一定程度，必然趋向诉求掌握自己的行为和生活。“在许多情况下他们很可能会要

① [英]亚当·斯密著.国富论[M].张晓林、王帆译，长春：时代文艺出版社，2011：527。

求国会干预他们的事务，要求法律对于与他们相关的各种问题作出规定……他们会要求国会按照他们自己的意愿、想法和建议进行干预，而不愿意服从由其他人为他们制定的规章制度。”①财富是人的社会地位的试金石，在自由竞争的市场经济中，尤其如此。因此，当个体的财富量积累到一定程度时，他们往往可以通过政治的、社会的手段获得与其财富相对等的社会地位。当个体由较低阶层流动向较高阶层时，这不仅意味着他的经济福利水平达到较高状态，而且意味着他的非经济福利，即作为人自身，享受精神的、文化的素质也会随之提升到较高的水平。即使在他刚刚踏入较高阶层时，他并不完全具有与该阶层相适应的素质与修养，他也会在之后的实践中，努力提升他的素养，以使自我与该阶层较高的文化修养相符合。从这个角度来说，自由竞争的市场机制，不仅为个体经济福利的提升提供了相对公平公正的竞争平台，而且还为个体非经济福利的提升提供了通畅的进阶渠道。当然，或许有人会反对说，较高阶层并不一定具有较高的文化修养和德性。然而，实际上，较高阶层具有较高的文化素养，这是一种比较客观而且合理的现象。

公平、正义和慈善行为是人们获取社会尊敬和赞美的典型表现，因而，随着社会阶层流动性的提升，人们会越来越多地表现人性中的美好一面，以获取更多的尊敬和赞美。不管人们在自由竞争市场经济活动的自利性如何发挥，它为人们创造的是经济福利和社会财富。非经济福利的获取，一方面源自人自身的发展，比

---

① [英]约翰·斯图亚特·穆勒著.政治经济学原理(上)[M].金镝、金熠译，北京：华夏出版社，2017：707。

如自我生命意义的确证，或者生命价值的追求；另一方面源自人们享受现实生活的能力与技巧，比如欣赏艺术文化的能力，从事科学研究的品格和耐力，以及其他能够增进人认识自我与他人、自我与世界关系的活动。

财富是个人实现幸福的最佳手段，一个富有的人不仅可以穿戴舒适的衣物，居住宽敞的房屋，享受美味佳肴，而且，他还可以享受更多的闲暇时光，用来参加娱乐活动、文化艺术活动，以及其他有利于培养文化素养和道德德性的活动。当然，前一种享受是每个富有的人自然而然诉求的舒适生活，而后一种闲暇时光的享受，则并非每个富有的人都会选择如此生活。因为，后一种生活是一种属人的自觉生活，前一种生活只是人的动物性需求和欲望的满足。所谓人的自觉生活，指的是人追求心灵宁静和精神愉悦。对处境的适应是幸福能力的开始，“幸福存在于平静和享受之中”。人作为社会人，他生活于人群之中，人与人之间存在着比较，生活的不同处境时常交替出现在人的整个生命历程中。或者是一个人自身生活处境的改变，或者是对比他人生活处境，不同生活处境对比的后果，会产生贪婪、野心、虚荣等品性。这些品性是造成人类生活不幸的心理根源，因为，“贪婪过高估计贫穷和富裕之间的差别；野心过高估计个人地位和公众地位之间的差别；虚荣过高估计湮没无闻和闻名遐迩之间的差别”①。因此，人的自觉生活在于自我德性的修炼和优良品质的培养，尤其需要对人性的贪婪、野心和虚荣等本性进行引导。

---

① [英]亚当·斯密著.道德情操论[M].蒋自强等译，北京：商务印书馆，1997：180－181。

亚当·斯密如此阐释高尚品质对人的自觉生活的影响："首先是较高的理智和理解力，我们靠它们才能觉察到自己所有行为的长远后果，并且预见到从中可能产生的利益或害处；其次是自我控制，我们靠它才能放弃眼前的快乐或者忍受眼前的痛苦，以便在将来某个时刻去获得更大的快乐或避免更大的痛苦。这两种品质的结合构成了谨慎的美德，对个人来说，这是所有美德中最有用的一种。"①换句话说，较高的理智和理解力，不仅可以促使人们在自由竞争的市场经济中游刃有余，创造和积累大量的物质财富，满足经济人自利心的需要和欲望，而且自我控制的品质，有利于人们用长远的眼光审视当下的快乐和未来的收益，因而有利于人们运用财富手段，获取最大化的经济福利和非经济福利。谨慎的美德是人过上自觉生活的高尚品质，它使人面对世事多变的繁华世界，始终保持一份初心，葆有一种情怀，保持一种淡然与平和。在自利心疯狂逐利的欲望中，辨识适度与中庸，保持理智与自制。他不仅关注自我福利的增进，而且关注他人，关注社会总体利益的增进，因为，"任何个人的品质对那个人自己的幸福所能产生的影响"，同样"对其他人的幸福产生影响"。②

同情心和友爱心促使人们更加公平正义，更加仁慈博爱，因为，"无论人们会认为某人怎样自私，这个人的天赋中总是明显地存在着这样一些本性，这些本性使他关心别人的命运，把别人的幸福看成是自己的事情，虽然他除了看到别人幸福而感到高兴以外，一无所得。这种本性就是怜悯或同情，就是当我们看到或逼

① [英]亚当·斯密著.道德情操论[M].蒋自强等译，北京：商务印书馆，1997：235。
② [英]亚当·斯密著.道德情操论[M].蒋自强等译，北京：商务印书馆，1997：271。

真地想象到他人的不幸遭遇时所产生的感情”①。这两种本性促使人们不仅关心自我利益，而且关注他人利益。实际上，这种关注他人利益的倾向，并不与人的自利本性相冲突。因为，从他人的幸福生活中，自利人同样体验到了高兴，获得了履行公正、节制的愉悦感。这种高兴的体验和愉悦感的获得，对于自利人来说也是一种幸福感受。换言之，自利人从关注他人福利，增进他人利益的活动中，最大化自身非经济福利。

除此之外，关注他人利益，还在于每个人心中都有一个“公正世界”的信念。如果，现实世界的不公正和不平等事实威胁到了这个信念，人们总会表现出一种克制自私本性，而表现出对他人的同情，渴望改变现实世界的不公正和不平等现象，以维护内心“公正世界”的信念。因此，人们会基于公正世界的信念，惩罚那些损害他人利益或者幸福的行为。纵使这种惩罚只是基于第三方获得利益，并且自己也要付出代价，行为人也会要求社会规范或者规则实施这种惩罚。只要社会正义和公平的信念得到维护，行为人自身也会感受到一种安全和幸福，而安全的需要是人类生来就有的最根本需要之一。人们清醒地意识到“自己的利益与社会的繁荣休戚相关，他的幸福或者生命的维持，都取决于这个社会的秩序和繁荣能否保持……不义行为必然有损于这个社会。所以，每一种不义行为的出现都会使他感到惊恐不安，如果我可以这样说的话，他都会尽力去阻止这种行为的进一步发展”。②不

① [英]亚当·斯密著.道德情操论[M].蒋自强等译，北京：商务印书馆，1997：5。

② [英]亚当·斯密著.道德情操论[M].蒋自强等译，北京：商务印书馆，1997：108－109。

管行为人关注他人的动机是什么，仅就结果而言，行为人关注他人福利，增进自我福利，从而增进整体社会福利，社会公平正义的信念得到维护。

综上所述，古典政治经济学创立的市场经济机制，在客观上保持了非经济福利的社会自觉性。虽然，这份自觉性受制于市场机制，受制于经济人的自利本性，但是，它还是为属人的福利保留了一种可能。此时期的福利内涵已经分裂为经济福利和非经济福利，并且，经济福利的维度异常凸显，非经济福利似乎消散于市场经济的大潮中，但是，古典政治经济学，却为人们进一步探讨福利问题留下了宝贵的遗产，启发人们在福利实践中保持二者的平衡。

第三节　经济福利的现代演变

亚当·斯密之后，人们对经济福利的观察和研究，越来越专门化与科学化，尤其是随着社会经济发展的推进，经济福利在经济生产和社会发展中具有首要优先性。我们认为提高人的生活水平和生存状态，是人类社会发展的根本诉求，经济福利专门化研究，适应了资本主义阶段，是改善人的生活质量的需要。因为，现代资本社会的需求是科学化、工具化、效率化最大。如果，福利内涵不分化为经济福利和非经济福利，那么，社会经济与人的生活水平之间的关系，就无法对其进行量化研究。如此一来，社会经济发展的需要与人的实际生活的状态就会产生冲突。因此，社会实践的需要必然推动福利经济理论走向科学化、工具化研究。

一、经济福利效用的量度

效用与人的需求、欲望的满足相关，福利效用指的是人们从商品和劳务中获取的满足感与获得感。体现在生活中，就是人们消费活动中的满足感与获得感。这种福利指的是庇古意义上的经济福利，"与货币量度相关的群组满意感与不满意感……这种相关关系并不是直接的，而是以欲望和厌恶为媒介的"，"我们都暗中假定需求价格（欲望的货币量度）就是满意感的货币量度"。[①]也就是说，货币量度不是一个人从物品中直接获得的满意感，而是他购买这件物品的欲望强度，效用就是这个欲望强度。当一件物品对某个人的效用越大，那么，他对这件物品的欲望强度就越高，因而愿意为之付出的货币量就越多。不过这个欲望强度有其边际界限，这个界限就是他愿意付出的最小货币量。

由于人们总是倾向于满足当前的快乐或者满意感，而放弃长远的快乐或者满意感，但这并不是说，一定量的当前快乐或者满意感就大于同等的未来的快乐，而是由于人们总是缺乏远见之明，或者缺乏自我控制的能力。实际上，一定时期内，人们从一定商品或者劳务中所享受的经济满意感的总量，往往小于按照理性且自制谋略指导下，所获得的经济满意感总量。并且，这种没有远见和不能自控的影响，不仅仅局限在个体获得经济满意感总量上，而且，由于人们总是倾向于满足当前的快乐和欲望，在资源开

---

① [英]阿瑟·塞西尔·庇古著.福利经济学(上)[M].金镝译，北京：华夏出版社，2013：20-21。

发和利用过程中，存在严重浪费资源的倾向。因此，经济福利水平不仅是个体生活状态的表现，同时也是社会经济发展状态的表现。如果对人的经济活动或者行为不进行指导或者干预，人们为了满足当前欲望，造成资源浪费，必然对未来欲望的满足产生不良影响。换言之，这种浪费会影响未来国民财富的持续性，以及未来人的福利水平的持续提升。因此，需要对经济福利进行系统化的研究，利用经济学理论和方法，对其进行量化研究，以明确经济福利与国民财富之间的关系，进而指导个体和政府活动，避免“将过多的资源用于当前服务，而将过少的资源用于未来服务的‘自然’倾向”①。

福利效用的量度问题，最早由杰里米·边沁提出，不过，他所指的福利或者“最大多数人的最大幸福”与福利经济学所指的经济福利并不完全相同。杰里米·边沁指的是人们实际生活的快乐或者幸福，也就是说，享受快乐和避免痛苦是人之天性。因此，“只有它们(快乐和痛苦)才指示我们应当干什么，决定我们将要干什么。是非标准，因果联系，俱由其定夺”②。然而，他并没有将人的幸福量区分为经济福利量和非经济福利量，所以，他并没有提出具体的量度途径和方法，不过他为其制定了如下规则：即依据效用的“强度”“持续时间”“确定性或不确定性”“邻近或偏远”③衡量某个人的福利大小。通过这种测量，不仅可以得出每个人的福利量，而且可以把每个人的福利加总起来，获得社会的

① [英]阿瑟·塞西尔·庇古著.福利经济学(上)[M].金镝译，北京：华夏出版社，2013：24。
② [英]杰里米·边沁著.道德与立法原理导论[M].时殷弘译，北京：商务印书馆，2000：58。
③ [英]杰里米·边沁著.道德与立法原理导论[M].时殷弘译，北京：商务印书馆，2000：88。

福利总量。他认为国家或者政府在促进最大多数人的最大幸福这一目标方面,应该承担起立法的责任,为自由竞争的市场机制提供规范的法律程序,保障市场经济中的理性经济人能够获得每个人的最大幸福。如果,每个人都实现了自身的最大幸福,那么,社会就实现了最大多数人的最大幸福这一目标。虽然他的这一论断受到众多经济学家或者哲学家的批判,但是,他确立的福利效用的量度基本规则被继承了下来。

随着边际效用理论的发展,人们在测量效用的过程中遭遇了难以克服的困难,尤其是效用的人际间比较问题成为经济福利量度的首要难题。越来越多的经济学家认为效用是一种与欲望和欲望的满足相关的个体心理体验,无法对其进行直接测量。虽然,边沁确立测量的基本规则,但是,他并没有发展出具体的测量工具或者方法。因此,马歇尔提出,虽然,人们无法直接量度效用、动机上的快乐和不快乐,但是,通过可观察的经济效果间接地测量它们。比如,如果,一个人愿意放弃一个货币量来获得某种物品的享受,而不愿意没有这个物品,那么,我们就可以用这个货币量来测量这个物品带给这个人的效用。虽然,效用是人的心理感受和体验,但是,它是通过可观察的商品或者劳务体现出来的,而货币就成为间接量度效用的最佳工具。马歇尔的福利内涵已经不同于杰里米·边沁的福利内涵(或者幸福),而是更加接近于福利经济学意义上的经济福利内涵。福利效用就是人的需要和欲望的满足感。通过货币工具,对消费者的需要和欲望进行研究,就可以量化研究人的福利状况和水平。这里涉及一个关键问题,即人的需要和欲望的分类,以及限度问题。如果,人的需要和欲望是无限的，那么，人的福利状况和水平依然无法得到确定性研究。

马歇尔认为人的需要和欲望有两种。一种是受制于人的生理界限的有限需要和欲望。比如，受制于胃的大小，人们对于食物的需要和欲望是可以完全满足的。无论一个人如何丰富他的食品种类，抑或提升他的食品精致化程度，人们对于食物的需要和欲望依然是可以完全满足的。另一种是无限的需要和欲望，即与优越感相关的需要和欲望。其实这种需要和欲望，实际上就是亚当·斯密所说的人的贪婪、野心和虚荣造成的需求和欲望。这种需求和欲望随着人的处境不断变化而变化，并且，就目前人类社会发展的现状来说，这种与优越感相关的需求和欲望无法真正得到满足。换言之，这种意义上的福利水平和状况无法进行量化研究。福利效用的量度同时包含这两种需求和欲望的满足感，不过无论是有限的需求和欲望，还是无限的需求和欲望，它们都遵循边际效用递减规律。由此可见，虽然，对人的无限需求和欲望无法量化研究，但是，对人的有限需求和欲望的量化研究，同样适应于当前社会经济发展阶段，而且，能够指导个体福利和社会福利的实践活动。因此，福利效用量度的是人们可满足的需求和欲望，对于不可满足的需求和欲望，不是福利经济学首要解决的问题。

庇古进一步发展了前人的福利量度理论，确立了如下基本标准。其一，效用是表征福利的经济学概念，而物品的需求价格则是边际效用的直接表现，所以，人的福利效用可以通过消费的货币量进行间接的量度，而且，“把货币需求价格等同为欲望的量度，以及欲望实现后所获得满意感的量度，似乎并未造成大的损害”。如此一来，福利效用的量度工具就确立下来了。其二，个体福利具有同质性，即福利效用转化为货币量之后，个体福利可以用代数加总，由此社会总福利就是个体福利的总和。因此，现代福利经济理论就确立了福利效用的量度方法，即基数效用方法。其三，确定个体福利水平和社会福利总量之间的关系之后，国家或者政府就成为解决经济福利与国民财富生产之间关系的重要环节。当然，无论是个体还是国家，都具有满足当前经济欲望的倾向，因此，国家在协调经济福利与国民财富生产的关系时，应该首先做到“保护未来的利益，以抵消我们不合理的折算以及偏好胜过自己所造成的影响”①。

由此，福利效用的量度问题得以解决，但是，效用是人的欲望强度的衡量，效用的同质性问题遭到质疑。而且，由于经济福利只是人的总福利的一部分，经济福利能否真实反映人的实际生活同样遭到人们的质疑。因此，福利效用的量度遗留下两个重要问题：一是人际间效用比较难题，二是经济福利与人的总福利的关系问题。关于第一个问题，随着经济福利理论的发展，福利量度方法几经变革，最终也没能走出困境。关于第二个问题，随着福利实践活动的展开，二者之间的矛盾越来越突出。这些遗留问题在后面的章节，都会有详细阐释，此处只作简要提示。

庇古对这两个问题也提出了相应的解决方法。他认为经济因素并非直接地作用于人的经济福利，而是作用于能够提供经济福利的客观对应物，如同“经济福利是总福利中可以直接地或间

① ［英］阿瑟·塞西尔·庇古著.福利经济学(上)［M］.金镝译，北京：华夏出版社，2013：25。

接地与货币量度建立起关系的那一部分一样，国民收入因而也是社会客观收入中能以货币表示的那一部分……经济福利与国民收入这两个概念，是如此地相互对应，以至于对于两者之中的任何一个内容的描述，也就是对另一个内容相应的描述”①。也就是说，经济福利可以通过国民收入来表现，因为二者都是可以通过货币表示客观部分。因此，对一国国民财富的描述就是对社会福利总量的描述，对人的福利水平和状况的描述就是对国民收入的阐释，由此，国民收入就成为衡量人的福利水平和状况的重要指标。这也是现代经济学家，总是把国民收入和人的幸福生活关联起来的重要理论依据。

二、效用量度的争议

把效用与人的经济福利直接等同的研究范式，存在两点质疑：一是经济学能否容纳价值判断在内，二是人际间效用能否进行比较。

从福利经济学创立伊始，它的目的与主流经济学一样，“它力图系统地阐述一些命题，根据这些命题，我们可以判断某一经济状况下的社会福利高于还是低于另一经济状况下的社会福利”②，但是，它不同于主流经济学的地方在于，它不仅关注社会财富的创造，即经济效率问题，它同时也关注社会财富的分配，即社会平等问题，并且，社会财富分配的平等性，将反过来促进或者阻碍社会财富创造的效率性。“一国的经济福利与国民收入的大

---

① ［英］阿瑟·塞西尔·庇古著.福利经济学(上)［M].金镝译，北京：华夏出版社，2013：27。
② ［澳］黄有光著.福利经济学［M].周建明等译，北京：中国友谊出版公司，1991：2。

小密切相关，而且经济福利随着收入大小的变化而变化”①，这意味着国民收入的大小不仅取决于经济效率的高低，而且经济福利的状况也会对国民收入产生影响，即社会财富的分配平等性也会影响国民收入量。通常一国一定时期内（通常是一年）的国民收入表现为一定数量的商品和劳务，这些东西直接与货币相关联。因而，只要计算出一国一定时期内国民收入大小，就可以得出这一时期内的经济福利总量大小。然而，这是福利效用的经济效率量度，对于福利效用的平等维度，福利经济学的量度方法没有给予足够的关注。社会平等性对经济效率的影响复杂而且广泛，因而，在福利经济学体系中，它成为庇古福利经济学核心问题之一。

福利经济学把价值判断包含在经济福利的研究中，但是由于西方主流经济学的强势影响，它主张经济学研究应该避免价值判断，坚持客观中立的立场，从事实和逻辑的角度，对经济现象进行阐释，并预测未来经济趋向。因此，在20世纪30年代福利经济学的价值判断立场，受到众多经济学家的批判与攻击。自从杰文斯在19世纪七八十年代，把数学引入经济学，并把它与效用价值理论结合起来，建构理想的数学经济逻辑。他通过架构数学模型，描述社会经济事实，推演经济发展逻辑，并预测社会经济发展趋向。经济学逐渐走向一条科学化研究之路，虽然，艾尔弗雷德·马歇尔认为，经济学是一门研究人的学科，生活于现实世界中的活生生的人，他具有情绪、心理和欲望的变动性，用数理模型

① ［英］阿瑟·塞西尔·庇古著.福利经济学（上）［M］.金镝译，北京：华夏出版社，2013：42。

对其生活和行为进行描述，会产生这样那样的误差，但是，理性经济人的假设前提，为现代经济学的科学化研究提供了便捷之法。实际上，主流经济学对福利经济学的影响是单向的，福利经济学的价值维度很快被主流经济学科学的和逻辑推演的方法攻克。

在20世纪30年代，以罗宾斯为代表的经济学家，对经济福利的基数效用方法和功利主义的哲学基础，进行了猛烈的攻击和批判，最终序数效用理论代替基数效用理论，成为量度福利效用量度的新方法。这意味着经济福利的内涵进一步缩小，具体而言，这主要表现在两个方面。其一，庇古意义上的福利效用量度，虽然，他涉及的仅仅是人的经济福利，即通过货币表现出来的福利部分，但是，他并没有否认总福利，而且，也没有否认经济福利只是人的总福利的一部分，经济福利的变动并不一定伴随着人的总福利的变动。经济福利只是作为人的总福利的一个部分，在社会经济发展的当下阶段，它成为衡量人的社会生活的重要方面。“我们想要理解的并非福利有多大，或者曾经有多大，而是在受到当权者或者个人的力量所产生的因素的影响后福利的增量有多大。”[1]这种福利增量，一方面表现为个体的福利增量，另一方面表现为社会福利的增量。这种增量通过基数效用进行量度，由个体福利增量推导出社会福利增量。虽然，人的效用具有异质性，但是由于量度效用的工具——货币——是同质的，因而，人际间效用可以进行比较。这种比较意味着经济福利的研究，不仅需要关注经济效率的高低，而且需要关注社会平等的程度。序数效用

① [英]阿瑟·塞西尔·庇古.福利经济学(上)[M].金镝译，北京：华夏出版社，2013:10。

认为，人际间效用不能进行比较，而且福利经济研究不应该引入价值判断。如此一来，经济福利的研究就被限定在纯粹的经济福利的增量上，即只关注国民生产的经济效率问题，忽视经济福利的社会平等问题。罗宾斯的胜利，把福利经济研究引入更加狭窄的道路上，即依托经济人假设和帕累托最优标准，用偏好代替效用，用序数方法，对经济福利的增量问题进行科学的逻辑推演。由此之后，经济福利研究发展出一系列的标准和函数，如卡尔多-希克斯标准、西托夫斯基标准和李特尔标准，以及伯格森-萨缪尔森社会福利函数和阿罗社会福利函数。虽然，福利效用的量度越来越模型化，甚至精确化，但是，这种模型反映的效用增量与由活生生的人体验的实际生活的效用增量越来越不相符。最终，在阿罗不可能定理提出之后，福利效用量度争议陷入徘徊境地。

其二，效用量度的另一个争议焦点是人际间效用比较问题。实际上这个争论与经济学价值判断问题处于交织状态。价值免谈，实际上就意味着人际间比较免谈。因为，人际间效用就是对个体福利效用的差异进行比较，这种比较的目的是推动社会福利的平等分配。虽然，福利平等分配的目的在于优化社会资源配置，提升经济效率，但是，它客观上也推动了经济福利在不同人群之间的公平分配。那么，这种人际间效用比较以及比较后所采取的社会政策或者经济政策，实际上必然包含着价值判断和价值立场。因此，20 世纪 30 年代，主流经济学对福利经济学的价值批判和攻击，其实际效果造成了人际间效用比较问题的搁置。序数效用方法和帕累托最优标准，成为避免人际间效用比较问题的最优方案。因为，序数效用意味着只对人的偏好进行排序，帕累托最优则是把这种排序由个人偏好推向社会偏好排序。

在此之后，人们致力于个体偏好排序与社会偏好排序之间的对应关系，并且，期望通过符合帕累托最优的社会偏好排序或者社会福利函数，指导国民经济活动。然而，由于这种效用量度方法否定人际间效用比较，否定价值判断，它对社会经济活动的实践指导力量被大大削弱。因为，如果一种社会状态，一部分人极度奢侈，另一部分人极度贫困，而任何极度奢侈行为的增加，只要没有引起其他任何人境况变得更糟，那么，这种社会状态改进也是符合帕累托最优的，然而，这却不符合现实社会最优状况。也即是说，“现代福利经济关注的是那些不涉及诸如收入分配的问题……涉及的是不同个体（或者是不同群体或不同阶级）之间无冲突的竞争性均衡的帕累托最优”①。这种不符合现实社会状态最优的帕累托最优改进，成为福利经济理论指导经济活动实践的根本限制。最终的结果是：无法在人际间不可比的前提下，依据个人偏好排序推导出社会偏好排序。那么，福利经济理论就无法运用到社会经济实践活动中，由效用量度引起的争议，使福利经济学陷入徘徊困境。

三、总福利的复归

西方经济学的前提假设是理性经济人，它实际指向两点：一是行为人是完全理性的，二是行为人是完全自利的。福利经济学作为西方经济学的一个分支，它同样建立在这样的前提假设之

---

① ［印度］阿马蒂亚·森、詹姆斯·福斯特著.论经济不平等［M］.王利文、于占杰译，北京：中国人民大学出版社，2015：8。

下，而效用量度的争议以及最终导致的不可能定理，引发人们对福利效用的思考。其一，理性经济人的福利效用是否等同于现实人的福利效用？其二，价值判断能否应用到经济学研究中？这两个方面的思考，引导福利经济学走出阿罗不可能定理的徘徊困境，同时也指引经济福利走向总福利的复归。

所谓总福利的复归，指的是福利的量度，不再局限于效用标准，而是重新引入自由、公平、正义、平等等价值判断。这种福利实际上是亚当·斯密时期坚持的自由竞争和道德德性相结合的福利内涵。因此，“只有从整体上回归到亚当·斯密的道德科学的视角上，福利经济学才能实现研究指标的真正统一”①。

这种复归表现为两个方向。一个是后福利主义的方向，重新审视基数效用在福利量度中的作用。换言之，在福利经济理论研究中，经济福利包含价值判断，并且人际间效用是可以进行比较的。另一个是阿马蒂亚·森开启的非福利主义方向。阿马蒂亚·森认为衡量现代人实际生活状况的标准，不应该采取效用标准，而应该从自由、正义和平等的视角，综合衡量一个人的实际生活。因为，效用并不是人的生活的全部表现，而且，效用表现的是一个人的心理体验，如快乐、幸福或者愿望，这种体验很容易被心理调节和适应性状态改变。如此一来，效用量就无法反映人的实际生活状态。

这两个方向都坚持人际间效用可比较，不过，他们把这种可以比较的问题，应用在不同的方面。后福利主义依然坚持基数效

---

① 马旭东、史岩.福利经济学：缘起、发展与解构[J].经济问题，2018(2)：9－16。

用理论，运用效用标准，对人的福利状况进行研究，并构建能够反映人实际生活状态的福利理论，推动相应的福利实践活动。阿马蒂亚·森则把这种方法应用在对阿罗不可能定理的突破上。通过扩展相关变量，他突破阿罗不可能定理，并推动福利经济学走出徘徊困境，再次把经济学研究和伦理学研究连接起来，并提出可行能力方法，从自由、权利、公平、正义的视角，对人的实际生活状态进行综合研究。

后福利主义的视角，在理性经济人的前提假设下，依据基数效用论，建构相应的社会函数，指导国家协调市场活动，对社会财富进行转移性支付，最终实现经济效率与社会平等的平衡。然而，由于它依然建立在自由主义的立场上，依然坚持经济效率优先，平等只有在影响经济效率提高时，才会被关注到。一旦社会平等的诉求跨越这一限度，影响到经济效率的提高，那么，后福利主义仍然转向维护经济效率的向度，限制或者牺牲社会平等的诉求。从这角度来说，后福利主义的总福利诉求，只针对一部分人的总福利诉求，这部分人的总福利是建立在牺牲大部分人福利的基础上的。因而，它并没能推动福利经济理论和福利实践走向综合视域，它只是在经济学的框架下，试图寻求公共选择理论的帮助，引导国家或者政府的力量，来实现提高经济效率的最终目的。

非福利主义不仅批判理性经济人这一前提假设，而且扩展人的生活状况的量度标准。阿马蒂亚·森从不同于福利主义①的

① 福利主义是指社会排序仅仅取决于个人的效用水平。每个人都是自身效用的最好判断者。至于如何得到效用水平是无关紧要的，这也使个人的效用或偏好在福利经济学中变得尤为重要。张世贤主编.西方经济思想史[M].北京：经济管理出版社，2009：435。

角度出发，提出非福利主义的衡量标准。即他提出可行能力的方法，从自由、公平、正义和平等的维度，对人的实际生活状况进行综合性评价，这包括政治评价和道德评价。所谓可行能力，指的是"一个人选择有理由珍视的生活的实质自由"，而这种能力意味着"此人有可能实现的、各种可能的功能性活动组合……(或者用日常语言说，就是实现各种不同的生活方式的自由)。例如，一个节食的富人，就摄取的食物或营养量而言，其实现的功能性活动也许与一个赤贫而不得不挨饿的人相等，但前者与后者具有不同的'可行能力集'(前者可以选择吃好并得到充足的营养，而后者无法做到)"。[①]这种方法明显反映人与人之间的优势差别，通过辨析这些差别，认识一个人真正的弱势所在，根据这些差异化，进而对其进行政治和道德评价。国家对差异化个人的实际生活状况进行综合性协调，进而实现正义、公平的平等性改进。

以上两个方向都是对福利效用量度争议的变革，只不过变革的力度各不相同。不过，它们都对现代福利经济理论和福利实践的发展起到很大的推动作用。由此之后，不仅受到经济学的关注，而且受到其他学科，尤其是新政治经济学和政治哲学的关注。这些学科进一步推动福利经济学走向纵深的融合视域，即福利经济学进一步融合当代行为经济学、神经经济学的最新理论和方法，突破经济福利维度，探索人的总福利问题。后文中笔者将对此进行系统阐述，此处暂不展开。

① [印度]阿马蒂亚・森著.以自由看待发展[M].任赜、于真译，北京：中国人民大学出版社，2013：62－63。

本章小结

福利问题是一个历史的、动态的、发展的问题，它随着社会生产力的发展而发展，由古代的总体性福利走向现代的经济福利具体化，最终走向总体性福利的复归。这是一个历史的过程，也是一个现实的过程。从历史的角度来说，福利包含人的幸福总和，包括经济的、社会的和文化的，统一于人的社会实践活动中。从现实的角度来说，它随着社会生产力的发展不断发展，逐渐走向具体化的经济福利维度，把经济效率与社会平等连接起来。尽管，在资本逻辑框架下，经济效率始终居于主导地位，但是社会平等的维度始终没有消解。一方面是因为资本社会是人类社会的一个历史阶段，那么，与之相适应的经济福利也是人类福祉的一个历史阶段，另一方面是因为现代国家具有相对独立性和自由性，它不仅具有维护市场经济扩张的向度，而且，具有协调特殊利益与共同利益的向度。因此，在一定范围内，它不得不维护社会自我保护的趋向。

因此，在经济福利发展的过程中，市场经济的效率问题与社会平等的公平正义问题，以及国家协调二者之间关系的问题，成为现代福利经济学的主题内容。然而，我们始终应该铭记于心的是：资本社会的生产决定经济福利的发展进程，经济福利是人的福利问题的具体化环节，随着经济福利问题的解决，人们最终转向总体性福祉的诉求。因此，现代西方福利经济理论和实践随着资本社会的发展不断发展，当社会存在发展到一定程度时，福利问题的解决，必然超越经济学视域，走向更加广阔的跨学科融合创新视域。

第二章　初创时期的福利理论和实践建构

随着社会经济的发展，福利内涵亦不断发展变化。20 世纪 20 年代，庇古在继承前人福利思想和经济思想的基础上，把福利内涵进一步缩小，明确区分经济福利和非经济福利，并通过效用概念，把经济福利与人的需要和欲望的满足感与获得感联系起来，确立西方福利经济学的理论概念、量度方法和工具。在此基础上，他指出福利经济理论的实践趋向：一是福利经济学研究的是人的经济福利，非经济福利虽然重要，但是由于不能对其进行客观的量化研究，因而，在此阶段，福利经济学并不对其进行研究。二是福利经济理论的哲学基础是功利主义，即追求大多数人的最大幸福，这里的“最大幸福”实际上指的是社会福利总量最大化。三是经济效率是经济福利的前提和基础，国民经济活动的资源配置方式采取自由竞争的均衡分析系统，但是，由于福利分配会影响经济效率，国家或者政府应该成为平衡经济效率与社会福利分配的重要环节。

福利经济理论兴起、发展和鼎盛，经历了由旧福利经济学向新福利经济学的转变过程，新与旧的区别，主要在于福利效用量度方法和哲学基础的转变。此时期的福利经济学具有典型的纯经济学研究的趋向，因此，我们把它称之为初创时期。与福利理论相呼应的福利社会实践，也经历了全面兴起、发展和鼎盛的过程。这一章主要依托于福利经济理论和福利社会实践的发展历程，阐释与之对应的福利成效和问题。

第一节　经济福利及其标准

经济福利是人的需求与欲望的满足感和获得感，这意味着福利经济的评价标准具有主观性与客观性。因为，经济福利是人的需求和欲望的满足，因此，它体现着个体的主观性，这种需求和欲望的强度通过效用的大小来表现，效用是通过一定量的货币来表现的，因此，它又具有社会的客观性。协调经济福利个体性与社会性的中间标准是政治评价，即经济福利由个体性走向社会性时，它演化为一种社会权利。

一、经济福利的个体标准

“经济福利被广义地认定为与货币量度相关的群组满意感与不满意感……这种相关关系并不是直接的，而是以欲望和厌恶为媒介的。也就是说，一个人准备为某件物品所付出的货币，直接量度的并不是他将要从这件物品中所获得的满意感，而是他获得这件物品的欲望的强度。”①换言之，经济福利的大小，体现着一

① [英]阿瑟·塞西尔·庇古著.福利经济学(上)[M].金镝译，北京：华夏出版社，2013：20。

个人的需求和欲望的满足程度，这种满足程度同时又体现为个体能够支配或者消费的一定的货币量。因此，经济福利的个体评价标准首先涉及个体需求和欲望的种类问题。

经济福利与人的需求和欲望的满足直接相关，而且，这种相关并不是通过具体财物的形式表现出来，而是通过人们为了获得某物的效用而愿意付出的货币量来表现。所谓效用就是一个人消费某物所得到的获得感和满意感（当然也有不满意感，不满意感则称之为负效用）。也就是说，一个人的需求和欲望的满足程度决定一个人的经济福利水平和状况。那么，人的需求和欲望又有什么样的特性呢？它们与经济福利具有什么关系呢？人们又是如何平衡或者协调这种关系的呢？

马歇尔如此表述，“人类的欲望和需求在数量上是无穷的，在种类上是多样的，但它们通常是有限的并能满足的”。①所谓无穷和多样，指的是人类的需求和欲望的种类的量是变化的。因为，随着人类文化和智力的提升，人类的需求和欲望也会发展。比如，在野蛮时代，人类食物的种类需求只是简单地满足免于饥饿和死亡。在文明时代，尤其是物质高度发达的现时代，人类对于食物的种类和精细程度的需求和欲望大大提升，但是不管人类的需求和欲望如何提升、如何精细化、如何多样化，它总归受到人作为生命个体的生理限度的制约。比如无论人们如何精细化他的食物和饮料的种类和质量，他所能够消化和承受的量是一定的。这就是所谓的需求和欲望总是有限的，并且可以满足的。

---

① [英]阿尔弗雷德·马歇尔著.经济学原理[M].宇琦译，长沙：湖南文艺出版社，2012：70。

除了这种受到生理界限制约的需求和欲望之外，人类作为一种社会性动物，他同时生活在与他人相联系的社会中。由于人的本性存在着“虚荣”“贪婪”“野心”的缘故，人们的需求和欲望又会表现出一种无限性和不可满足性。因为，“贪婪过高估计贫穷和富裕之间的差别；野心过高估计个人地位和公众地位之间的差别；虚荣过高估计湮没无闻和闻名遐迩之间的差别”。①由于人们对不同处境的对比之心的存在，因而，人们的需求和欲望又表现为无限的和无法满足的。再加上社会常常以财富和地位给予人们以尊敬和赞扬，人们对带有优越感的需求和欲望的满足往往表现为无法完全满足。

面对人的有限的需求和欲望，经济福利的增进与提升，可以促使人们获得相对的基本满足，而对于具有优越感和社会性的无限需求和欲望，无论人们如何提升经济福利水平，也无法满足人们的需求预期，而且，经济福利与人的效用相关联，这更加剧了后一种需求和欲望的膨胀。因为，效用通过货币来表现客观物品对人类的满足程度。货币是财富的一种符号，它能够均质化一切有价值的东西，即财富不再表现为具体的有形物质，而是表现为一种符号。人们对于财富的追求不仅仅是提升经济福利。实际上，在现代社会中，财富的货币符号使人们把其当作目的自身，拥有货币，似乎就拥有世界上所有的东西。因此，财富的手段性，就变成经济福利的目的性。如此一来，“这就使我们把人遗忘了，而财富真正是属于人而且为人所享受的”。②

---

① [英]亚当·斯密著.道德情操论[M].蒋自强等译，北京：商务印书馆，2006：180－181。

② [瑞士]西斯蒙第著.政治经济学新原理：或论财富同人口的关系[M].何钦译，北京：商务印书馆，1964年版，2016年第7次印刷：44。

除了效用之外，福利经济学后来用个体偏好排序来表现人的经济福利水平或者状况。偏好标准的优势在于：它不讨论个体从商品或劳务中获取的具体满意感，而是通过观察个体选择商品或者劳务的组合排序，对这些选择组合按照高于、低于或者无变化，进行排序。虽然，偏好排序同样能够给出个体经济福利的相对状况和水平，但是，它排除人际间偏好排序的比较。因此，个体经济福利水平与社会福利水平的关系就显得不那么直接，个体经济福利评价的主观性与社会评价的客观性直接冲突起来。

满足人的需求和欲望的方式，可以简单地划分本能的满足方式和技巧的满足方式。本能的满足方式指的是对人类生理需求的满足，比如，吃饭使人免于饥饿，穿衣使人免于寒冷。这些方式不需要技巧和方法，也不要对其进行训练和培养。对于这种方式，由于它受到人的生理界限的制约，不足为虑。除此之外，还有一种影响人们提升经济福利的满足方式，那就是人们对刺激快乐的需求，比如吸毒的快感刺激。这种需求方式同样不需要太多的知识和技能，人们只需要遵循本能，就可以轻易地习得。但是这种满足需求的方式，与增进人的经济福利南辕北辙，而且它很容易让人陷入不能自控的境地。由于经济福利的个体性和主观性，当自控能力差的人，获得一大笔福利转移支付的时候，这种情况就很可能会发生。因为，“长年贫困的人的偏好及性格都或多或少地受到了环境的影响，因而，收入突然大幅度的增加很可能使他们有相当不理智的消费，这些消费所蕴含的经济福利很少，甚至没有”。[①]因此，在经济福利的个体评价标准中，

① ［英］阿瑟·塞西尔·庇古著.福利经济学（上）［M］.金镝译，北京：华夏出版社，2013：76。

我们还需要考察德性标准和文化素养标准。

后两种标准并不是所有福利经济学家都持有的标准，庇古认为“将无知与缺乏管理能力归咎于全体穷人完全是一种诽谤……但是对于许多穷人来说，这种指责并不为过”[①]。也就是说，他实际上也认同人的文化素养和德行品质会对其经济福利水平产生影响。这种影响并不是说，他参与自由竞争市场活动获取财富的大小，而是说他对现有财富进行统筹安排的能力。人们之所以忽视人的德性品质和文化素养在经济福利中的影响作用，实际上是因为福利经济理论的前提假设是理性经济人。即个体通常被认为具有完全理性和自我控制能力，不仅可以获取全部市场信息，而且可以控制自我满足当前需求和欲望。然而，问题在于人并非完全理性，而且不能自我控制。亚当·斯密将自我控制问题，描述成激情与公正的旁观者的争论，即人们往往缺乏远见，也是短视的。庇古认为人们的预测能力是有欠缺的，因为未来的快乐是递减的。

由于效用、偏好实际上是人的需求和欲望的满足感和获得感，因此，经济福利的个体评价标准不仅需要货币化的效用、偏好量度，而且，还需要德性品质和文化素养的评价标准，后两种标准对经济福利的影响更加根本。尤其是当人们的经济福利达到一定水平之后，人们衡量生活状况的标准，不再是简单的需要和欲望的满足，而是能够激发内心快乐和愉悦的满足。而这种持续的快乐和愉悦的满足，需要一定的知识和技巧。实际上正如美国经济学家提勃尔·西托夫斯基提出的那样：“美国生活方式中最明

① [英]阿瑟·塞西尔·庇古著.福利经济学(下).金镝译，华夏出版社，2013。

显的两个新现象，一是富裕的、受过高等教育的上层阶级对文化和生活质量的兴趣的提高；二是——在收入和教育水平的另一端——新出现的底层阶级中暴力和毒品的泛滥。这两者都被归咎于：闲暇的增加超过了人们消磨闲暇的手段”。①只是由于人们选择消磨闲暇的方式和手段不同，因此他们从商品和劳务中获得的效用或者愉快各不相同，进而他们的实际生活状态和幸福感受各不相同。这是因为高层次的消磨闲暇的方式，需要技巧、技能和耐心、习惯等。比如，科学研究的耐心、毅力和习惯；文学艺术欣赏的技能和修养；运动竞技和生命探险所需要的知识和技巧。

在经济福利总量达到一定程度之后，底层阶级的经济福利，可以通过市场机制和国家转移支付得到保障，但是，他们利用现有财富资源的方式和能力却不能通过国家福利政策得到提升。因此，经济福利的个体评价标准不同，采取的福利社会实践措施各不相同。对于效用、偏好的个体标准，人们往往把注意力放在如何对其进行转移支付，而对于德性品质和文化素养的个体标准，福利实践措施不仅关注财富分配的转移性，而且还会关注个体品质的改造和文化素养的培育。

二、经济福利的社会评价

社会评价指的是社会衡量一个人成功与否的标准，经济福利的社会评价标准就是一个人获得的财富量和社会地位。而社会地位往往也是财富的社会化形式，即社会给予富人的社会尊敬和赞扬。

① [美]提勃尔·西托夫斯基著.无快乐的经济：人类获得满足的心理学[M].高永平译，北京：中国人民大学出版社，2008前言04页。

正如马歇尔所说,“所有财富都是由人类想要的东西构成,这些东西能直接或间接地满足人类的欲望,但并不是所有人们想要得到的东西都可以算作财富”。[①]比如,家人之间的互助关爱的情感,它是提升生活愉快感的重要因素,但是它并不能被看作财富。所以,财富指的是一个人拥有的能够直接或间接增进他的经济福利的东西,包括他拥有所有权的、私人的,物质的和非物质的,以及外在于他,直接或间接有利于增进福利的物质的、非物质的东西。前一种财富指的是个人所拥有的动产、不动产以及人自身拥有的创造这些动产或不动产的技能与智慧等。后一种财富指的是外在于人的公共财物和社会关系,比如,公共道路,国家安全以及良好的同事关系,社会组织关系等。无论是何种形态的财富形式,它统统来源于人的经济实践活动。生产实践直接创造财富的具体形态,而流通、交换活动则是把创造出来的财富形态,从一个地方转移到另一个地方,从一个人手中转移到另一个手中,实现财富的转移和交换。消费活动则是把已经创造出来的财富形态,用于满足人们的需求和欲望。最终财富在消费者手中完成它的使命——“财富显然不是我们在寻求的善。因为,它只是获得某种其他事物的有用的手段”。[②]“某种其他事物”在亚里士多德看来是包含幸福在内的一种更高的、完满的善。在这里,我们指的是财富形式提供给人的一系列生活的舒适和心理的愉悦。

市场社会的一个基本框架是市场经济,即自由竞争的市场机制具有不断扩张经济秩序的倾向,它把社会秩序纳入经济秩序之

① [英]阿尔弗雷德·马歇尔著.经济学原理[M].宇琦译,长沙:湖南文艺出版社,2012:42。
② [古希腊]亚里士多德著.尼各马可伦理学[M].廖申白译,北京:商务印书馆,2003:13。

中，并把社会及其关系作为市场经济扩张的附属品。市场社会同时存在着另外一种动向，即社会自我保护的倾向。因为历史学及人类学研究的重要发现是："就一般而言，人类的经济是附属于其社会关系之下的。他不会因要取得物质财物以保障个人利益而行动；他的行动是要保障他的社会地位、社会权利及社会资产。只有当这些物质财物能为他的目的服务时，他才会重视它。生产及分配的过程并不与占有物品这个特殊的经济利益相联结；相反的，这些过程里的每一步骤都配合着一些特殊的社会利益，这些利益驱使人们依某些特定的步骤而行动。"①因此，当市场经济秩序试图把社会及其关系作为它的附属品，增进资本利益的时候，社会自我保护的趋向必然发动社会成员抗争经济秩序的脱嵌行为。②市场扩张的动向，一次又一次地试图脱嵌社会秩序，而社会自我保护的动向，要么是在经济扩展的容纳范围内，采取不那么激烈的形式反抗着，要么是通过激烈的破坏对抗市场扩张的趋势，比如，全球性的金融危机，再比如更加毁灭性的世界大战等。无论何种对抗形式，都确证地表明：市场社会双重动向的矛盾与对抗。

因此，在存在市场与社会的对抗关系中，经济福利的财富评价标准也同样具有双重的对抗性。如上文所说，现代社会的财富具有双重属性，即私人财富与公共财富。福利经济学的目的在于推动私人财富生产与公共财富供给的平衡性。因此，它坚持其社

---

① [英]卡尔·波兰尼著.巨变：当代政治与经济的起源[M].黄树民译，北京：社会科学文献出版社，2017：96。

② 脱嵌是指经济秩序按照市场经济机制，把劳动、资本和土地作为市场自身的产物，尤其是劳动力市场的形成，加剧社会及其关系对经济秩序的附属性。[英]卡尔·波兰尼著.巨变：当代政治与经济的起源[M].黄树民译，北京：社会科学文献出版社，2017。

会评价标准是财富的形式。一方面，这有利于市场扩张趋势的发展，因为按照自由竞争的市场机制，私人财富的生产总是趋向于资源最优化配置。如此一来，经济福利的总量生产不成为问题，而且，它是按照最大化的竞争机制运作的。公共财富的供给问题，是经济福利社会评价的核心环节。因为，私人生产与公共物品供给不是自动和谐的平衡关系，而是需要国家或者政府进行调节，才能实现的平衡关系。由于“一国的经济福利与国民收入的大小密切相关，而且经济福利的大小随着收入大小的变化而变化”①，而且，“收入从相对富有者向相对贫困者的任何转移，是以牺牲较不急迫的愿望为代价的，使得比较急迫的愿望得到了更多的满足，因此，它一定会使满意感的总和有所增加”②。然而，由于现代社会是市场扩张趋向与社会保护趋向对抗的社会关系。即私人财富生产与公共财富供给处于对抗关系中，因此，私人财富生产的目的并不是为了增进公共财富的供给，甚至维护二者关系的平衡都是不得已而为之。在这种情形下，经济福利的社会财富评价标准，必须由国家进行调节和保障，而且，庇古明确指出“从当前的目的出发，国家并非指政府，而是指人民”③。

一方面，“生产财富是人类为了满足人类的物质需要所进行的身体、精神及道德等方面的一系列活动”。④即财富创造的目的是满足人的需要和欲望，这是社会保护的目的。因为，财富，尤其是食物、衣物、住房和燃料等具体的财富形式，是保证人们免于饥

① [英]阿瑟·塞西尔·庇古著.福利经济学(上)[M].金镝译，北京：华夏出版社，2013：42。
② [英]阿瑟·塞西尔·庇古著.福利经济学(上)[M].金镝译，北京：华夏出版社，2013：75。
③ [英]阿瑟·塞西尔·庇古著.福利经济学(下)[M].金镝译，北京：华夏出版社，2013：618。
④ [英]阿尔弗雷德·马歇尔著.经济学原理[M].宇琦译，长沙：湖南文艺出版社，2012：145。

寒交迫，甚至免于死亡的最迫切必需品。即便这些财富并不直接威胁人的生命，但是，它们是保证人们身体健康、精神道德良好的基本必需品。然而，另一方面，市场扩张的结果是，财富的手段性转变成财富的目的性。即人们受到自由竞争机制的推动，财富作为货币符号、创造和积累财富的量，似乎陷入无限循环之中。按照马克思的资本理论来说，“在 W—G—W 循环中，始极是一种商品，终极是另一种商品，后者退出流通，转入消费。因此，这一循环的最终目的是消费，是满足需要……相反，G—W—G 循环是从货币一极出发，最后又返回同一极”①，这是一个无限循环过程。如果，财富作为一种具体的形态，那么，即便人们把财富创造和积累作为实践活动的目的，也还是有限度的。关键的问题是：现代社会的市场经济，尤其是货币经济的发展与完成，财富不再表现为具体的物质形态，而是作为货币形式存在。货币是什么？货币是一种财富符号。如果，人们把其作为经济实践的目的，那么，人们就陷入资本增殖的无限循环之中。实际上，当下人们最根本的生存状态就是这种资本的生存状态。

如果依据财富标准，对人的实际生活状态进行社会评价，它所反映的是人们异化的生存和消费状态。因为，“任何人在任何时期所享受的经济福利取决于他们的消费收入，而并非取决于他们所获得的收入”②。

市场经济中，人的消费表现为两个方面：一个是物质消费，另一个是精神消费。这两种消费构成人们经济福利的全部内容。

---

① 马克思恩格斯文集（第五卷）[M].北京：人民出版社，2009：175。

② [英]阿瑟·塞西尔·庇古著.福利经济学（上）[M].金镝译，北京：华夏出版社，2013：75。

比如，通过一个家庭的物质消费的货币量与精神消费的货币量占总消费货币量的比例，我们可以测量这个家庭的消费结构、消费构成以及消费倾向。通过分析这个测量结果，我们可以得出这个家庭的经济福利状况。对于一个国家或者社会而言，就是无数个家庭的经济福利的货币量加总。然后，再把整个国家或者社会的经济福利分门别类，划分为不同等级的福利水平，进而在不同等级以及同一等级之间，进一步分析他们的消费结构和消费倾向。最终，我们可以衡量某一时期内，整个国家或者社会的经济福利水平。然而，我们需要注意到的是：这种通过货币量度的福利总量，对于那些影响人们的实际生活，但是不能进行货币量度的因素，则不予考虑。换言之，依据个体的货币消费量以及这个货币量在消费结构中的组合，可以衡量个体的经济福利状况和水平。

这种社会评价的价值导向是，人的生活质量依托于可消费的货币量，人的社会成就表现为财富的积累量。也就是说，在现代社会中，人们的价值导向就是尽可能多地获得财富的发展与积累，并且，还要把这种财富切实地消费掉，转化为满足人的需求与欲望的东西。但由于市场经济扩展的驱使，财富积累并不是消费的必然前提，人们可以提前消费还没有创造出来的财富形式，比如借贷消费。这种被市场刺激的、膨胀的消费方式，实际上对人的经济福利增进带来更多的负面影响。消费能力的增长并没有满足人们的需要和欲望，反而刺激这种需求和欲望演变成为由生产推动的被迫消费，或者我们可以称之为强制消费。这种被迫消费形式之所以能够在现代社会流行开来，是因为人的需求和欲望的满足是一个具有很大弹性空间的问题。在下一节，我们继续探讨这个问题。

三、经济福利的政治评价

长期以来，人们一直认为，满足人的需求和欲望是一种个人行为，它的主体承担者应该是个人。这一点在大工业革命以前，或许是合适的。因为，在此之前，人类的社会关系形式，要么是人身依附的奴隶社会，奴隶创造的财富归奴隶主所有，但是，奴隶主同样保障奴隶基本的生存生活；要么是半人身依附的封建社会，农奴创造的财富部分归自己所有，部分上交给封建领主。无论是何种政治经济结构，人们创造财富的社会经济活动同人的生存生活本身直接统一在一起。而在大工业之后，人们成为一无所有的自由劳动者，除了劳动力之外，他不再拥有任何能够创造财富的要素。“他作为人，必须总是把自己的劳动力当作自己的财产，从而当作自己的商品。”[①]这时，在市场经济的浪潮中，个人无法承担由市场造成的风险，比如经济危机发生时，失业的风险，是个人无力承担的。换言之，人的基本生存生活还需要社会和国家的保障。实际上，由于市场经济自身的不足，社会生产与私人生产的根本性冲突和矛盾，再加上自由竞争造成的生产与消费之间的矛盾和对立，人们生存生活的稳定性受到经济危机的潜在威胁。

而且，随着市场经济的深入发展，人的社会关系发生了翻天覆地的变化，尤其是家庭结构及其稳定性不再如以前那样牢固而稳定，如独居老人增多，离婚率上升。正如卡尔·波兰尼论述的

① 马克思恩格斯文集(第五卷)[M].北京：人民出版社，2009：195。

那样："对个人幸福与公众幸福的最大伤害是市场制摧毁了他的社会环境、他的街坊、他在社群中的地位以及他的同业公会。总而言之，也就是摧毁了以往包含在经济活动之中人的关系、自然的关系。工业革命导致了社会的解体，而贫穷问题只不过是这一个事件的经济面而已。"①也就是说，人基本的生存生活问题越来越需要国家或者政府的协调。经济福利的政治评价应运而生，国家或者政府成为人们生存生活的主要承担者。

实际上，这种福利评价标准经历了一个漫长的发展过程。17世纪英国的《伊丽莎白济贫法》首次把人的生存生活问题，作为国家干预的重要领域之一。在此之前，人的生存生活问题，尤其是贫困救济问题，往往是教会和社会志愿组织的责任，国家或者政府并没有成为主要力量。由此之后，人们的福利保障作为一种权利，随着工业革命的持续深入发展，几经变革，甚至是辗转反复，最终在20世纪50年代，得到全面确立和巩固。

英国在18世纪末推行了《斯皮纳姆兰法案》，以适应当时政治、经济和社会的变化，用以保障人们的基本生存和生活。虽然，这个法案的初衷并不是为了增进人们的福利，而是为了应对战争和经济萎靡带来的一系列潜在的社会革命或者危机，但是，它却是第一次从生存权的角度，引入社会保障制度。

在20世纪，人类经历两次世界大战和经济危机的"大萧条"，此时，人们逐渐清醒地认识到：自由竞争的市场经济并不能保障人们安全的生存和生活。在毁灭性的战争状况下，人们的生存权利

① [英]卡尔·波兰尼著.巨变：当代政治与经济的起源[M].黄树民译，北京：社会科学文献出版社，2017：197。

不能仅仅依靠个人能力，即使是在和平年代，人们基本生存生活依然会受到经济危机的摧毁。人们对福利的意识，不再如自由主义刚刚兴起时那样，自信于人的能力和市场经济的活力，能够为人的幸福生活提供无限可能。人们认识到个人力量的有限性以及市场经济的扩张性与破坏性，再加上社会主义的兴起以及保守主义对资本主义的批判，福利和人的其他权利，如自由、平等和公平相联系，逐渐发展成为人的一项基本社会权利。这种权利意识，在二战之后，逐渐成为西方发达国家的主流意识。在此时期，英、美、法、德等主要资本主义国家，逐渐建立起比较完整而健全的社会保障制度。

此时期的福利权利主要表现在以下几个方面：第一，人们享有基本生存、工作的权利。因为，工作是广大劳动者获得收入的基本形式，它提供给人们基本的生存生活保障。失业保险制度保障人们在经济危机时期能够获得基本的生存生活的物质资料，而职业教育再培训为人们提供再就业的技能教育和培训。这同时包含两种含义：一方面，个人要积极参与自由竞争的市场经济活动，参与财富的创造和财富的初次分配。着重强调个人在提升福利水平中的能动主体责任，强调人们改善和改进个人性格、能力，以争取提升个体的经济效率，增进个体福利。国家在提供失业保险的同时，也促进人的经济效率的提升与转化。另一方面，社会财富的分配形式有两种：一种由自由竞争的市场经济调节，按照个体经济效率获取财富初次分配；另一种由国家按照公平、正义和平等原则，对社会财富进行二次协调。如此一来，经济福利的政治评价就与个体评价和社会评价关联起来。即个体偏好与社会偏好相对应，国家按照其对应关系，协调国民经济活动，在经济效率与社会平等之间维持一种相对平衡状态。这里的关键是国家或者政府的立场问题。因为，政治评价的核心在于如何保持国家对资本逻辑保持免疫性，即避免国家陷入资本逻辑运动之中，成为资本逐利的工具。如果国家成为社会保护的重要力量，那么，它也同样能够为大多数的人谋福利。

第二，人们享有生存权和健康权。因为，第一层面的工作权，它同时内含着享有基本的生存生活权利，所以，这里的生存权特指保障老年人基本生存生活的权利。这个层面的权利，在不同国家实现的时间各不相同，在英、法等国，19 世纪末或者更早的时候，这些权利已经得到保障。而在美国、瑞典、挪威等国家，这些权利在二战之后才相继以制度和法律的形式确立下来。美国由于个人主义和自由主义盛行，人们更加注重个人能力在福利分配中的作用与力量。“美国个人主义最大的特点是忠实于自己的利益，并把它合理化，即美国社会强调充满获取精神的个人创造性，而这种创造性已经比较成熟而又广泛普及”，①这种强调个人主义和自由主义的信念延缓了福利权利的立法进程。瑞典和挪威等北欧国家，主要是因为它们的资本主义起步相对较晚，在 20 世纪 30 年代，社会民主党执政之后，才逐步构建起比较完善的福利权利保障系统。

虽然，各个国家确立福利权利保障的时间各不相同，但是，一旦确立某种福利权利之后，在民主国家，这种权利具有不可逆性。一方面这是由民主政治的形式决定的，政治候选人总是承诺保障

① [韩]朴炳铉著.社会福利与文化——用文化解析社会福利的发展[M].高春兰、金炳彻译,北京:商务印书馆,2012:71。

人们更多的福利和权利，以获得最大数量的选民支持。另一方面是因为人们的心理预期，即禀赋理论和前景理论①阐明的人性问题。“这是人类思维的本性。长期以来你喜欢并长期使用的、以为属于自己的东西，无论是财产或是观点，无论你是如何得到它，都在你这人身上生根了，别人要拿走它，必使你痛恨并尝试自我防卫。”②然而，在自由竞争的市场社会中，个人是被突出和强调的，福利保障的主体始终是个体责任优先。这种意识，已经根深蒂固地深植于市场经济之中，福利作为一种社会权利的意识还是新近发生的事情（和个人主义和自由主义相比较而言），所以，福利是个体能力还是个体权利的争论在20世纪80、90年代经历过一次大的斗争与波折。人类社会历史进入21世纪以来，这两种意识还在继续斗争，最终的结果，或许只有时间才能给出明确的答案。

第二节　经济福利的测度方法

在福利经济学初创时期，经济福利的测度方法几经变化，由最初的基数效用，到后来的偏好排序，再到社会福利函数。经济

① 所谓前景理论是由Kahneman和Tversky（1979）在心理实验数据和行为实验数据的基础上分析得出的一种人们在决策时采取的一种评估收益和损失的理论。即决策者对损失比对收益更敏感，尽管它们在数量上是相同的。比如一个给定的绝对大小的损失（例如5美元）所造成的价值减损对于同样大小的收益（例如5美元）造成的价值增加更敏感。禀赋效应由理查德·塞勒在前景理论的基础上发展而来，它指的是当人们意识到他们所拥有的某些物品时，他们会高估这些物品的价值。即与你即将拥有的东西相比，你更看重自己已经拥有的东西。

② 奥利佛·霍姆斯（1897），转引自[美]理查德·塞勒著.赢家的诅咒[M].高翠霜译，北京：中信出版社，2018：109。

福利方法的变革，一方面源自福利经济理论自身发展的需要，由包含价值判断在内的经济福利研究，转向不包含价值判断在内的纯经济学研究，推动经济福利研究的系统化与科学化。另一方面源自社会福利实践和社会经济发展现状的推进，随着社会政治经济结构的变化，经济福利成为民众首要关切的问题，解决民众的经济福利成为福利实践的首要目标。因此，经济福利的测量方法的变革，适应了社会经济发展和福利实践变革的需要。正如庇古所言："研究福利经济学的人们所持有的愿望是，对可能施加这些影响的政府或者个人建议行动——或者不行动——的准则。"①福利经济理论为了能够更加合理地对政府或者个人施加这种影响，经济福利测量的方法发生转向，摆脱具有价值判断的基数效用标准，转向价值中立的序数效用，即个人偏好排序的标准。在此基础上，由个人偏好排序推导出社会偏好排序，进而构建社会福利函数的方法，利用科学化的福利经济理论指导国民经济活动，进而推动社会福利实践活动的展开。

一、效用—偏好的方法

在第一章效用量度的争议这一节，我已经概要地阐明了效用量度经济福利存在的问题，比如，虽然基数效用的方法，可以进行人际间效用比较，并且，通过个体经济福利量加总得出社会福利总量，但是，由于这种方法隐含着价值判断问题，受到实证经济学家的批判与反对，最终福利经济理论放弃价值判断的基数效用方

---

① [英]阿瑟·塞西尔·庇古著.福利经济学(下)[M].金镝译，北京：华夏出版社，2013：702。

法，走向以帕累托标准为基本方法的序数效用方法。即个体间的效用不具有可比性，只能对其进行序数高低排列，由此推导出个体偏好排序，以此判断个体福利水平的状况。前文我已经基本阐明效用—偏好的基本概况，尤其是庇古的基数效用，以及帕累托最优在基数效用转向序数效用中的基本作用。接下来，我将对帕累托最优标准的修正展开详细论述，主要包括卡尔多-希克斯标准、西托夫斯基标准和李特尔标准。然后，在下一节展开伯格森-萨缪尔森社会福利函数和阿罗社会福利函数。之所以把后两者安排到下一节，是因为虽然它们都是对福利效用—偏好的修正，但是后两者拓展了福利经济理论的范围。

卡尔多认为："对于那些能够导致生产率上升从而导致总的实际收入上升的政策来说，个人效用的可比性问题都不会影响到经济学家对这种政策的立场；因为在这些情况下，存在以下可能：所有人都比以前变得更好，或者部分人能够在不使任何人变差的前提下得到某种程度的改善。经济学家不需要去证明——事实上，经济学家也永远无法证明——采取某些措施不会使社会上的任何人变得更差。为了证明自己的立场是正确的，达到下面这种情况对经济学家来说就足够了：对所有利益受损的人进行充分补偿之后，社会上的其他人仍然比以前更好。"[①]也就是说，关于社会福利的判断包括两个层面：一个层面是社会福利总量的增加，这部分判断不需要涉及个人效用的可比性问题，它只是社会福利总量的表述，不涉及福利分配问题；另一个层面涉及福利分配问

① Kaldor, N. Welfare Proposition of Economics and Interpersonal Comparisons of Utility[J]. *Economic Journal*, 1939. 49, p.550.

题，但是经济学家没有必要去证明没有任何人的情况变差这种情况，而是只要能够做到经过对所有利益受损者补偿之后，而且其他受益者的情况比原来有所提高，那么这种经济政策就是好的。卡尔多的这种补偿标准或理论，只是经济学家的一种证明，在实际生活中，并没有对利益受损者进行实际的补偿。换句话说，通过经济理论上的证明，补偿理论证明后的经济情况，符合帕累托最优标准。这种补偿理论并不是卡尔多直接创造出来的[①]，但是，通过卡尔多的阐释，它引起了广泛的影响，“这一思想随后被希克斯教授接受和发展，后来这一命题被许多经济学家研究检验，包括西托夫斯基、鲍莫尔、李特尔、萨缪尔森、阿罗、格拉夫、瑞德和其他许多经济学家，闹得沸沸扬扬，直到被冠以‘新福利经济学’这一名头才算了结”。[②]卡尔多标准部分解决了帕累托最优问题，并且推动经济福利思想进一步发展。希克斯直接继承和发展了卡尔多标准，提出和卡尔多反向的检验标准。

约翰·希克斯的“理论和实际贡献依赖于他的历史时代感。他能够以时代和时间的眼光看待每一件事，因而也能够一再触及未解决的问题”。[③]他突出地论证了使财富越来越多，相对并不重

---

① 早在18世纪90年代，政治活动家托马斯·斯鹏就宣称，所有公民都有权利要求因私人土地被占用而获得“公平的补偿”。齐普曼(1987)将补偿原则追溯到杜普伊和马歇尔。阿巴·勒纳(1934)把补偿原理运用到垄断力量测量中。哈罗德·霍特林(1938)将其用于收入税和特许权税的讨论中。除了马歇尔，卡多尔是第一个把补偿原则运用到社会福利相关讨论中的经济学家。[澳]约翰·金著.尼古拉斯·卡尔多[M].贾晓屹，张军译，北京:华夏出版社，2010:32。

② 卡尔多，1960a，第5页。对于此文的讨论，参见格拉夫(1957，84－90页)和欧文(1996，186－188)。

③ [印度]普塔斯瓦梅亚编.约翰·希克斯对经济理论和应用的贡献[M].王志伟等译，北京:华夏出版社，2011:19。

要，重要的是所有人都有平等的机会。他强调社会财富在不同人之间的平等化思想。他认为消费者剩余总量和国民收入红利的总价值是相同的。希克斯认为，一项社会政策促使经济生产变革的衡量标准是根据个人福利之间灵活比较、补偿之后的效果。如果某项改革，A组受损的人不能够贿赂或补偿得利的人反对该种改革，那么这项改革就是增进福利。也即是说，如果某项改革，A组福利增进，B组福利受损，通过补偿B组受损福利之后，A组增进福利还有剩余，那么社会总福利就是增进的，该项改革就是有效率的。因为希克斯的福利补偿标准是在卡尔多福利补偿标准的基础上进一步发展而来的，因此，通常被合称为“卡尔多-希克斯标准”。

卡尔多-希克斯标准是一种虚拟补偿，没有进行实际补偿。如果进行实际补偿了，帕累托标准就适用了，可以判断某项改革效果下的福利增进问题，也就不需要卡尔多-希克斯标准了。不过，卡尔多-希克斯标准的缺陷并不在于此，而是这种标准存在着内在的不一致性。正如西托夫斯基指出的那样，“反对适用这一标准本身是因为它是非对称的，它过分看重改组以前的那种福利分配……所以，可以看到，适用相同的标准，两种状态都可以分别比另一种状态要好：这真是一个荒诞的结果”。[①]西托夫斯基认为检验社会福利是否增进，不能仅仅关注改组前的分配状态，还要检验改组后的福利分配状态。首先，改组后的状态，如果重新分配收入，是否能够使每一个人的状态比改组前更好。其次，以改

① Scitovszky, Tibor de. A Note on Welfare Propositions in Economics. *Review of Economic Studies*, 1941, p.88.

组前的原状态为参照标准，仅仅通过收入再分配，能否使每个人的状态比改组后未重新分配收入的状态要好。西托夫斯基提出福利双重检验标准，可以避免卡尔多-希克斯标准检验的不一致性。

以上两种补偿标准都是对帕累托标准的修正，即帕累托标准都只关注效率增进问题，忽视社会福利的分配维度和价值维度。虽然，上述改进标准加入了国民收入分配维度，但是，这种改进是一种虚拟改进。经济学家只是关注改进后的效率增进，对于改进后的社会福利分配问题则忽略不计。但是，无论是否实际改进，这种分析社会福利的标准都内含着价值判断，只是这种价值判断是隐含的。“所建议的标准，不论它是财富、效率、福利还是实际社会收入的标准，总包括一个暗含的价值判断，这也许是用不着说的。”[①]李特尔指出其理论不足，并提出含有价值判断的社会福利标准，即李特尔标准。他认为，如果一个社会要达到“最合适”或幸福达到最大化状态，除了要关注生产和交换的效率因素，还要关注福利在各个人之间进行理想的分配。只有对实际收入进行合理化的平均分配，才能促使整个社会福利达到最大化状态。他认为卡尔多标准并不是一个福利标准，而仅仅是一个只关注生产效率而把分配撇开不谈的定义。“事实上，卡尔多先生所做的是提出一个‘财富增加’的定义，它撇开了分配。这正是争论的实质所在。”[②]但是，这种撇开收入分配的财富增加的定义，对经济效率是否增进是有效的，而对于福利和实际收入却是没有意义

① ［英］李特尔著.福利经济学述评［M］.陈彪如译，北京：商务印书馆，2014：114。
② ［英］李特尔著.福利经济学述评［M］.陈彪如译，北京：商务印书馆，2014：112。

的。此外，他同样认为“希克斯教授谈到毫不含糊的改进，并认为这个标准是健全的经济政策的基础。拿这样一个标准作为根据的结论，要么一定是道德化的结论，要么一定会被说成是从明白的伦理前提得出的推论”①。因此，需要对其进行一定的补充和修正。首先，不能进行实际补偿是因为我们不知道哪些人受到了损害，以及需要补偿多少。其次，如果满足卡尔多-希克斯标准，补偿应当被支付，因为它能增进每一个人的福利，但同时补偿需要被退还，因为那也增进福利。这明显是一种矛盾的结论。所以，对于收入分配必须把它作为一个伦理维度的指数变量，有利或不利是给定的。最后，李特尔提出三重福利标准：

1. 卡尔多-希克斯标准满足了吗？

2. 西托夫斯基标准满足了吗？

3. 任何再分配都是适当的或都是糟糕的吗？②

单独使用卡尔多-希克斯标准、西托夫斯基标准，或者共同使用两种标准，都不能作为社会福利增进的判定标准。只有两种标准（任意一种）和再分配判断结合起来，才能成为经济福利增进的充分（但非必要）标准。③虽然，李特尔提出在经济福利研究中应该坚持伦理价值维度，否则建立在帕累托最优标准基础上的经济福利标准无法成立，但是由于其坚持序数效用理论，缺乏人际间效用比较信息，其福利标准也无法根据个人偏好排序推导出社会偏好排序。

---

① [英]李特尔著.福利经济学述评[M].陈彪如译，北京：商务印书馆，2014：114。

② [英]李特尔著.福利经济学述评[M].陈彪如译，北京：商务印书馆，2014：124。

③ [英]李特尔著.福利经济学述评[M].陈彪如译，北京：商务印书馆，2014：133。

二、社会福利函数的方法

帕累托标准作为现代福利经济学的基本原则，坚持序数效用理论，它认为对于效用只能按照序数的先后来计量个人福利水平，同时坚持个人福利是评价社会福利的唯一标准，但是由于它回避人际间效用可比较性问题，因此，帕累托标准没有提供充分描述由个人福利排序推导出社会福利排序的方法。除此以外，帕累托标准只关注经济效率问题，而忽略收入分配问题，使得帕累托标准在实际运用中存在诸多问题。为了弥补帕累托标准在实际运用中存在的问题，以解决社会福利的分配问题和福利经济学的价值难题，伯格森等人从不同于上述补偿标准的另一个方向对帕累托标准进行修正。

伯格森于1938年提出社会福利函数，“福利函数的数值，取决于所有影响福利的变量，包括每一家庭所消费的每一种货物数量和所从事的每一种劳动数量，以及每一种资本投入的数量等”。[①]伯格森认为，社会福利不仅建立在帕累托标准的基础上，注重经济效率的增长，而且还需要关注收入分配问题的解决，因此，他把经济活动的生产、交换、分配和消费等各种要素纳入社会福利函数中，构建衡量社会福利水平的一般性函数。保罗·萨缪尔森于1947年进一步发展这种社会福利函数，把社会福利和个人效用建构起对应的函数关系。从个人效用函数的变化，观察社会福利函数的变化。这种函数被称为伯格森-萨缪尔森社会福利

① 马旭东、史岩.福利经济学：缘起、发展与解构[J].经济问题，2018(2)：9－16。

函数(B-S社会福利函数)。B-S社会福利函数吸收了卡尔多-希克斯标准和李特尔补偿标准的优点,针对帕累托标准的在实际运用中出现的不足进行修正。首先,它和希克斯的无差异曲线相类似,在其他条件不变的条件下(商品数量、劳务种类),社会福利与个人效用呈正相关关系,而且当社会福利水平一定时,人际间的福利不可比较。社会福利函数取决于个人效用的函数,个人效用极大化是社会福利极大化的必要条件。其次,它继承了李特尔标准关于公平分配的价值理念。也就是说,B-S社会福利函数不仅关注经济效率的增长,还注重收入分配问题的解决。社会福利函数线远离原点,则社会福利水平提升。在同等效率条件下,社会福利函数线凸向原点,收入分配越公平。

伯格森-萨缪尔森社会福利函数建立在福利主义、强帕累托标准和严格的函数准凹性前提下,具有一般抽象性。在这一函数基础上,改变函数的变量(加入其他变量或减少现有变量),可以建构起不同的社会福利函数。由于这种一般抽象性,所以这种函数的实践性大大降低。并且,肯尼斯·J.阿罗认为由卡尔多-希克斯虚拟补偿原则把分配问题隔离开来,在总体上比较两种社会状态的做法是没有意义的。“换句话说,忽略收入分配而谈总产出是没有意义的。”①对于伯格森-萨缪尔森阐明的社会福利函数(无论是否实际补偿),其前提假设是依据个人主义的方式,每个人仅仅依靠所得到的商品数量来对不同的社会状态进行排序,同样无法推导出满足限制条件的社会福利函数。为了建构一种实

① [美]肯尼斯·J.阿罗著.社会选择与个人价值[M].丁建峰译,上海:上海人民出版社,2010:44。

践性强的社会福利函数，用以指导社会经济政策的制定和执行，阿罗把公共选择理论引入福利经济学。他在批判分析补偿原则的基础上，坚持序数效用理论，对集体选择进行研究，关注“能否建立一个社会排序，使之满足理性假设，即，令序关系R满足公理1和公理2”[①]。正如阿罗在中译本序言中强调的那样，“本书奠基于前贤们对于社会福利性质的思索，并试图提供一套系统的研究方法以总结以前的成就”。[②]阿罗根据社会选择理论，希望通过个人排序推导出社会排序的最优状态，但是在他提出的并不严格的五个前提条件下，得出的却是一个悲观的结论，即阿罗不可能定理。

阿罗不可能定理包括两类条件：一是个人和社会排序的合理化条件，这是在讨论社会选择问题时必须具备的基本合理条件。二是关于制度设计的合理化条件。阿罗依据偏好排序理论和序数效用理论对个人和社会排序的合理化条件进行讨论和约束。他认为其必须满足两个公理性前提：其一，完全性。即所有个人偏好排序要完全一致性，在此基础上才能推导出最优的社会偏好排序。其二，传递性。从所有个人偏好排序集合中，随意挑选出

---

① 公理1：对于所有x和y，或者xRy，或者yRx。即对于任何选项x和y，要么是x优于y，要么是y优于x，或者是x和y无差异。x偏好于y或x和y无差异，可以记作xRy。R表示所有满足xRy的关系。满足公理1的关系R被称为连通的。公理2：对于任意x、y、z，xRy且yRz，则有xRz。满足公理2的关系称为传递的。满足公理1和公理2的关系，称为弱序，或者简单起见，称为序。很明显，若一个关系满足了弱序，就可以对不同的备选项进行排序。“弱序”中的“弱”字说明，这种排序并不排除无差异关系，亦即，公理1和公理2不排除对于不同的x和y，xRy和yRx同时发生的情形。[美]肯尼斯·J.阿罗著.社会选择与个人价值[M].丁建峰译，上海：上海人民出版社，2010：13。

② [美]肯尼斯·J.阿罗著.社会选择与个人价值[M].丁建峰译，上海：上海人民出版社，2010：1。

任意三个个人偏好排序，比如 a、b、c，如果 a 不差于 b，b 不差于 c，则 a 肯定不差于 c。关于制度设计的合理化条件，阿罗提出五个约束性并不是非常强的条件：

1. 在所有个人偏好排序的状态中，至少有三种自由排序选择，并且所有逻辑上可能存在的个人排序都可以接受这三种排序选择。

2. 社会价值和个人价值呈正相关关系。

3. 非相关选择的独立性。

4. 公民的自由性。

5. 非独裁性。

他根据社会选择理论，把市场选择和政治选择统归到更加一般的集体选择理论之下，期望能够得出唯一真正的社会排序。但是最终的研究结果是：在其基本假设①前提下，不存在"对于一个相当广泛的范围内的个人排序集合，社会福利函数能够给出一个真正的社会排序"。②即根据阿罗设定的五个限制条件，其社会福利函数无法确定唯一真正的社会排序。

以上是这一时期福利经济理论的主要内容。从理论发展的进程，我们可以看出，这一时期的理论焦点集中于两点：一是福利效用的人际间比较问题，二是经济效率和社会分配的关系问题。

---

① 限制 1：集体博弈选择方面，但是对博弈论本身不加讨论。限制 2：假定个人价值是给定的，个人价值观不受社会选择方案的影响。限制 3：社会中的所有人都是理性人，都以追求其自身效用最大化为目标。由理性经济人构成的市场活动，社会福利原则遵循帕累托效率标准。理性经济人的个体偏好是交往的，通过交往来保证合作行为符合社会整体利益。[美]肯尼斯·J.阿罗著.社会选择与个人价值[M].丁建峰译，上海：上海人民出版社，2010。

② [美]肯尼斯·J.阿罗著.社会选择与个人价值[M].丁建峰译，上海：上海人民出版社，2010：27。

正如庇古所言："研究福利经济学的人们所持有的愿望是，对可能施加这些影响的政府或者个人建议行动——或者不行动——的准则。"为了实现福利经济学的理论愿望，虽然此时期的福利经济理论存在争论和不足，但是它通过国民收入这一客观衡量方法，把经济福利理论与社会福利实践对应起来，进而指导国民经济活动和社会福利实践活动。

三、国民收入的客观衡量方法

"一般而言，经济因素并非直接地，而是通过形成和使用经济福利客观的对应物，经济学家称之为国民红利或国民收入，而作用于任一国家的经济福利的。正如经济福利是总福利中可以直接地或间接地与货币量度建立起关系的那一部分一样，国民收入因而也是社会客观收入中能以货币表示的那一部分，当然包括来自国外的收入。"①也就是说，一定时期内，人们在自由竞争的市场经济活动中创造的财富总量表现为这一时期的国民收入，而国民收入与经济福利都是这一时期内能够用货币量度的客观的对应物。所谓对应物就是这一时期内的商品和劳务。由这一时期内的商品和劳务的数量和价格就可以具体化为这一时期内的国民收入量和经济福利总量。同时由于"经济福利与国民收入这两个概念，是如此地相互对应，以至于对于两者之中的任何一个内容的描述，也就是对另一个内容相应的描述"。换言之，如果我们能够描述某一时期内的国民收入的大小、变化及影响变化的因

---

① [英]阿瑟·塞西尔·庇古著.福利经济学(上)[M].金镝译，北京：华夏出版社，2013：27。

素，那么我们就可以描述此时期的经济福利的大小、变化和状况。但是这里需要强调的是，这种经济福利的描述是总量的描述，并不涉及具体个体的经济福利量。换言之，社会中不同个人的经济福利状况并不在国民收入的描述之中，这里关注的是经济效率影响下的经济福利的总量问题，并不关注具体个人福利水平。如果关注到具体个人福利水平或者具体各个阶层的福利水平，那也是在这种福利分配状况影响到国民收入大小的时候，或者是影响到经济福利总量的时候，人们才去关注具体个体的福利水平和状况。

"国民收入最终是由一定数量的客观的劳务所构成的。其中一部分体现为商品，而其他部分则直接地体现为劳务。"[①]计算这种国民收入的方法有两种：一种是依据一年内所生产的商品和劳务的量，另一种是依据一年内进入消费者手中的量。无论是哪种计算方法，人们都必须保证两点：一是不能重复计算，否则国民收入量就会影响实际的经济福利总量的描述。二是对于不能通过货币量度的劳务，不能计算在内，比如家庭主妇的家务劳动。这样做的好处在于，保证国民收入与经济福利对应关系的一致性。缺点在于，家务劳动实际上会影响具体个人或者家庭的经济福利状况，但是由于经济福利描述的是总福利量，因而不考察这种影响个体福利状况的劳务。然而，实际上经济福利总量也是由差异化的个体福利量推演而来，那么由此方法得出的福利总量的描述，就不具有严格的准确性。但是这一时期的理论，甚至之后的

① [英]阿瑟·塞西尔·庇古著.福利经济学(上)[M].金镝译，北京：华夏出版社，2013：30。

国民收入计算,都忽略了这部分劳务。这也是现代国民收入计算方法受人诟病的地方之一。

这里需要强调的是:“一国的经济福利与国民收入的大小密切相关,而且经济福利随着收入大小的变化而变化。”[①]具体而言,一是从国民收入总量的角度来说,如果一国国民收入增加,那么在穷人所得收入并未减少的情况下,这种国民收入的增加则必然带来经济福利的增加。这里需要区分两种情况,一是因为国民收入是由参与市场经济活动的所有主体创造的,并且主要是工人劳动创造,而经济福利就是人们需要和欲望的满足感和获得感。因此,如果工人在财富创造过程中的不满足感超过了同时期国民收入增加所带来收入增加的满足感,那么,工作的不满足感与收入的满足感抵消之后,工人得到的是不满足感的增加。那么此时期,国民收入的增加,并不能真正地增进经济福利。反之,国民收入的增加,意味着同时期经济福利的增进。二是从国民收入分配角度来说,即“收入从相对富有者向相对贫困者的任何转移,是以牺牲较不急迫的愿望为代价的,使得比较急迫的愿望得到更多的满足,因此,它一定会使满意感的总和有所增加”[②]。一方面因为经济福利表现的是人的需求和欲望的满足感,即物品对一个人的效用。不急迫的欲望,意味着这种需要和欲望的强度较小,因而它所产生的效用较小,反之,产生的效用较大。经济福利总量是社会个体效用的加总,所以这种国民收入的分配,必然带来经济福利总量的增加。但是这种由收入分配带来的个体效用的增加,

---

① [英]阿瑟·塞西尔·庇古著.福利经济学(上)[M].金镝译,北京:华夏出版社,2013:42。
② [英]阿瑟·塞西尔·庇古著.福利经济学(上)[M].金镝译,北京:华夏出版社,2013:75。

需要注意的问题是：一个人的消费行为和习惯受到过往经验的影响，如果一个人长期处于经济收入窘迫的境地，突然之间增大他的经济收入，那么他很可能并不能理性地运用这部分增加的收入，而是把它用于无效用的消费，比如增加烟、酒的消费。因而，在进行国民收入转移支付的时候，人们需要持一种谨慎的态度，并对由此增加的收入设计出比较理性的消费模式，才能实现增进经济福利总量的目的。

在探讨了国民收入与经济福利的相关内容之后，这里简单地阐述一下增进国民收入的基本理论。之所以把增加国民收入的经济理论放在后面探讨，是因为虽然实现国民收入最优化是增进经济福利总量的前提和基础，但是由于探讨的重点在于国民收入与经济福利的关系，所以先从二者的相互关系入手，阐明相互关系之后，再简要地阐释一下，在市场社会中，不言自明的财富增进模式，即自由竞争下的一般均衡理论模式。庇古所指的一般均衡包括两种，一种是生产均衡化，另一种是收益均衡化。生产均衡化，保障社会资源的配置最优化，进而实现国民收入最大化。即边际社会净产量在自由竞争机制的推动下，倾向于收益均等化配置。如果收益均等性趋于最小化，那么国民收入就趋于最大化。因为收益均等性最小化，意味着社会经济效率最大化，所以国民收入趋于最大化。然而，实际情况是，社会边际净产量与私人边际净产量总是对立和矛盾的关系。换言之，自由竞争的前提是理性经济人，那么经济行为人倾向于自利与理性，经济人的活动总是倾向于最大化私人边际净产量，尤其是当私人边际净产值低于社会边际净产值的时候，经济人更加不会积极推动社会资源投入社会边际净产值高的领域。因此，当出现这种收益偏差时，只能通过政府调节：通过对此领域的投资给予“特别鼓励”或“特别限制”的方法消除这种偏差。比如妇女在产后很短时间内就参加工作，而造成的婴孩死亡事故问题。换言之，对于那些私人净产值远远高于社会净产值的商业活动和生产，应该“特别限制”，比如酒类生产、汽车收税等等。而对于私人净产值低于社会净产值的经济活动，政府应该“积极鼓励”，以推动这种经济活动的通畅进行，以贡献出更多的社会净产值。由此可见，在自由竞争的市场机制中，即使是实现经济效率最大化的目的，同样需要政府的调控，更不用说促进经济福利总量的增进问题了。

综上所述，国民收入的客观衡量方法，是经济福利由理论方法转向推动福利社会实践的中间环节。由于经济福利与国民收入的正相关关系，因此福利经济理论指导福利实践的宗旨有两个：一个是追求经济效率最大化，实现国民收入最大化。另一个是推进福利分配趋向平等化，因为福利分配得越平等，国民收入增量越大。虽然国民收入的衡量方法存在问题和不足，但是在一定时期和范围内，它是一种把经济福利理论与社会福利实践联系起来的最合适的方法。因此，这里坚持国民收入的量度方法，并且通过这个中间环节，把福利经济理论推向福利社会实践指导。

第三节　经济福利理论的实践趋向

每一种理论都有它的实践趋向，经济福利理论亦是如此。每一种理论的实践效果，除了受到理论力量的影响外，还受到社会现实状况的影响。此时期的福利理论的实践导向，同时受到这两方面的影响。其一，人类历史正处于资本社会快速扩张时期，即市场扩张的趋势与社会自我保护的趋势相互对立，二者之间的张力构成现代社会发展和进步的动力。经济福利理论关于经济效率与福利分配的纠缠亦是这种社会经济现状的理论反映。实践是理论的源泉，同样，理论反作用于实践，推动社会实践的发展与进步。其二，此时期福利理论推进福利实践的方式和途径同样受制于理论自身的力量。一方面，理论指导福利实践活动，政府在平衡经济效率与社会平等关系上起着越来越重要的作用，但是同时政府权力的寻租问题日益受到众多学者的批判。另一方面，福利经济理论随着阿罗不可能定理的提出，陷入徘徊境地，其指导社会福利实践的力量也逐渐衰弱，而同时期新自由主义的理论日渐兴盛，成为指导各国摆脱福利实践危机的重要理论。这种理论和实践的困境，同样给予我们以启发和思考：经济学视角的福利研究，能否成为人类福祉的唯一引导？

一、福利实践的途径

在资本社会中，货币化的经济福利是衡量个体生活状况的重要指标，而且是国民经济活动的重要指标。这主要表现在两个方面：一是国民收入大小的增量，一般会带来经济福利的增进。二是国民收入分配越平等，一般来说，经济福利将越大。由于国民经济收入与经济福利存在这样的关系，因此，经济福利理论的实践导向必然着力于以上两个方面，即促进国民收入大小的增加和推动国民收入分配的均等化。

在资本社会中，促进国民收入增加的路径是自由竞争的市场机制。这是经济自由主义长期以来坚持的理论与方法。它首要的原则就是自由竞争的市场机制，参与市场经济活动的行为人是理性经济人，因此，他能够按照自由和竞争的原则，充分发挥自身的才能与天赋，在市场经济活动中，创造财富并积累财富。然而，这里重点探讨的是经济福利的社会实践路径问题。换言之，我们着重探讨推动国民收入均等化的方式与途径。

按照福利经济理论的实践导向，主张政府承担国民收入分配的重要角色。这是因为人们往往偏好当前的需要和欲望的满足，缺乏相应的远见能力。就此而言，“人们实际上所享受到的经济满意感的总量，远远小于如果人们远谋的能力不被扭曲情况下的水平”①。除此之外，由于缺乏远谋的能力，这不仅妨碍人们的经济福利水平，而且也造成社会资源的浪费，“有时人们为了获取所需，从长远看，他们采用的方法所摧毁的东西远胜于所得到的东西”②。鉴于此，“国家应该在某种程度上保护未来的利益，以抵消我们不合理的折算以及偏好胜过自己所造成的影响”③。由此可见，政府推进国民收入合理分配，一方面是为了促进经济福利的增进，另一方面是为了保护社会资源的最优化配置，换言之，促进国民经济收入的增加。为了实现这样的目的，政府推进社会福利实践的途径主要是通过转移支付的形式，对现有社会财富进行再次分配。

① [英]阿瑟·塞西尔·庇古著.福利经济学(上)[M].金镝译，北京：华夏出版社，2013：22。
② [英]阿瑟·塞西尔·庇古著.福利经济学(上)[M].金镝译，北京：华夏出版社，2013：23。
③ [英]阿瑟·塞西尔·庇古著.福利经济学(上)[M].金镝译，北京：华夏出版社，2013：25。

所谓转移支付，指的是文明国家，通过政府行为，调控社会财富分配的政治政策或社会政策行为。它依据的人性假设是理性经济人，每个经济人关注自身利益最大化，他们不仅关注经济活动产出的最大化，同样关注由财富分配带来的经济效用最大化。其一，每个人都希望政府的转移支付能够增进个人或者所属阶层的经济福利。其二，正如亚当·斯密所言，虽然经济活动中的个人是自利的，但是在人的天性中同样存在着关注他人利益的同情心和慈善之心。虽然，这种同情心和慈善之心受到质疑，但是，它在转移支付中起着重要的作用。其三，在资本社会，财富不仅作为获得幸福生活的手段，同时，它在一定程度上成为经济人活动的直接目的。不同人之间财富的比较，将会激发人的虚荣心、野心和贪婪之心，所以，对他人财富的嫉妒之心，同样鼓动着人们推进财富转移的社会政策。

第一种性质的转移支付，它通常表现为综合性的转移支付类型。比如，人们会利用手中的政治权力或者社会权力，寻求一种可以通过政府决策的转移支付项目。比如某个政府官员，为了个人利益考虑，而通过某项有利于农民阶层的农业政策或者粮食价格指导政策。他这样做的原因，一是他或者他的亲属抑或他的选票来源于农民。通过这项行政政策，一方面他个人能够获得一定的收益，比如，农民选民对他的支持率上升。另一方面，与他利益相关的所属阶层收到这种转移支付的利益。关于这种转移支付形式，它通常并不会真正地实现有利于贫穷阶层福利的增进，它通常是增进那些政治上占优势的人或阶层的福利。无论是在民主政府，抑或是专制政府，无论是在20世纪时期，还是在现代的21世纪时期，这种类型的转移支付通常都是这样的结果。

当然，这种转移支付对于经济效率的影响存在两种可能：一种是增进经济效率的可能，因为如果这种转移支付最终用于提高农业商品的生产力，那么它并不会降低国民收入的总量，反而增进国民收入的总量。另一种是这种转移支付并没有用于生产效率的提升或者扩大再生产规模和范围，它最终的结果将会减少国民收入总量。然而，不管它对国民收入总产量是增进还是减少，这种转移支付都不能增进社会福利总量。因为，按照“效用递减规律”，如果，“收入从相对富有者向相对贫困者的任何转移，是以牺牲较不急迫的愿望为代价，使得比较急迫的愿望得到更多的满足，因此，它一定会使满意感的总和有所增加”，换言之，“一般来说，都将使经济福利增大”。①然而，由于这种转移类型并不是由效用弱的群体转移给效用强的群体，它通常是收入水平相对较高的群体内之间的转移支付行为。因此，这种类型的转移支付并不能增进社会福利总量。

第二种转移支付类型，通常是我们所说的慈善捐赠的行为。关于这种类型的转移支付，它有悠久的历史和传统，并且，在现代政府担负起保障人们基本生存生活的责任之前，慈善组织或者各种宗教团体和社会组织一直是保障人们基本生存生活的重要形式。因而，这种类型的转移支付类型，它的目的一般都是为穷人或者组织成员提供基本福利保障。尤其是在工业革命之初，工人

① [英]阿瑟·塞西尔·庇古著.福利经济学(上)[M].金镝译，北京：华夏出版社，2013：75。

失业保险制度确立之前,人们随时处于可能失业的状况中。人们会主动地参与某个社会组织或者宗教慈善团体,通过缴纳会费或者赞助金,以备在失业时期能够获得该组织或团体一定程度的资助和保障。

慈善组织除了具有这个功能之外,它还有一个重要的功能,就是为社会贫困人员提供基本的生存生活保障。这个功能在现代政府没有担负起穷人福利责任之前,慈善组织的善款通常来源于社会上的富人捐赠以及组织成员缴纳的赞助金。富人虽然不需要慈善组织提供福利保障,但是社会通常会用另一种方式给予富人以回报。“社会能够以一种乔装打扮的方式,即通过颁发荣誉或勋章,从富人那里购买到资源的转移,并不需要任何人为此付出代价。资源的转移立刻成为荣誉的象征和载体,因为当一位凡人被授予勋章时,那些对所有获得勋章的人都充满敬意或装作充满敬意的人,也会对这位接受勋章的凡人表示出同样的敬意。”①如果,我们从这个角度来说,慈善捐赠的行为,并不与经济人的自利心相矛盾。因为,他从捐赠行为和被捐赠者那里都获得尊敬的回报,或者是自身福利得以保障的回报,或者是全体社会给予尊敬和赞美的回报。后一种回报同样是经济人迫切需要的回报,因为,“人不仅生来就希望被人热爱,而且希望成为可爱的人……他不仅希望被人赞扬,而且希望成为值得赞扬的人”②。所以,第二种类型的转移支付类型由来已久,并且符合人类本性的需要,因而在救助穷人,提升他们福利方面起着重要的作用。

---

① [英]阿瑟·塞西尔·庇古著.福利经济学(下)[M].金镝译,北京:华夏出版社,2013:577。
② [英]亚当·斯密著.道德情操论[M].蒋自强等译,北京:商务印书馆,2006:141。

这种功能主要存在于政府担负起穷人福利之前的社会时期。在现代社会,尤其是"二战"之后,西方福利国家兴起,社会慈善组织保障穷人福利的作用和地位受到制约。尤其是善款的筹集和利用受到政府监管,慈善组织的独立性和自由度都受到约束和制约,因而这种类型的福利救助虽然重要,但是在现代社会中,需要国家有意识地引导,才能发挥它增进民众福利的作用。

至于第三种类型的转移支付,它实际上同时包含前两种转移支付类型。尤其是在政府进行横向支付的时候,由于人的嫉妒之心而进行的转移支付是普遍存在的。这种转移支付实际上是对平等和公平的诉求,即是以接受救助者按照"公平地代表个人能力的某种规格自行维持生计为条件的转移"。[①]这种转移支付实际上是国家根据个人在国民收入中的贡献,依据他们能力大小对其进行补贴和提升其福利水平的转移支付。比如教育。关于教育的转移支付问题,我们需要区分两种类型的转移支付效果。对于初等教育的转移支付,受益的群体主要是收入较低者。由于许多国家都存在大量的私立学校,富人的孩子通常会选择教学资源更加优越的私立学校,尤其是在初等教育阶段。因而,富人实际上承担着两种初等教育费用,一种是由国家提供转移支付的公立教育系统,另一种是富人孩子就读私立学校的费用。因此,在初等教育系统中,它实际上是对财富收入较低者的一种转移支付。但是,当我们转向高等教育的时候,情况就不一样了。这是因为能够进入高等教育阶段的群体,大部分来源于富人阶层。收入较

① [英]阿瑟·塞西尔·庇古著.福利经济学(下)[M].金镝译,北京:华夏出版社,2013:583。

低者的子女进入高等教育阶段的人数和所占比例远远少于富人阶层。“普通的纳税人是在补贴那些在一生看来收入更可能在平均收入之上的人”①,因而,对于高等教育的转移支付,实际上受益的是富人,而非收入较低者。

最后一种是基于慈善之心和外部效应而进行的一种针对穷人的转移支付类型,即“确定一个最低的生活标准,不允许任何居民的生活水平低于这一标准”。②这一类型是所有国家执行的济贫制度中都包含的一种类型。而对于这种类型的转移支付向来受到经济学家的批判与责难。因为经济学家并不从人道主义的角度考虑人的生存问题,而是从经济效率的角度考察社会财富的创造和积累问题。因此,经济学家不仅从理论上证明这种转移支付类型,会增进人们懒散和浪费的倾向,同时在福利实践中,严格制约这种转移支付类型的实施。这是因为这种差异化的转移支付,意味着政府潜在的承诺,当达到这一最低标准的所有人,包括能够自食其力和不能自食其力的人,只要他们的实际收入低于该水平时,政府就会提供相应的补偿。政府的这种潜在承诺会削弱许多穷人自食其力的动机。比如,当能够自食其力的人所获得的劳动收入仅仅高于这一标准的时候,他更倾向于选择不参与工作,而是享受闲暇时间。如果他从闲暇的享受中获得的效用高于工作所获得劳动收入的效用,那么这实际上也增进了他的福利。然而,实际的情况是,那些放弃工作机会而选择享受闲暇时间的

① [美]戈登·图洛克著.收入再分配的经济学[M].范飞、刘琨译,上海:上海人民出版社,2017:178。

② [英]阿瑟·塞西尔·庇古著.福利经济学(下)[M].金镝译,北京:华夏出版社,2013:591。

人，通常是在无所事事中度过这些闲暇时光的。因而，这是一种双重浪费，既浪费创造财富的机会，也浪费提升福利效用的时间。因此，“不论国家所规定的最低生活标准如何低，不能全部自食其力但是能够自行满足部分需要的人，与完全不能自食其力的人会得到相同的待遇”①的转移支付类型，最终不仅影响国民收入的增加，而且影响社会福利的增进。因而，经济学家主张“对于同期劳动获得较低收入的人，实施有利的差异化转移是一件必须谨慎处理的事情”。②

以上转移支付类型，是现代政府推进社会福利实践的重要的途径和方式。由于各个国家的文化传统、政治制度模式和社会经济发展状况各不相同，因此，它们在实施的福利实践路径各不相同，但是，政府在福利分配中的角色和作用，都是基于对社会财富的转移支付。至于各种转移支付类型，存在的问题和不足，我们在接下来的相应章节，会进一步探讨。下面我们结合西方发达国家的福利实践状况，进一步探讨现代社会中存在的基本福利实践模式。

二、福利实践的三种模式

转移支付是现代政府实施福利分配的重要方式，然而，当这种转移支付形式与各国的文化传统、政治制度和经济发展状况结合起来的时候，形成的福利实践模式又各不相同。艾斯平-安德森在《福利资本主义的三个世界》一书中，按照去商品化程度将西

---

①② ［英］阿瑟·塞西尔·庇古著.福利经济学(下)［M］.金镝译，北京：华夏出版社，2013：594。

方福利国家分为三种类型。一是以英美为代表的自由主义的福利模式，二是以德国为代表的保守主义的福利模式，三是以瑞典为代表的社会民主主义的福利模式。[①]虽然这三种福利模式并不能完全包括所有国家的福利实践模式，尤其是亚洲国家的福利实践模式，但是，这并不影响我们按照这三种模式进行福利实践的分析。这主要是因为在 20 世纪期间，福利实践活动主要集中于西方发达国家，而且福利经济理论的实践影响也集中于西方发达国家。因此，我们这里主要分析上文提到的三种福利实践模式。关于亚洲发展中国家的福利实践模式的分析，将是本论题展开的一个重要方向。

正如我们一再强调的那样，各国的福利实践模式依托于它们的传统文化特质、政治制度模式和社会经济发展状况。三者相互作用，共同推动福利实践模式的建构。

第一种自由主义的福利实践模式主要是建立在个人主义文化传统特质之上。这种福利实践的原则是个人主义为主体，社会组织为辅助，国家系统为最后的补充。三方协调行动，共同推进福利实践活动的展开，以此保障民众基本的生存生活。虽然，英国与美国同样坚持这种福利模式，但是，由于英国政体为君主立宪制，福利实践模式早在 17 世纪初，已经以立法的形式确定下来，并且随着社会经济的发展，福利实践由最初的贫困性救济，逐步转向生存性保障。“1601 年的《伊丽莎白法案》汇集了 14 世纪到 16 世纪期间的与贫民相关的法案，按照有劳动能力的人不能

---

① [丹麦]哥斯塔·埃斯平-安德森著.福利资本主义的三个世界[M].苗正民、滕玉英译，北京：商务印书馆，2010。

得到国家援助作为基本前提……其中最具历史意义的是1795年制定的《斯皮纳姆兰法案》。”①因为《斯皮纳姆兰法案》第一次从人的生存权视角，实践社会福利保障制度。虽然这个法案被后来的以“劣等处置原则”为核心的《新济贫法》取代，但是，它把保障人的生存权作为福利实践的视角和标准，日渐深入人心。随着社会经济的发展和福利实践活动的推进，福利保障的生存权视角再次凸显。在20世纪二三十年代，随着社会危机、经济危机的爆发，以及福利经济理论的推动，英国建立起包含失业保险、医疗保险、养老保险等等一系列保障民众基本生存生活的社会保障制度。20世纪五六十年代是福利实践的鼎盛时期，在这一时期，政府承担福利保障的主体角色，抛弃传统的个体负责为主，社会保障为辅，政府提供的模式。然而，福利国家全面保障的福利实践模式，只是昙花一现，最终英国的福利实践走向20世纪八九十年代的个人主义复兴和撒切尔政府缩减福利内容。

虽然美国与英国一样，坚持自由主义的福利实践模式，然而，由于它更加强调个人主义的机会平等和自主自立精神，因此，相对来说它的福利实践路径，比较一以贯之。不过，20世纪上半叶，受到经济危机、政治危机和战争的冲击，美国在20世纪30年代，由罗斯福政府推动构建了基本的福利保障项目，比如，失业保险项目和工伤保险项目。至于养老保险和医疗保险项目在“二战”后的时间里，也逐步确立下来。美国的个人主义传统比之英国更加盛行和根深蒂固，再加上民主政治的模式，工业革命后国

① [韩]朴炳铉著.社会福利与文化[M].高春兰、金炳彻译，北京：商务印书馆，2012：38。

家的社会经济现实，使得福利保障项目的推进比较缓慢。

美国的个人主义强调自由、机会均等，能力主义和新教精神。“威廉姆斯基认为，美国个人主义的最大特点是忠实于自己的利益，并把它合理化。即美国社会是强调进取精神和个人创造性，而这种创造性已比较成熟而又广泛普及。”①经济行为人在劳动力市场上，可以进行充分的竞争和灵活的购买。这种自由而竞争的劳动力市场，为个体合理化自身利益，充分发挥个体创造性，提供平等的竞争机会。“在美国人看来，平等不是通过扩大贫困阶层的福利来实现的，而是通过扩大教育投资，增强机会平等来实现的。”②因此，政府的转移支付主要用于扩大社会教育的范围，为民众提供尽可能完善的社会教育系统。

这种缺少政府直接提供基本生存生活保障的福利实践模式，社会组织起到了很好的补充作用。美国的志愿主义“包含着个人的自由、受限的政府、自立心、根据市场属性分配资源的经济体制”③。换言之，自由和自立的人，通过参与自由竞争的市场体制，获得社会资源的分配和财富的积累。然而，随着资本主义经济的蓬勃发展，自由竞争市场机制的不足和问题也日渐暴露。尤其是1929年证券市场动荡引发的“大萧条”，以及此后持续十多年的大恐慌时代，给美国的社会、政治、经济和文化带来重大的变革。而且，此时正是福利经济学、凯恩斯主义兴起和发展的时期。社会的经济动荡、理论的革新发展，共同促进政府全面推进社会

① [韩]朴炳铉著.社会福利与文化[M].高春兰、金炳彻译，北京：商务印书馆，2012：71。
② [韩]朴炳铉著.社会福利与文化[M].高春兰、金炳彻译，北京：商务印书馆，2012：73。
③ [韩]朴炳铉著.社会福利与文化[M].高春兰、金炳彻译，北京：商务印书馆，2012：84。

福利实践。其一，大恐慌使人们认识到自由竞争的市场经济并非完美无缺，自律性市场无法脱离政府的调控而完美地持续发展下去。其二，个体在面临经济危机挑战的时候，个体的力量无法对抗经济危机造成的威胁。因此，政府应该调控市场经济的扩张趋向与社会自我保护的趋向，使其二者处于平衡的张力之中。对于个体的生存生活问题，美国人抛弃之前的个人性格缺陷的自由主义哲学观点，进而认识到使人陷入贫困的不仅仅是个人性格缺陷，社会结构和经济结构的缺陷，也会使人陷入贫困、失业状态。而且，后一种因素的影响力更大，更深远。基于此，政府在保障人的基本生存生活中的作用与价值得到广泛认可。由此之后，政府运用政治权力，推动社会福利的分配实践活动。

在20世纪30年代，美国初步建立了包含失业保险和工伤保险的福利项目，医疗保险、养老保险项目，在“二战”之后才得以确立下来。美国的“福利爆炸”发生于20世纪60年代。“福利爆炸”是由迈克尔·哈灵顿在《另一个美国》一书中提出来的。他指出同时期美国农村的贫困生活状况，以及有四分之一的人口处于贫困状态。约翰逊总统于1964年发出“贫困战争”的号召。其福利实践的最大成果是，福利受惠者的家庭数量急剧增加，“从1962年12月到1969年3月，享受公共补助项目的家庭增长了80万户，增长率为107%（而此前增长率仅为17%），从1967年到1972年几乎增长了2倍，尤其是北部地区和城市的增长率为160%”。[①]然而，这种由政府推动的全民全面福利的实践模式，其

① [韩]朴炳铉著.社会福利与文化[M].高春兰、金炳彻译，北京：商务印书馆，2012：135。

不足和问题也日益凸显。政府转移支付助长懒惰之风，劳动积极性大大降低，劳动伦理遭到削弱，而且政府对单亲家庭的全面资助，造成更多非婚生子和单亲家庭。

美国的福利实践由一个极端走向另一个极端，最后在福利危机、经济危机和新自由主义理论的推动下，20 世纪八九十年代，里根政府再次强调个人主义的自我负责原则。

第二种福利实践模式，是以德国为代表的保守主义的福利实践类型。这种福利实践模式建立在阶层主义文化传统之上，政府在福利实践中只是起着维护市场经济秩序和推动社会政策的作用。所谓经济秩序就是人们经济活动过程中的各种秩序。所谓社会政策就是由国家制定和实施的各种法律、政治制度、规则等。社会政策的目的在于维持经济秩序的良性发展和经济效率最大化，福利保障并不是社会政策的重点与目标，它是社会政策的客观效用。因此，这种福利实践的重点表现为以下两个方面。

其一，强调经济政策的自由性与竞争性，同时强调经济政策与社会政策的密切关系。经济效率的提高与国民财富的增加是个体福利增进的前提与基础。如果经济政策富有成效，那么，社会政策的辅助性就愈加没有必要或者作用减小。而且社会政策的重要目的是保持经济秩序的自由性与竞争性，在经济过程自由和竞争的前提下，社会政策或者社会效益才能得到良性发展与提升。这种社会政策实际上与同时期的福利经济理论的主张相契合，关注经济效率最大化，忽视社会福利分配问题。

其二，强调民众福利的个人负责与自助机制。早在俾斯麦实施社会保障措施伊始，个人负责和自助原则就已经确立下来。一方面，福利保障与个人所处的阶层相关，不同阶层之间的福利水平不具有可比性。即阶层福利具有不平等性，并且这种不平等性被大众认可。另一方面，福利保障与个人收入水平保持一致，福利水平被彻底地阶层化，即福利水平的等价原则。即使在“二战”之后，西方发达国家福利实践兴盛之际，德国的福利实践依然保持其历史传统，只不过国家在促进全民福利水平提升方面发挥着积极作用，但是这种作用也只是局限在福利的分配系统，并且明确要求把国家权力限定在福利分配领域。对于经济生产领域，德国一贯坚持自由和竞争。所谓“经济自由就是放开物价，开放市场，取消贸易保护主义；竞争就是反对垄断，只有通过竞争才能发展，增进大众的福利，消除贫富之间的巨大差异。增进福利的目标不能靠通货膨胀的政策和福利国家的做法来实现……保证实际工资增长和社会福利增进，是以货币稳定为前提条件的。国家的作用很重要，但不是直接干预经济，而是维护自由竞争，千方百计地稳定物价”①。也就是说，个人的生活风险与安全由个人承担，国家、集体无法独自给予这种保障，如果给予全面的保障，那么国家的税收会增加个人的负担，最终不是增加个人的福利，而是降低人们的幸福感和安全感。“社会保障必须主要依靠自己的力量、自己的劳动和自己的努力得来的……开始时必须实行个人自己负责，只有当个人负责还嫌不足或者必须停止时，国家和社会的义务才发挥作用。”②因为，全民福利保障会真正地扼杀个人的优良品德，比如，勇于负责，博爱精神，自我推荐，自力更生等

① ［德］路德维希·艾哈德著.大众的福利［M］.丁安新译，武汉：武汉大学出版社，1995：1。
② ［德］路德维希·艾哈德著.大众的福利［M］.丁安新译，武汉：武汉大学出版社，1995：192。

等，这些优良品德是市场经济发展的重要精神力量与品质。当一个社会的核心价值与道德伦理，呈现出逃避责任、贪婪狭隘、懒散无能时，精神动力不足，经济利益仅剩下金钱贪欲的时候，个人德性与品质已经沦陷，何谈民众福利水平的提高。福利水平不仅建立在物质生活充裕的基础上，更加建立在个人德性和品质的塑造和培养上。否则，当物质福利达到充裕程度之后，福利的精神需求则会横冲直撞，最终头破血流。因此，德国的福利实践改革从一开始就坚持避免福利保障与个人自由之间的对立。它坚持把个人福利水平与个人经济活动直接相关联，国家提供自由与竞争的环境和条件。

第三种福利实践模式体现为综合性的政治制度模式，为每个民众提供市场竞争之外的综合性、普遍性的服务。换言之，市场经济和非市场经济相结合的福利实践模式。瑞典是这种模式的典型代表，而且它从20世纪30年代实施以来，虽然同其他国家的福利实践一样，经历了五六十年代的繁荣鼎盛，八九十年代的危机动荡，但是，这种福利实践模式，始终坚持它的基本原则：自由原则、社会平等原则和个人道德原则相统一。

瑞典的经济政策坚持林德伯格提出的国有化、福利化和市场经济三者结合的发展模式。社会政策坚持中庸、妥协和平等的传统价值的集中化与具体化，劳动力的市场化，福利的平等化以及社会服务的国家化。经济政策的国有化，即在私有制占统治地位的前提下，实行部分企业的国有化，反对经济生产领域的全面国有化。主要体现在两个方面，其一，公共服务部门等涉及国计民生的领域和行业如铁路、邮政等国有化。其二，收入和消费国有化，即通过税收机制，如累进税，将一部分税收纳入国家政府预算系统，为社会保险和集体供应提供坚实的物质基础。一方面，国家为社会成员提供普遍的福利；另一方面，社会经济发展促进国家财富的积累与增长，进一步推动福利水平的提升与改进。

市场经济是瑞典福利社会模式的重点和中心。市场经济的前提是产权私有化，在这个前提下，国家推动劳动力市场的充分发展，促进全面就业目标的实现。这个过程既是市场经济自由竞争的过程，同时也是国家引导劳动力充分就业的过程。一方面，劳动力自由参与市场竞争，实现自身的社会价值。另一方面，国家引导劳动力进入市场，尤其是国家提供劳动力就业的技能培训和职业教育。国家通过对劳动力进行大规模和全方位的职业教育培训，提升劳动力适应市场自由竞争的能力。这样不仅增强了劳动力的竞争能力，同时也为企业输送了高素质的劳动力队伍，在经济效益和社会效益相互平衡的过程中，发挥出二者的最佳效益。总体而言，理查德·蒂特马斯强调这是一种平等的福利模式，这种模式所提供的福利权利需要达到两个目的：其一，它能够为每一个人提供所需要的资源和机会，以便激发个人的潜能发挥到极致，以达到促进个人福利提升，减少社会不平等的目的。其二，这种减少不平等的过程需要政治制度和政策推动，在这个过程中同时完成社会的公正、平等以及个人德性和品质的培养。

以上三种福利实践模式，由于政府在福利实践中的角色定位各不相同，它们经历了不同的福利实践历程，从它们的福利实践中，我们可以得出这样的经验和教训。一是，政府是福利实践的核心环节，这个环节的着力点在于平衡市场经济和社会保护二者的张力。市场经济的自由、平等和竞争是保障民众基本生存生活的前提和基础。民众通过自由竞争的市场经济，发挥自我才能与天赋，获得社会资源的初次分配和财富的积累。政府转移支付的目的，在于为民众提供平等的机会和公平的竞争环境。二是，福利实践的目的在于激发民众的经济创造力和保障民众良好的生存生活。经济创造力是提升民众福利水平的前提和基础，也是民众自我发展、自我增进的前提，因此，政府转移支付不仅关注直接的福利财富的分配，而且关注人的才能和能力的培养与塑造。福利实践应该建立在自由竞争、社会平等和个人道德三者平衡发展的关系上。如果福利实践偏重一方，忽视另外一方，就会发生实践的初衷与结果相背离的后果。关于这一点，美国 60 年代的"福利爆炸"及其后来的福利危机是最好的明证。三者的平衡发展，最能保障福利实践初衷与最终结果的契合。瑞典的福利实践经验是这方面最直接的例证，虽然，瑞典同样遭遇福利危机，但是，它最终维护了福利实践的成果。

三、福利实践的权利化

福利实践活动是由社会经济发展、福利经济理论和社会政治结构的共同推动而展开的，它最初的目的在于保障社会结构、政治统治的稳定，尤其是救济性福利保障更是如此。比如，英国早期的贫困救济，"不仅是应对战争、农业歉收等问题的临时性政策，而且也是防止社会革命爆发的政策"①。不过随着社会经济

① [韩]朴炳铉著.社会福利与文化[M].高春兰、金炳彻译，北京：商务印书馆，2012：38。

的持续发展，尤其是到了20世纪，随着福利经济理论的兴起和发展，人们逐渐认识到经济福利的分配影响着国民经济收入的增量。换言之经济福利的分配与经济效率之间存在着微妙的关系，当二者处于平衡状态时，经济效率才能实现最大化，国民收入的增量才能实现最大化。基于此，福利实践的目的不仅在于保障民众的生存权，而且在于通过福利实践活动，促进社会福利的分配，以增进经济效率最大化，推动国民经济增量最大化。

从20世纪开始，西方发达国家的福利实践活动致力于此，也取得了显著的成效。这主要表现在民众的基本生存生活权利得到保障，而且福利保障的内容得到扩大。在上一小节阐述西方福利资本主义的三种基本模式的时候，已经给予明晰的论述。这一小节，重点论述现代福利实践的最大成效，不仅在于福利项目的扩展，福利保障对象范围的扩大，而且在于福利作为一种社会权利得以确立。在现代民主社会中，这种权利意识一旦形成，它具有不可逆性。换言之，福利作为人的一项基本社会权利，以制度和法律的形式确定下来之后，它必然随着社会经济的发展、人类历史的进步，不断得到强化和完善。纵使福利实践和福利理论遭遇徘徊困境和变革危机，福利权利的意识也会不断地尝试各种途径，寻找福利实践的突破口，进而推动人的生存、发展和自由生活的实现。

福利作为一种权利诉求，并不是自古就有的，它是人类社会经济发展到一定历史阶段，才出现的一种权利诉求。它不像人的自由权利那样，具有久远的历史渊源和深刻的人性哲学，但是，它作为人类社会经济发展的历史产物，其历史发展向我们展现了这种权利的合理性与合法性。合理性表现在人类社会政治经济发展的不同阶段，人的基本权利，生存权、自由权等权利需要政治、经济和社会的保障。尤其是随着资本主义经济的发展，世界政治经济结构发生翻天覆地的变化，全球性活动由此引发的经济、政治冲突，甚至极端的战争冲突，人的生存、自由已经无法完全依托于个人能力或者社会组织。资本逻辑的发展与扩张更加剧了市场经济扩张与社会自我保护关系的紧张性，因此，从 19 世纪末，德国的俾斯麦提出构建社会保障体系以来，到 20 世纪，世界各个主要资本主义国家相继推出福利实践的保障措施，以应对资本主义对人的生存和自由的侵蚀与威胁。然而，福利权利的形成过程并不是一帆风顺的，辗转反复，波折动荡，直到 20 世纪中期，它才在主要资本主义国家以制度和法律的形式确立下来。尽管如此，在 20 世纪八九十年代，福利实践再次遭遇危机和波折，但是福利权利的合法性就体现在这种辗转波折和发展巩固的过程中，最终越来越多的国家把人的福利作为社会政策和经济政策关注的一个重要方面。根据美国社会保障管理局的调查显示，当前世界上大约有 160 多个国家或地区构建了至少包含一项或者多项的福利保障措施。

其一，福利权利内在地与社会正义、公平和平等连接在一起，使福利权利在具有历史性的同时，又具有理论支撑。这种内在的关联对福利权利的发展与确立起到了双刃剑的作用。一方面，正是社会正义、公平与平等推动着福利由一种贫困救济的概念转向人的生存权利的保障。从古典政治经济学发展以来，经济学家对福利权利始终抱有怀疑甚至是批判的态度。亚当·斯密认为市场经济的动机是人的自利本性，以及节俭和牺牲的精神，促进财富的积累与增加。个人的财富管理如此，国家的财富管理亦是如此。约翰·穆勒甚至认为，慷慨的慈善和政府救济会阻碍人的道德情操的培养与塑造，进而影响人的经济活动的创造能力与力量。当然，也有经济学家把获得幸福生活作为一种基本的福利权利和社会正义、平等和公平关联在一起。比如西斯蒙第，他认为政府的事业就是保障人的幸福生活。社会发展应该由政府调控和指导，这包括对民众福利的调控与指导。其一，引导人的理性发挥作用，促使人作为主体获取个人幸福生活的主导力量。其二，政府推动大众教育广泛实施，培养大众获取幸福生活的技能。

由此可见，不同的经济学家，对福利权利与社会正义、公平与平等内在联系的认识不同。有人认为这种联系是正向的，国家或者政府应该介入其中，推动福利权利在社会正义、公平与平等实现过程中的主动作用。即国家或者政府应该干预经济过程，推动民众福利权利的正义化、平等化。但是，有人认为福利作为个体生活的一个方面，其承担的主体应该是个人，如果国家或者政府介入过多，不仅不会改善个体的福利水平与状况，促进社会正义、公平与平等的实现，反而会促使个人德性与品质的沦丧。关于福利权利与社会正义、公平和平等的这种内在关系的矛盾观点，由古至今，一贯如此。

其二，福利权利作为一种历史发展的结果固定下来，其焦点是经济效率与社会效益之间的平衡问题。经济效率的重点是自由与竞争，而社会效益关注的焦点是正义与平等。福利权利是国家协调二者平衡关系发展起来的一种现代社会权利。随着资本主义的深入发展，人类历史进程的转变，国家介入经济和社会之间的平衡关系之中。福利经济学与凯恩斯主义兴盛于同一时期，它们表明传统经济学不仅关注经济事实之间的逻辑关系，同时也关注经济事实同经济判断之间的关系。即经济学既作为逻辑科学，同时也作为规范学科。它们不仅阐释人类社会经济发展的规律，同时也阐释人类社会生活的价值维度。当然，现代西方经济学往往倾向于科学性和逻辑性，这也是现代西方福利经济理论逐渐走入徘徊困境的诱因。不过人的福利权利一旦作为一项社会权利得以确立下来，在现代民主社会中，它具有不可逆转性。因此，虽然，福利经济理论的价值维度被剔除，但是，福利权利依然是现代福利社会实践的首要保障目标。

其三，福利权利争论的焦点是个人主体与国家主体的争论。从福利问题的历史来看，福利作为个人主体的历史占据主导地位。按照阿马蒂亚·森的观点，把福利问题追溯到亚里士多德时期，福利问题也是个人家庭事务，福利水平的提升也是个人与家庭的经济管理范畴。对于国家或者政府，关注的是城邦的整体福利与幸福，比如城邦安全。即使是创立现代社会福利保障的德国，在 19 世纪末，俾斯麦实施的社会福利保障，其目的是避免由于工业化发展，以及政治社会结构的变更，引起的社会阶层结构、政治意识形态的转变，进而触发潜在革命的风险。实际上，福利一直是个人作为主体，国家作为辅助，推动个体实现生活状况的改善。不过，“二战”之后，福利实践把国家或者政府推向提升民众福利水平与改善民众福利状况的核心地位。国家作为主导，向全社会民众提供公平的福利保障。

总之，福利权利之争，既是历史的，又是现实的，它是一个动态发展的过程。只要自由和竞争的市场经济存在，作为平衡经济效率与社会效益的福利权利的争论就不会停止。因为，福利权利作为人的一种社会权利，它内含着正义、公平与平等，而市场经济内含着自由与竞争，自由和竞争的最直接表现就是不平等。福利权利与市场经济之间这种看似矛盾的对立，实际上是二者之间的统一。所以，福利权利的争论必然伴随市场经济发展的始终，尤其是当福利权利作为一种显性因素存在时，任何想要消解福利权利的理论与实践都会遭遇市场本身的证伪，即市场失灵。这时刻警醒人们：经济效率并不总是有益于社会效益。

本章小结

初创时期，福利经济理论和实践获得长足发展，同时理论的不足和实践的困境也隐含在社会生产的实际活动中。从理论上来看，由于福利权利具有价值伦理维度，使得经济福利的量度方法几经变更，最终走向剔除价值判断，缩小功利主义哲学基础，转向经济人假设和帕累托最优标准。这使现代福利经济理论走向科学化和逻辑化，同时也走向了阿罗不可能定理的徘徊困境。从社会实践上来看，此时期的福利社会实践蓬勃兴起，繁荣发展。从 19 世纪末德国构建社会福利保障制度以来，到二战前后，世界上主要的资本主义国家基本确立现代社会保障制度。这些社会保障制度的内容和形式主要建立在各个国家和民族的社会经济发展现状、政治制度模式和传统文化特质的基础上。此时期的社会福利不再简单地作为救济性福利而存在，而是作为保障民众基本生存的社会权利而存在，因此福利权利以制度化和法律化的形式确立下来。这是现代社会福利发展的最大进步，因为福利权利作为人的一项基本社会权利，在现代民主社会中，一旦确立下来，它具有不可逆转性，所以，即使在突破时期，福利社会实践遭遇波折时，福利内容和项目被限定和缩减，但是福利权利却始终是现代国家和政府关注的一项重要目标。这在一定意义上为人的福利问题的最终解决留下了空间和余地。

不过，经济福利是人的福利问题的一个方面，它是现代社会经济发展的必然结果，随着社会经济的深入发展，经济福利的不足和问题也日益凸显。换言之，非经济福利问题日益成为人们关注的对象。因此，此时期的福利经济理论和社会福利实践日益陷入徘徊境地。理论上需要突破经济学领域，扩展经济福利的内涵和视域；实践上需要国家力量深入介入，平衡经济效率与社会平等之间的关系。

第三章　突破时期的福利理论和实践转向

自20世纪50年代,阿罗不可能定理提出之后,福利经济理论陷入徘徊境地。众多经济学家通过各种途径和方式,希望找到阿罗不可能定理的突破口,然而,阿罗不可能定理在逻辑上和技术上无懈可击。同时期,以哈耶克与弗雷德曼为代表的新自由主义理论活跃起来,他们不仅反对福利国家的政治政策与实践路径,而且反对凯恩斯主义的国家干预与调控,主张自由竞争的市场机制。福利社会实践被新自由主义攻击,随着世界政治经济发生变动,福利实践的政治政策及其策略逐渐被新自由主义的主张取代。在这种复杂局势下,自70年代开始,阿马蒂亚·森等人对福利经济理论进行全面检视,从理论根基上修正福利经济学的方法,突破阿罗不可能定理,把福利经济学的研究推向新领域。此时期的转向表现在以下三个方面:一是,重新思考和界定经济福利的内容和量度方法,阐明福利经济学的前提假设与核心理论,进而阐明现代人的福利不仅包括经济福利,同时包含非经济福利。换言之,福利课题重新转向古典政治经济学的道德科学,但与古典时期的福利课题又不完全相同。二是，审视福利实践过程中存在的问题与不足，结合新自由主义的理论及其实践导向，采取混合福利模式。三是，在分析理论突破与实践整合的基础上，进一步分析此阶段福利探索之路遭遇的根本性困境。

第一节　经济福利之再思考

此阶段，以 20 世纪 50 年代阿罗不可能定理提出为分水岭，在此之前，福利经济理论处于传统时期，根据庇古定义的经济福利的内涵，借助效用的货币化尺度量度人的福利水平和生活状况，量度方法由能够进行人际间比较的基数效用理论，发展成为不可进行人际间比较的序数效用理论，后来人们开始探索社会福利函数模型。经济学家们期望在理论与实践之间建立对应的函数模型，以此指导福利实践活动，然而，在经济学家引入社会选择和集体选择理论之后，得出的结论却是悲观的阿罗不可能定理。换言之，在阿罗设定的五项限制条件下，没法由个人偏好排序推导出社会偏好排序。面对这种悲观的结论，众多经济学家从逻辑和技术方法上对阿罗不可能定理进行深入研究，期望能够化解这一悲观结论，甚至肯尼斯·J.阿罗也持续对此结论进行研究。然而，在排除人际间比较、坚持序数效用理论的前提下，人们终究是无功而返。最后人们不得不再次思考福利内涵自身。把福利限定在货币量度的范围内，是否妥当呢？经济学研究是否能够做到剔除价值判断？

一、福利效用的转圜

利用货币量度经济福利的思路已经深深地根植于人们的脑海中，纵使是遭遇阿罗不可能的悲观结论，人们依然无法彻底转换效用量度的视角，但是，福利内涵出现了一些转圜的余地，这主要表现在以下几个方面。

一是，为了突破阿罗不可能定理，人们不得不扩展福利效用的量度方法，即重新采用基数效用理论。在经济福利理论中，应用基数效用的便利之处在于，能够通过个人经济福利货币化量度，得出一个人的福利水平和生活状况，进而由个人经济福利量得出社会福利总量。同时，不同人之间的福利效用可以通过货币量进行对比，虽然不能进行直接的数值比较，但是经济福利水平之间的差值，代表人们所处经济福利状况的差异。这种差值是人际间比较的最直接方法。当社会福利函数遭遇阿罗不可能定理后，人们再次转向基数效用的福利量度方法。个人偏好排序仅仅单独考虑一个人的排序，并不包含对个人之间的比较问题，而一旦加入人际间比较，就会产生各种可能性，而不是不可能结论。所以，现代福利经济学要想攻克阿罗不可能定理，必须在偏好排序的判断中引入人际间比较。“事实上，所有公共政策都会……引入人际间的比较。”①

二是，虽然经济福利理论陷入困境，但是福利作为人生存生活的一项基本权利，已经制度化和法律化。因而，当经济福利理

① [印度]阿马蒂亚·森著.集体选择与社会福利[M].胡的的、胡毓达译，上海：上海科学技术出版社，2004年。

论陷入困境时，人们转向福利内涵的界定上。按照传统的经济福利内涵，人际间比较问题是不可避免的。从理论上来讲，阿马蒂亚·森在引入人际间可比较这一理论假设的时候，他通过逻辑和数学模型论证了阿罗不可能定理是不成立的。关于这一点，阿罗也给予了肯定的答复。从福利实践的角度来说，如果人际间效用不能比较，那么社会财富不平等问题，就不应该是一个现实问题，而应该是一个理论或者虚无的问题。因为人际间的福利效用不能比较，个人享受的财富量不能进行比较，那么这个社会就不会存在不公平、不正义这样的概念。因为按照马克思的唯物史论来讲，社会存在决定社会意识，关于不公平、不正义的社会意识产生于一定社会存在。因此，从这个角度来说，人际间福利效用是可以进行比较的。按照经济范畴和经济事实之间的对应关系来讲，人际间比较问题不是一个假设，而是经济事实问题。

基于以上两点原因，福利内涵出现两种向度：其一，福利主义坚持庇古界定的经济福利内涵，认为人的福利可以通过效用的货币化量度。其二，阿马蒂亚·森开启的非福利主义，以可行能力①为视角，用自由—权利的标准，量度人实际的生活状况。

福利主义沿用传统的经济福利内涵，以效用为标准，以货币

① 可行能力，是由阿马蒂亚·森提出来的一种不同于传统资源视角衡量民众福利状况的视角。它主要包含两个层面，一是人们自由选择生活方式的功能性活动组合，二是人们实践这些功能性活动的实际能力与实际自由。所谓功能性活动指的是影响民众生活的整体实践活动，包括获取物质福利的活动，以及获取精神福利的活动。比如个体获得增进身体健康营养性的活动，包括吃穿住行用等各个方面，以及个体获得增进心理健康和精神提升的活动，比如参与社区活动和文化艺术活动。所谓实质自由，指的是人们选择生活方式的自由和能力。这种自由不受客观物质条件的制约和限制，而是个体主动性与能动性的良好结合。参看[印度]阿马蒂亚·森著.正义的理念[M].王磊、李航译，北京：中国人民大学出版社，2012。

为尺度，量度人的福利水平和生活状况，不过，它又不完全等同于传统的基数效用。一是，它避免量度每个人具体的福利效用量。因为，人们显现出来的偏好不一定是真实的偏好，有可能是虚假偏好。[①]如果，我们量度的不是理性经济人最大化的福利效用，那么，我们就无法得出每个人最大化的福利效用量，也无法得出社会福利效用最大值。然而，在社会选择中，虚假偏好是大量存在的一种经济选择现象。因为，人并非完全理性经济人，虽然，他在经济活动中，总是倾向于选择最大化自身利益，但是，由于人处于社会关系中，即处于与他人的互动或合作之中，因而人们表现出来的偏好选择，实际上常常包含着关注他人福利的维度。实际上，除此之外，在人们的行为活动中，还存在着另外两种关注他人的偏好选择类型：一种是有关情感的效用选择，比如，父母对子女福利的增进与贡献，这是一种建立在情感效用基础上的偏好选择。不过，这同样是具有前提条件的，即子女福利增进的同时，父母获得了情感的满足与享受，获得亲子快乐。另一种无关情感的效用偏好选择，主要体现在经济行为人在追求自身利益最大化的过程中，形成的一种互惠活动，即“我们获得自己的饭食，并不是出于屠夫、酿酒师以及面包师的恩惠，而是出于他们自私的打算。我们并不是向他们奢求仁慈，而是唤起他们的自利之心，从来不向他们谈论自己的需要，仅仅是谈论对他们的好处”[②]。基于此，依据经济行为人的偏好排序并不能得出社会福利效用最大化量。

---

① 哈森伊(1997)指出，社会福利评价的终极尺度不是人的实际偏好或者快乐（即福利），而应该是人的知情偏好。

② [英]亚当·斯密著.国富论[M].张晓林、王帆译，长春：时代文艺出版社，2011：10。

如果我们依据这种偏好结果制定经济政策，那么我们并不能真正地推动经济效用最大化。

回归后的基数效用理论进一步确认经济学的价值判断问题。传统经济福利理论经历了价值剔除的过程，当价值判断再次融入经济福利分析时，经济学家实际上也感到诚惶诚恐。不过，他们进一步区分何为价值判断，经济学中的价值判断，不同于哲学中的价值和评价或者指示，它指的是“难以证实的事实判断”。比如，福利效用的量度问题，从现有科学技术的角度来讲，人们无法量度一个人的心理感受。因而，对于福利效用的量度，经济福利理论采用一种间接的量度方式，即通过货币化的商品和劳务来量度福利效用。同时，虽然经济学研究中不存在纯粹的价值判断，但是却存在着大量的对于事实的主观判断。“大多数的经济学家所理解的‘价值判断’实际上包含了我所谓的‘对事实的主观判断’……经济学家往往比其他人更有资格作出那些与其研究紧密相关的对事实的主观判断。”①换言之，经济学家在经济学研究中，采取价值判断的立场是必然的，并且是必不可少的。因此，基数效用应用于经济福利理论研究，指导人们依据经济事实，提出关于人的福利效用比较是理所应当的。

回归后的效用量度更加关注人的快乐问题，幸福即快乐。快乐不仅是个人生活的终极追求，同时也是政府协调社会经济发展的价值诉求。因为，“只有快乐和痛苦本身就有好坏之别，而其他事物均无这种性质。我们追求的东西很多：金钱、稳定的工作、地

① [澳大利亚]黄有光著.社会福利与经济政策[M].唐翔译，北京：北京大学出版社，2005：15。

位以及自由等等，但是我们对这些东西的向往并不在于这些东西本身，而是在于它们能增添我们的快乐，减少我们的痛苦，而我们对快乐的向往却在于其自身”①。实际上，这种快乐终极目的论，又回到了人们关于福利内涵的最初定义。亚里士多德在《尼各马可伦理学》中对此进行了全面阐述，不过他得出的结论并不是快乐是终极目标，而是认为快乐是幸福的组成部分，是值得人们欲求的东西。不管怎样，快乐的维度，对福利效用也是一种批判。虽然，我们认为快乐并非终极目标，但是，快乐作为人幸福生活的一个组成部分，它是人们实际上欲求的东西。至于如何量度人的快乐，这是一个综合性课题，文章暂不对此展开论述。

二、自由—权利的福利诉求

“在权利方面，人人与生俱来而且始终自由与平等，非基于公共福祉不得建立社会差异。”②由此，自由作为人的一种基本生存状态，得到政治和法律的保护与保障。实际上，自由不仅是人的一种基本权利，它更是人的存在方式。或许，从人类伊始，人们潜意识地发展和探索这种生存状态，并把它当作人类发展的最高形式。然而，人类相对于大自然，抑或其他物种，又是如此地柔弱，以至于在探索自由的道路上必须相互合作，构建互惠式的社会形态。因而，自由不是无所约束，更不是为所欲为，它同时包含着自我自由的实现，以及对他人自由的尊重。因此，我们在探索的路

① [澳大利亚]黄有光著.社会福利与经济政策[M].唐翔译，北京：北京大学出版社，2005:38。
② 法国《人权宣言》(1789)第一条。转引自[法]托马斯·皮凯蒂著.21世纪资本论[M].巴曙松等译，2014:001。

途上，构建自由王国的大厦。无论是消极自由、积极自由，抑或实质自由，它都有其必然遵循的规律和规则。对于自然而言，人类所谓的自由就是遵从自然的规律，在规律的范围内，实现人类最大限度的自由活动和能动创造。对于社会而言，人们诉求的自由就是在社会规范和规则的前提下，实现人最大限度的主体性自由。对于个人而言，自由又是什么呢？行动的自由？抑或意志的自由？我们这里不能进一步展开自由内容和性质的探讨，以上关于自由的思路，已经满足我们将要阐明的问题。对于人类福祉而言，自由价值和权利，同样内化在社会实践中。换言之，自由一权利的价值，实际上是人们能动享受生存生活的实际状态，它体现人的活动和意识决定。

资本社会是现阶段人类生存的现实，并且随着市场经济的深入发展，经济秩序总是试图把社会秩序纳入市场经济的规律中，把人所属的社会关系异化为经济增长的附属品。因而，人的自由存在，不是表现为个人同他人之间的关系，而是表现为个人同商品和劳务的关系。因此，人们想要获得个体生活的自由权利，不仅需要在经济关系中保持独立性和自由性，同时还要在社会关系中保持自主性与自由性。从这个角度来说，人的自由权利不仅是人与他人，抑或与自我的关系，而且是人与经济、政治及社会的关系。这里的社会不是属人的社会，而是被资本逻辑统御的市民社会。当私人生产与公共物品供给产生矛盾时，人们的现实生活，不能仅仅从货币化的效用来量度，而应该从人们选择实际生活的自由权利来量度。探索人们存在的自由度，以及人们实际选择生活方式的自由度，以此来衡量人们实现幸福的程度。比如，一直以来，人们对于福利的探索，都把对贫困的救助作为福利水平的重要指标。通常人们认为贫困是因为经济生产效率不足，不能提供足够多的物质财富或者私人消费所需要的物品和劳务。实际上，“饥饿不仅与粮食生产和农业扩展有关，也与整个经济体的运作有关，以及——甚至更广泛地与政治和社会安排的运行有关，后者能够直接或间接地影响人们获取食品、维持其健康和营养状况的能力”①。换言之，此阶段关于民众福利状况的考察，不仅考察物质福利的供给与实现程度，而且还要考察提供物质福利的整体系统，包含经济效率系统提供的物质福利，政治民主系统保障物质福利的公平、正义的协调度，以及社会自我保护系统发掘福利实践的能动力量。三者相互协调，共同推进人的整体生活状况的改善。缺少其中任何一个环节，都无法保障人的生活状况的持续改善与提升。

其中，经济效率的增进是人们诉求福利增进的物质保障。这不是由现实生活缺少物质保障决定的，而是由资本社会的经济秩序决定的。关于这一点，我们必须牢记于心：资本社会中，无论人们的物质财富积累到何种程度，市场经济机制都不会自动地改变资本逐利的运行轨道。换言之，它不会像凯恩斯所期望的那样，当人们的绝对需要得到满足时，“我们就会改变意图，把精力投放在那些非经济的目的上去”②。实际上，人们的实践活动，更像加尔布雷思所言的那样：“更多的虚妄得到满足时，它们的迫切性并

① [印度]阿马蒂亚·森著.以自由看待发展[M].任赜、于真译，北京：中国人民大学出版社，2013：163。

② [英]约翰·梅纳德·凯恩斯著.劝说集[M].李井奎译，北京：中国人民大学出版社，2016：211。

未大减，或者更确切地说，它们减少的程度并不显著，不足引起经济学家的任何兴趣或成为经济政策上考虑之事。当某人满足了他的物质需求时，基于心理上的欲望代之而兴起。这些是永不能满足的，或者说无论如何无法证明其有什么进步。满足的关联在经济学中占有的地位极小。”①

在资本社会中，我们考察人的生活状况时，必须同时考察经济效率与社会自我保护。前者是自由竞争的市场机制自然而然起作用的结果，后者是政治民主与社会平等意识共同推进的结果。前者是显性的、主动的、主导的，后者是隐形的、被动的、抗争的。至于二者之间的张力，主要取决于人们对市场和社会关系的关注程度。进而言之，以提升经济效率为目的的市场经济机制，在推动私人生产，提供个人物质福利方面，具有主导的优先性。再加上经济学家们集中精力阐明经济福利的货币化量度倾向，以及消费者需要和欲望的满足是人们享受生活的显性表现，那么私人生产的优先性，就无法被撼动。至于公共物品供给在提供经济福利效用中的作用和力量，同样受到人们的关注，但是它只有在影响到经济效率时，才成为人们关注的对象。也就是说，关注公共物品供给以及经济福利分配的平等性，不是源自社会平等的诉求，而是源自这种供给和分配影响到私人生产的进一步增殖。基于此，自由权利的福利诉求，更多地从社会平等的视角，以人的可行能力为尺度，具体地衡量人选择生活方式的实质自由与权利，以此为基点，突破经济福利理论和实践处理经济效率与社会平等

① [美]加耳布雷思著.丰裕社会[M].徐世平译，上海：上海人民出版社，1965：122。

关系的不平衡状态。

人类的自由活动或者自由意志是根植于人性中的一种诉求，纵然在资本社会中，人们不得不面对经济和社会二元分裂的现实，人们对于自由权利的诉求，仍然指引着人们通向未来可能的自由生活。因而，此时期关于福利内涵的反思，一方面，指向现实的生活，即私人生产与公共物品供给之间的平衡。另一方面，它指向人们诉求人类福祉的自由信仰。

其一，所谓自由—权利的福利诉求，它指的是一个人实现实际幸福生活的自由权利与实现个体存在的价值意义。这种福利内涵与第一章节阐释的古代幸福内涵相似，但又不尽相同。相似的地方在于，它们同时诉求物质生活的舒适享受和精神生活的满足感。不同的地方在于，古希腊时期的幸福内涵，更加强调幸福的层次感和等级感。不同等级的人享受到的幸福层次各不相同，不同等级之间的幸福不能僭越其幸福层次。此阶段的福利内涵剔除了这种不平等感，而是认为每个人都是平等的，每个人平等而自由地追求生活幸福，以及实现生命存在的价值意义。

在自由竞争的市场活动中，每个人都是平等的个体，他们利用和发挥自身的才能和天赋，获取社会资源的初次分配。关于这一点，这与传统时期的经济福利理论并无不同之处。关键是评价个体福利实现程度的标准与其不同。此阶段评价个体贫困的依据不是个体的性格、德性或者身体缺陷，相反，个体贫困与社会制度和国家政治系统相关联。换言之，传统时期，在经济效率和社会平等方面，经济效率是增进人们经济福利的重要力量，而此阶段，经济效率虽然同样重要，但是社会平等的力量更加凸显。低收入只是影响民众经济福利提升的一个方面，而可行能力被剥夺则是人们无法实现良好生活的重要因素，并且在社会经济创造巨额财富的现阶段，由于可行能力被剥夺而造成的贫困更为普遍与严重，因而，“在评估旨在帮助那些收入低下且具有‘转化’困难的老人和其他人的公共行动时，极其重要的是，不仅要考虑到收入低下，还需要考虑到将收入转换为可行能力的困难”①。也就是说，自由—权利的福利诉求，一方面来自个体主动性与能动性的保障，当个体无法保障这种自由时，国家和社会应该依据个体所选择的生活方式为其提供现实的保障，而且国家和社会在提供这种保障时，其评价标准不是依据个体的财富收入量，而是依据个体实现功能性活动的实际能力和自由。即依据个人转化收入为功能性活动的实际能力。

其二，自由—权利的福利诉求不是一个完成的状态，自由的实现更不是一蹴而就的。它是人类一直以来追求的目标，在不同历史时期，人们能够实现的自由程度各不相同。不过随着人类社会经济的发展，影响人们获得自由的经济问题，依据乐观的预期，或许在历史推进的未来时期，能够得到圆满的解决。依据人类社会经济现状，人们又能实现何种程度的自由权利呢？因为，自由包含人类生活的整体，进而言之，它包含经济的要素、政治的要素和社会的要素。在这些要素之中，依据人类社会经济发展的现状，人们现阶段能够实现的自由主要是财务自由和生存自由，以及部分的政治自由。科学技术的进步，以及机器发明创造的实践

① [印度]阿马蒂亚·森著.正义的理念[M].王磊、李航译，北京：中国人民大学出版社，2012：87。

应用，为人类创造了巨额财富。资本创新机制的发展和应用，进一步推动经济财富的持续增长和积累。民众在资本创新机制中，依据个人能力和天赋，能够获得跨越式财富创造与积累。一方面，这造就一批人获得财富积累的跨越式发展，另一方面，也造成社会财富分配的极端不均等化，或许这种不均等化程度与欧洲在20世纪初的财富差距相似。正如托马斯·皮凯蒂在《21世纪资本论》中论述的那样，“最富的0.1%人群大约拥有全球财富总额的20%，最富的1%拥有约50%，而最富的10%则拥有总额的80%—90%”①。这种由市场经济机制造成的不均等性，它同时具有自由竞争的平等性与公平性。在自由实现的过程中，它具有重要的积极作用。我们这里强调的是资本市场的创新机制，为现代人的自由生活，提供了实现的可能性，对于它的消极作用，我们应该从市场道德和社会的视角，利用国家和社会的力量协调市场经济机制造成的不平等性，进而实现最大多数人最大可能的幸福。

三、人性的假设与自由的信仰

在此阶段，无论是福利效用的扩展，还是自由—权利的价值诉求，它们都内在包含着这样的人性假设和自由信仰。对理性经济人假设存在两种不同的态度，一种是福利效用理论的坚持与扩展，另一种是对自由—权利的价值的诉求。

经济人假设作为现代经济学的基本前提，从亚当·斯密以

① [法]托马斯·皮凯蒂著.21世纪资本论[M].巴曙松等译，北京：中信出版社，2014：451。

来，它逐渐成为经济学研究中不证自明的理论前提。随着公共选择理论进入福利经济研究之后，它进一步扩展理性经济人假设的适用范围，即詹姆斯·布坎南和戈登·图洛克等众多经济学家提出经济人假设不仅适用于市场经济活动，同样适用于现代政治活动。换言之，政治活动中的个人同样是追求个人私利最大化，他们所从事的活动并不是为了促进公共利益的增进，所以政府调节社会财富分配的问题，人们不能抱有这种美好的愿望，即国家或者政府可以促进社会公平、正义和平等的实现。“事实上，无论是现代，还是历史上，政府进行收入转移的主要动机都很简单，也就是受益者们想要拿到这些钱，而且他们能够凭借自己政治上的权力，有时候凭借的是运气，来实现这个愿望。”[①]然而，这并不是说公共选择理论不赞同国家或者政府协调由市场经济机制造成的社会财富分配不均的问题，而是说，他们认为对国家或者政府不能采取完全信任的态度，而应该设计一些具体的政治和法律机制限制政府的寻租行为，进而保证它促进社会公平、正义和平等。

公共选择理论在分析自利人行为之后，他们给出的建议是尊重市场机制调控社会经济活动的作用和力量，对于政府的角色与作用则采取谨慎的保守态度。表面上，他们主张的财富分配模式与传统时期福利实践模式截然相反。实际上，在根源上并无不同之处，都是建立在自由主义立场上的实践模式。只不过，公共选择理论更加审慎地对待政府。这种审慎的态度，一方面来自自利人假设的扩展性运用，另一方面，来源于福利实践的现实困境。

① [美]戈登·图洛克著.收入再分配的经济学[M].范飞、刘琨译，上海：上海人民出版社，2017：3。

在20世纪50年代，福利经济理论陷入徘徊境地之后，福利国家的实践活动同样遭遇自由主义者的批判与反对，其中以哈耶克和弗雷德曼为代表，他们极力主张缩小国家或者政府在市场和社会关系中的作用。因为他们认为“政府的收入再分配政策也会阻碍经济增长，因为富人的投资动机会降低，他们努力工作的成果会被高昂的税收夺走”①。因此，他们认为自由竞争的市场机制是保障经济效率的最有效机制，随着经济效率的提高，人们的福利自然得到提升，甚至人类有史以来的经济问题和生存竞争问题，都能够随着社会经济财富的发展与积累，得到良好解决。随着新自由主义的兴起，再加上20世纪70年代的经济危机，福利国家推行的福利实践遭遇了前所未有的困境。在80年代，新自由主义逐渐取代凯恩斯主义的国家干预政策，福利实践由此发生转向。这种转向的根本原因在于：现代社会是由资本逻辑主导的社会，坚持经济人假设的现代经济学理论，个体是经济活动的主体，那么社会福利实践的主体就必然以个人负责为主体，纵使国家或者政府参与社会财富分配的环节，它们也只是起到辅助的作用，并且由于现代国家或者政府具有双重的向度，既可以为资本逻辑服务，又可以为社会保护服务。因此，当国家或者政府权力发生寻租行为时，它保护社会的趋向就会受到制约。换言之，政府实施转移支付的初衷与社会福利实践的最终效果背道而驰。无论是公共选择理论，还是新自由主义都坚持认为，个体是福利增进的责任主体，国家或者政府只能起到辅助的作用，甚至在促进社

---

① [英]彼得·德·哈恩著.从凯恩斯到皮凯蒂：20世纪的经济学巨变[M].朱杰、安子旺、于东生译，北京：新华出版社，2017：195。

会平等和个体福利增进的过程中，它的作用和力量都不能超过社会组织。

实际上，除了存在坚持和扩展经济人假设的趋向，同时还存在着批判经济人假设的趋向，即由阿马蒂亚·森开启的非福利主义的研究路径。首先，阿马蒂亚·森认为人们曲解了亚当·斯密的自利人假设，在《经济学与伦理学》一书中，他认为“亚当·斯密强调了互惠贸易的普遍性，但这并不表明，他就由此认为，对于一个美好的社会来说，仅有自爱或广义解释的精明就足够了。亚当·斯密恰恰明确地站到了另外一边，他并没有满足于把经济成就建立在某种单一的动机之上”。[①]换言之，阿马蒂亚·森认为，亚当·斯密自爱和精明是经济人互惠贸易的天然本性，在自由竞争的互惠贸易中，经济人创造和积累巨额经济财富，但是亚当·斯密并没有停留在经济人的自爱和精明向度，而是“站到了另外一边”，即人天然具有关注他人福利的同情心。

除此之外，阿马蒂亚·森认为，亚当·斯密在衡量人的现实生活状况时，他提出以“公正的旁观者”审视经济人行为活动的适宜性与社会性。具体而言，亚当·斯密认为，当个人仅仅关注自身利益，损害邻人利益，影响他人幸福时，公正的旁观者“用一种足以震慑我们心中最冲动的激情的声音向我们高呼：我们只是芸芸众生之一，丝毫不比任何人更为重要”[②]。当个人沉迷于物质生活的舒适与享受，并且执迷不悟地追求这种幸福遐想时，公正的旁观者最终会令其醒悟：“财富和地位仅仅是毫无效用的小玩

① ［印度］阿马蒂亚·森著.伦理学与经济学［M］.王宇、王文玉译，北京：商务印书馆，2014：28。
② ［英］亚当·斯密著.道德情操论［M］.蒋自强等译，北京：商务印书馆，2006：166。

意儿，它们同玩物爱好者的百宝箱一样不能用来实现我们的肉体舒适和心灵平静；也同百宝箱一样，给带着它们的人带来的麻烦少于它们所能向他提供的各种便利”①。

因此，阿马蒂亚·森认为，如果，我们考察人的生活状态，我们首先应该考察现实生活中的活生生的人的实际生活状态，而不能把人假定为自利的理性经济人。阿马蒂亚·森认为“一般来说，在主流经济学中，定义理性行为的方法主要有两种。第一个方法是把理性视为选择的内部一致性；第二个方法是把理性等同于自利最大化”②。理性的内部一致性会导致个体偏好与社会偏好的矛盾与冲突。也就是说，当个体偏好没有被社会偏好选择时，个体偏好选择是否服从于社会偏好选择。如果他服从社会偏好选择，那么这种社会偏好无法最大化他自身的利益；如果他不服从社会偏好选择，那么理性行为一致性就会遭到破坏。因此，当福利经济理论由个体偏好排序推到社会偏好排序时，在行为人的实践活动中，总会遭遇其内在的矛盾和冲突。除此之外，阿马蒂亚·森认为，人的行为活动受到社会责任和伦理义务的影响，他具有关注他人福利的天然本性。因此，在衡量人的社会成就时，除了财富标准，还应该考虑社会责任和伦理义务的标准。即“一个人的成就并不能仅仅根据个人的福利来判断（即使社会成就判断所依据的是有选择权的个人成就）……把个人福利仅仅看成效用，而无视其他意义上的个人福利这一做法是有争议的……我们可以就一个人的主观能动方面来看这个人，认识和关注他建

---

① ［英］亚当·斯密著.道德情操论［M］.蒋自强等译，北京：商务印书馆，2006：226。

② ［印度］阿马蒂亚·森著.伦理学与经济学［M］.王宇、王文玉译，北京：商务印书馆，2014：18。

立目标、承担义务、实现价值等的能力”①。因此，在评价人的生活状况时，我们应该同时考察主观能动方面与效用福利方面。从主观能动方面，考察行为人选择活动的社会责任和伦理义务，以及个体福利的增进。因为，“认识到一个人‘主观能动方面’与‘福利方面’之间的区别并不意味着我们就由此认为，他作为一个行为主体所取得的成功与其在福利方面的成功没有任何关系，或者是完全分离的两回事”②。

由此可见，阿马蒂亚·森认为，传统的福利主义，以效用为单一衡量标准，妨碍了人的主观能动的价值和信仰的评价，因此，他提出用可行能力的方法代替传统的资源视角，即以个人转化财富收入为实际生活状态的能力为视角，代替传统的以财富资源占有的方法，衡量人们选择生活方式的实质自由。并且，国家或者政府在推动人的实际生活状况改善方面起着重要的作用，从自由权利的视角，进行政治评价和道德判断，进而实施相应的社会福利措施。

人性的假设与自由的信仰是现代经济理论发展的根基，无论是传统福利经济理论，还是突破时期的福利经济扩展，经济人假设和自由竞争的市场机制，始终是主导和推进福利经济发展的重要动量。不过，随着社会经济状况的发展，人类的福利问题也发生了与之相适应的变化，非经济福利的重要性日益凸显，自由、权利的诉求进一步推动总体性福利的复归。

① ［印度］阿马蒂亚·森著.伦理学与经济学［M］.王宇、王文玉译，北京：商务印书馆，2014：43－44。
② ［印度］阿马蒂亚·森著.伦理学与经济学［M］.王宇、王文玉译，北京：商务印书馆，2014：46。

第二节　经济福利实践之再出发

理论源于实践，又指导实践。此时期的福利理论表现为徘徊困境的突破，有对福利理论的批判和否定的新自由主义流派，也有致力于突破福利理论困境的后福利主义和非福利主义的探索。这些经济理论不仅表现为流派的争辩和批判，它们同时致力于社会经济活动的实践指导。正如庇古所说的那样："研究福利经济学的人们所持有的愿望是，对可能施加这些影响的政府或者个人建议行动——或者不行动——的准则。"①事实上，无论是福利经济学家还是主流经济学家，他们研究经济理论的最终指向都是推动某种社会经济实践活动的展开。这是由经济学的性质决定的，因为，"经济学是一门研究财富的科学，同时又是一门研究人的科学，经济学家主要是研究人的生活的一部分，但是，这种生活是一个真实的人的生活，而不是一个虚构的人的生活"②。对于真实的人的生活研究，必须深入到人的实际生活中，解释生活与改变生活是同一活动中的不同方面。

一、新自由主义的实践机制

实际上，新自由主义的理论与福利经济学理论都是在 20 世纪二三十年代逐渐兴起的，但是，由于当时社会、经济和政治处于

① [英]阿瑟·塞西尔·庇古著.福利经济学(下)[M].金镝译，北京：华夏出版社，2013：02。
② [英]阿尔弗雷德·马歇尔著.经济学原理[M].宇琦译，长沙：湖南文艺出版社，2012：001，016。

激烈的矛盾冲突之中，战争危机和经济危机警醒陷入财富迷幻中的人们，资本社会的经济和社会二元对立，并不能完全依靠自由竞争的市场机制调节，它同时需要国家政治和社会保护的平衡。如果资本社会是人类社会历程中的一个阶段，那么市场、国家和社会三者之间的力量必须处于平衡之中，任何一方的力量都不能过于强大，否则社会有机体不是毁灭于经济危机，就是破灭于极端的战争冲突。基于此，新自由主义虽然兴起于20世纪二三十年代，但是，在社会经济实践中并没有获得主导地位。相反，凯恩斯主义的国家干预和福利经济学的福利国家实践如日中天，它们切实地指引社会和国家走出经济大萧条和战争大破坏的危机。然而，随着福利经济理论陷入徘徊境地，实践导向的理论根基受到动摇，人们对于福利国家实践的批判和诟病越来越多，国家干预主义同样受到挑战与攻击。这时新自由主义再次兴起，并且，走向社会活动的中心舞台，成为指导国民经济活动的重要理论力量。

新自由主义主张私有化、自由化和市场化，在20世纪八九十年代，福利国家遭遇危机时，新自由主义的主张在英、美国家产生广泛的影响，并借助“撒切尔政府”和“里根政府”逐渐实现国家意识形态化、政治化和范式化。这两个国家在20世纪八九十年代，大范围缩减福利保障的内容，降低民众福利保障水平。不过，由于它们各自的文化传统和政治结构不尽相同，因此，新自由主义的福利实践路径也不尽相同。

美国采取弱化政府责任，强化个人责任，把福利权作为一种人力资源进行开发和利用，实施工作福利模式。查尔斯·默里认为美国20世纪60年代"向贫困宣战",不仅没有降低贫困,反而招来削减福利开支的民愤,因此,政府的主要责任是"为公众提供一个他们需对自己行为的后果负责任的环境","可接受的社会政策"是"促使个人对自己行为的后果负责任",并且这一责任必须是真实可靠的,即社会政策不能"引导人们相信他们无须对生活负责",因为"这样的政策是抑制人们追求幸福,也是相当不道德的"。[①]虽然,戴维·埃尔伍德对默里的一些观点持批判态度,但是,他赞同默里这个观点,即福利权在某种程度上具有"反向刺激"的作用,尤其关于抚养未成年子女家庭补助计划是影响未婚生育率的主要因素。他指出"唯一可以避免此类冲突的途径,是重新将福利定义为作为临时或过渡性的救助,就业是长期的救助制度"。[②]因此,新自由主义的福利主张是将福利看作个人和政府之间的一种契约,福利既是权利,又是义务。个人在享有福利权利的同时,应该履行增进社会贡献率的义务。

自20世纪八九十年代美国福利改革以来,美国福利实践模式以个人主义和自由主义的典型特质逐渐稳定下来。福利权作为自由竞争市场机制下的补充,个人福利由个体负责为主,社会组织为辅助,国家协调为补充。个人的性格、能力和素养成为决定个体福利状况的重要因素,国家或者政府主要是提供良好的市场竞争环境,通过教育的方式保障个人机会平等,尤其是技术和技能的教育权利。从某种程度上来说,这种个体参与的市场经济

① Charles Murray. *In Pursuit of Happiness and Good Government*. New York: Touchstone Books, 1988, p.341.

② David Ellwood, *Poor Support: Poverty in the American Family*. New York: Basic Books, 1988, pp.937-975.

为主，社会志愿组织为辅，政府协调为补充的福利保障系统，是由新自由主义理论推动，并结合美国传统文化和政治民主结构形成的。由于福利保障不再仅仅作为救济性存在，而是作为民众生存权利存在，因此，在现代民主国家中，虽然国家或者政府进一步缩减福利保障内容，降低福利保障水平，但是福利权利的意识得到进一步加强。

虽然英国具有古老的自由主义传统，但是受到政治制度模式的限制，个人主义的力量并没有像美国那样强大。因此，在福利国家变革中，它并没有表现出像美国那样着重强调个人的自主性和独立性，而是同时强调个体责任与政府责任。不过，由于"有三项事实构成了西方人的意识形态，对于死亡的认识、对于自由的认识和对于社会的认识"①，死亡无可避免，而自由仍可争取，当人们发现社会并不是自由的终结，而是某种程度上的重生。换言之，福利权利并不是个人自由权利的对立者或者终结者，而是相互协调的促进者。英国采取了由市场、国家和社会三者协调行动的混合福利实践路径。我们也可以称之为吉登斯的"第三条道路"模式。所谓"第三条道路"是由英国工党推进的一种保障社会经济发展的混合路径，它旨在协调经济效率与社会平等之间的不对等关系。它是一种宏大的政治构架，其中涉及的"积极福利"思想，以及"积极福利"原则对当时的英国政府改革起到了很大的推动作用。正是基于这样的"积极福利"原则，吉登斯进一步提出了"社会投资型国家"的福利模式，以此取代传统的贝弗里奇的"消

① ［英］彼得·德·哈恩著.从凯恩斯到皮凯蒂：20世纪的经济学巨变［M］.朱杰、安子旺、于东生译，北京：新华出版社，2017：143。

极福利国家模式”。

“社会投资型国家”的福利主要有以下原则：其一，用积极福利原则代替传统的消极福利原则，即“无责任无权利”。在强调福利权利的同时，强调社会责任的延伸。这种责任和权利并行的互助模式，不仅强调福利的受益者应该履行相应的责任，而且强调每一个人的福利权利和责任是相当的。从这个角度来说，20世纪八九十年代，英国社会投资型国家福利模式的变革，进一步强化现代福利权利的平等性与正义性。从制度上和理论上进一步完善这种权利和责任的相互关系。其二，社会福利实践的方式，不再是单纯地提供经济原则，而是着力于开发人力资源。即福利权利的实现，是通过对人的潜能的开发与利用。为每一个人提供的福利权利，同时也是每一个人利用社会资源，开发自身能力，获得社会财富的根本途径。一方面，强调获取社会资源的机会平等性，为每个民众的自由发展与福利增进提供自由、公平、平等的竞争环境。另一方面，政府、集体加强社会教育、技能培训，推动民众个人素质的提升与改进，促进社会阶层流动的畅通性，进而推动社会资源在自由市场机制中的初次均衡分配。这种福利实践方式，避免了传统的救济性特征，以及由此引发的社会资源浪费和民众道德德性的沦落。英国福利模式改革的目标是，在为民众提供福利权利的同时，推动福利责任的个人担当，进而推动民众审慎理性的培养和自我控制德性的发展，这是解决现代福利权利滥用的重要实践途径。其三，主张福利主体扩散到企业。传统的福利提供者，主要集中于政府机构，而新型的“社会投资型国家”的福利模式，则同时强调企业与个人在福利提供过程中的作用与角色。这就把个人自由的基本权利与福利权利的集体性、国家性连接起来，共同支撑起社会福利的庞大架构，构建一个经济蓬勃发展、社会文明进步的新型福利模式。个体有追求自身利益的自由与权利，不过这种自由与"优先于特殊利益之上的大众利益相调和"，"这不是对于个人利益的否定，也不是一种令人扫兴的哲学思想，而是一种开明的自我利益。如果有更多的机会存在，我们也会有更多安全感"（Blair，1999：9）。①这种"开明的自我利益"为"社会投资型国家"的福利模式提供了广泛的民众基础和人力资源活力。一方面，福利被用来鼓励和引导民众从事有利于他们福利增进的社会经济活动。另一方面，积极福利原则的权利和义务对等原则，说服民众相信，用在福利实践中的财富不是浪费，而是为了更好地实现他们福利权利的基础和前提。对于未来福利水平增进的预期，极大地推动了积极福利改革的进程。吉登斯指出，"第三条道路和撒切尔主义的区别在于它对于平等和再分配的关注"。②

事实上，承接自由主义的福利实践导向，新自由主义同样坚持个体负责的福利实践，但是，它又不完全等同于传统自由主义的福利实践模式。相同之处在于：它们都强调自由竞争的市场机制是保障个体福利增进的最佳实践机制。不同之处在于：新自由主义并不完全放弃国家在增进个体福利中的作用，而是坚持认为个体负责为主体，社会组织保障为后盾，国家作为最后的福利补

---

① Blair, T. *Beveridge revisited: a welfare state for the 21st century*, *in R Walker(ed.) Ending Child Poverty*. Bristol: Policy Press, 1999, p.9.

② Giddens, A. *The Third Way and Its Critics*. Cambridge: Polity Press, 2000, p.89.

充。换言之，个体在自由竞争的市场机制中，充分发挥自身的才能和天赋，获取最初的社会资源配置。在此基础上，如果个体因为能力或者身体、智力等先天不足等原因，造成个体无法在市场机制中获得平等、公平自由竞争的机会，那么，此时就需要社会组织保障其相应的福利水平。一方面社会组织为其提供现实的物质福利援助，另一方面，为其提供特殊的职业技能培训机会和途径，最终把这些人中的一部分人培养和发展成为自食其力的独立劳动者。对于那些无论如何都不能再进入劳动力市场的人群，最后由国家提供最终的补充福利保障。

这里需要强调的是，虽然新自由主义坚持个体负责的福利发展与增进的实践路径，但是它对于造成个体贫困状况的原因采取一种不同于传统自由主义的认识态度。新自由主义认为"贫困问题不是个体特征和任性的问题，而是经济和工业组织的问题"①，福利是对那些承担了社会成本的人的一种补偿。而传统自由主义一直以来对政府实施的援助，采取一种"污名"化的态度，即贫困是由于个人性格缺陷和道德败坏造成的。英国的《新济贫法》是这一"污名"化福利援助的典型，它采用"劣等处置原则"，认为那些贫困的福利受助者，实际上和名义上都应该处于最低层级的生活。政府给予他们的福利援助，只需要做到保障其不致饿死，而不应该考虑其福利水平增进的问题。②新自由主义对贫困原因的这种认识主要是因为，一方面社会经济发展已经积累巨额财

---

① Titmuss, R.M. *Social administration in a changing society*, *in Essays on the Welfare State*. London: Unwin University Books. 1958b.

② ［韩］朴炳铉著.社会福利与文化［M］.高春兰、金炳彻译，北京：商务印书馆，2012：47。

富，保障民众基本生存生活的经济问题已经得到基本解决；另一方面，人们享受福利的权利意识已经以制度和法律的形式确立下来，因此，国家或者政府必然将其作为福利实践的目标之一。

新自由主义福利实践的问题在于：它以私人经济生产为优先性和首要性，公共物品供给作为私人经济生产的一种补充，当它影响私人经济生产效率时，才成为国家或者政府协调的对象。这与现代经济发展的阶段背道而驰，因为根据凯恩斯预言，当人类的绝对需求得到基本满足之后，经济问题和生存竞争不再成为威胁人类生存生活的时候，人类的生产应该转向非经济目标。如果，人类生产执着于私人经济生产，当经济福利与国民经济生产正相关关系达到一定“门槛”时，持续的经济生产不仅不会提升人们的福利水平，反而会降低人类的福利水平。[①]

二、后福利主义的实践模式

这里所说的后福利主义指的是福利经济理论经过20世纪六七十年代的徘徊之后，阿马蒂亚·森把价值判断再次引入福利经济理论研究之中，并进一步拓展人际间效用比较问题，由此推动福利经济理论沿着两个方向走出徘徊境遇。其中一个方向被称为后福利主义，它在福利经济理论中的贡献表现为基数效用方法的复归和公共选择理论在福利实践中的批判性运用。

福利主义的原则是运用国家政府的权力协调市场经济机制

---

① Max-neef M. Economic growth and quality of life: a threshold hypothesis[J]. *Ecological Economics*, 1995, 15(2), pp.115－118.

Easterlin R. Will Raising the Incomes of all Increase the Happiness of All? [J]. *Journal of Economic Behavior and Organization*, 1995(27), pp.35－47.

造成的财富分配问题，试图在经济效率和社会平等之间维持一种最大化国民财富的平衡。后福利主义同样坚持这样的原则，不同之处在于，此时期的社会福利实践表现为多学派交互影响。由于后福利主义采用的是基数效用，并坚持经济政策制定中的价值判断立场，所以它适用于那些着重强调社会平等的国家。尤其是在福利国家遭遇危机之后，英、美国家坚持新自由主义的社会福利趋向，在福利实践中弱化政府作用，强调个体责任。在面对福利国家危机时，资本主义国家在受到新自由主义经济理论冲击的同时，也受到后福利主义理论的影响，其中比较典型的是德国和瑞典。德国在处理福利国家危机时，它采取阶层化的福利实践模式。实际上，这与德国历史上的福利实践并没有根本性的不同，其最大特点在于，福利社会实践不像“二战”后那样强调社会平等，而是着重强调经济效率。

德国福利实践模式的特点表现在以下两个方面：一个是强调经济政策的自由性与竞争性，同时强调经济政策与社会政策的密切关系。经济效率的提高与国民财富的增加是社会福利效用和个人福利增进的前提与基础。他们认为如果经济政策富有成效，那么社会政策的辅助性就愈加没有必要或者作用减小，而且社会政策的重要目的是保持经济秩序的自由性与竞争性，在经济秩序自由和竞争的前提下，社会政策或者社会效益才能得到良性发展与提升。所谓经济秩序就是维持人们经济活动的各种秩序。所谓社会政策就是由国家制定和实施的各种法律、制度、规则等。二是他们采取个人负责与自助机制。早在德国社会保障实践伊始，俾斯麦实施的社会福利保障就把个人负责和自助原则确立下来了。一方面,福利保障与个人所处的阶层有关,不同阶层之间的福利水平不具有可比性,即阶层福利具有不平等性,并且这种不平等性被大众认可。另一方面,福利保障与个人收入水平保持一致,福利水平被阶层化,即福利水平的等价原则。即使在"二战"之后,西方福利国家兴盛之际,德国的福利实践依然保持着这种历史传统,只不过国家在促进全民福利水平方面发挥积极的作用,但是这种作用也只是局限在福利分配系统,并且强制要求把国家的权力限定在福利分配领域。对于经济生产领域,德国一贯坚持自由和竞争。所谓"经济自由就是放开物价,开放市场,取消贸易保护主义;竞争就是反对垄断,只有通过竞争才能发展,增加大众的福利,消除贫富之间的巨大差异。增加福利的目标不能靠通货膨胀的政策和福利国家的做法来实现。……保证实际工资增长和社会福利增加,是以货币稳定为前提条件的。国家的作用很重要,但不是直接干预经济,而是维护自由竞争,千方百计地稳定物价"①。对于个人生活风险与安全由个人承担,国家、集体无法给予保障。他们认为如果由国家给予全面保障,那么国家的税收会增加个人的负担,这不是增加个人福利,而是降低人们的幸福感和安全感。"社会保障必须主要依靠自己的力量、自己的劳动和自己的努力得来……开始时必须实行个人自己负责,只有当个人负责还嫌不足或者必须停止时,国家和社会的义务才发挥作用。"②因为,他们认为全民福利保障会真正地扼杀个人的优良品德,比如勇于负责、博爱精神、自我推荐、自力更生等等,这些优良

① [德]路德维希·艾哈德著.大众的福利[M].丁安新译,武汉:武汉大学出版社,1995:1。
② [德]路德维希·艾哈德著.大众的福利[M].丁安新译,武汉:武汉大学出版社,1995:192。

品德是市场经济发展的重要精神品质。当一个社会的核心价值与道德伦理,呈现出逃避责任、贪婪狭隘、懒散无能时,精神动力不足、经济利益仅剩下金钱贪欲时,个人德性与品质沦陷,何谈改善民众福利水平和状况?福利水平不仅建立在物质生活充裕的基础上,更建立在个人德性和品质的塑造和培养上。否则,当物质福利达到充裕之后,精神福利需求就会横冲直撞,最终头破血流。因此,德国的福利实践改革从一开始就避免福利保障与个人自由的对立,坚持把个人福利水平与个人经济活动直接关联。这种福利实践形成典型的福利权利意识的阶层化和对等化。20 世纪八九十年代以来,德国在应对福利国家危机方面,逐步改革福利实践。随着 21 世纪经济全球化的进一步发展,德国的福利水平和状况得到进一步改善,福利保障制度和法律为民众的福利权利提供了根本性保障。

在后福利主义影响下,瑞典作为典型的"社会民主主义"形式的福利国家,在应对 20 世纪八九十年代福利国家危机时,瑞典和德国的福利实践的共同之处在于,在经济生产领域强调市场经济的自由与竞争;不同之处在于,瑞典更加强调国家对社会财富的公平分配,即在强调自由原则的同时,也强调社会原则和个人道德原则。瑞典的经济政策坚持林德伯格提出的国有化、福利化和市场经济三者结合的发展模式。社会政策则坚持中庸、妥协和平等的传统价值的集中化与具体化,劳动力的市场化、福利的平等化以及社会服务的国家化。经济政策的国有化,即在私有制占统治地位的前提下,实行部分企业的国有化,反对经济生产领域的全面国有化。这主要体现在两个方面,其一,公共服务部门等涉及国计民生的领域和行业如铁路、邮政等实行国有化。其二，收入和消费的国有化，即通过税收机制，如累进税，将一部分税收纳入国家政府预算系统，为社会保险和集体供应提供坚实的物质基础。所谓福利化，是瑞典社会政策和经济政策相结合的产物。福利化，一方面要求国家为社会成员提供普遍的福利，另一方面，社会经济发展促进国家财富的积累与增长，进一步推动福利水平的提升与改进。市场经济是瑞典福利社会模式的重点和中心。市场经济的前提是产权私有化，在这个前提下，国家推动劳动力市场的充分发展，促进全面就业目标的实现。这个过程既是市场经济自由和竞争的过程，同时也是国家引导劳动力充分就业的过程。一方面，劳动力自由参与市场竞争，实现自身的社会价值。另一方面，国家引导劳动力进入市场，尤其是国家提供劳动力就业的技能培训和职业教育。国家通过对劳动力大规模和全方位的职业教育培训，提升劳动力适应市场自由竞争的能力。这不仅增强劳动力的竞争能力，同时也为企业输送高素质的劳动力队伍，经济效益和社会效益相互平衡，发挥二者最佳效益。

正是基于这样的经济政策模式和社会政策理念，20 世纪八九十年代，瑞典在面对经济危机时，福利实践改革的核心是维持公正的分配体制。即在公正、平等的前提下，有节制地缩减部分福利支出，把全社会福利水平维持在一个相应的水平，对其他高额的福利支出，暂时冻结。通过减少高效企业的税收负担，推动企业创造更多的经济效益，同时推动劳动力市场充分发展，保障更多人群的就业水平、职业素养。瑞典这种经济政策和社会政策的效果是，市场经济活跃，竞争力强劲，虽然市场收入不平等程度甚至比美国和德国还要高，但是通过社会政策的调整，扣除税金并加入社会保障转移之后，瑞典的不平等程度远远低于美国和德国。这说明瑞典的市场经济政策大大激发了经济效率，而其社会政策又协调了经济效率和社会效益之间的不均衡性。

虽然，此时期的"社会市场经济"和"社会民主主义"同"二战"后，福利国家发展的鼎盛时期并没有根本性区别，但是，国家平衡经济和社会二者关系的信念，不如福利国家时期那样坚定。相反，人们对国家和政府采取批判和质疑态度，虽然这种批判和质疑并不否定国家的作用与力量，但是，在福利实践中，国家权力的运用受到全方位的限制与监督。尤其是公共选择理论认为"经济人"原则不仅适用于经济活动，而且适用于政治活动。换言之，国家实施的财富分配政策，只是举着平等的幌子，切实增进政治行为人自身的利益。所有根源于自由主义的经济理论，都采取这样一种保守的态度。即严格把社会系统分为两个领域，经济秩序的领域采取自由竞争的原则，最大化经济效率；社会秩序的领域，采取公正平等的原则，最大化社会自我保护的能力。至于社会秩序是否应该借助国家或者政府的权力，实际上，大部分自由主义者采取默认态度。

三、非福利主义的实践诉求

非福利主义指的是从自由和权利的视角关注社会财富分配对人们实际生活状况的影响，实际上，它只是视角不同，福利内涵与传统福利主义并无根本性差异。即同样关注经济效率与社会平等之间的平衡问题。只不过它不是从效用的视角出发，不是从经济人的前提出发，而是从自由、权利的视角出发，从活生生的现实的人出发，关注人们在实际生活中，获得自由选择生活方式的权利。

首先是关于发展的问题。一直以来，发展是人类社会进步的根本性话题，增进财富也是发展的根本性指向，并且前面我们已经阐述了，私人生产一直以来都是发展的根本性课题，公共物品供给在私人生产的基础上，缓慢推进。私人生产与公共物品供给之间的矛盾也随着生产优先性不断地被激化。如果说在20世纪初，人类社会的物质财富还不足以满足人们基本的物质生存生活，那么，随着人类社会物质财富的积累，当前世界已经足以满足全世界人们的基本物质生存生活的需要。“目前货物是丰富的。在美国，死于食物太多的人要比死于食物太少的人格外多些。”①如果说传统福利经济把福利内涵缩小为经济福利，以此量度国民收入与人们实际生活之间的关系。实际上，庇古在创立福利经济学之初，他就强调：“没有人会假定经济福利即等同于全部福利，或者政府应该严格地追求它而不顾及其他利益——诸如自由、家庭的愉快、心灵的追求等等。”②因此，当经济福利不再是人们实际生活的首要关切点时，实际生活的内涵自然而然就会扩展到诸如“自由、愉快和心灵追求”。因而发展内涵也随之变化，即发展的最高目的是实现人的自由。阿马蒂亚·森如此定义这种自由：“实质自由包括免受困苦——诸如饥饿、营养不良、可避免的疾病、过早死亡之类——基本的可行能力，以及能够识字算数、

---

① [美]加耳布雷思著.丰裕社会[M].徐世平译，上海：上海人民出版社，1965：105。

② [英]阿瑟·塞西尔·庇古著.福利经济学(下)[M].金镝译，北京：华夏出版社，2013：702。

享受政治参与等等的自由。”[①]也即是说，社会发展的最高目标是保障人们具有可行能力。这种能力保障人们免遭生活困苦，包括身体与精神都免遭困苦。基于此，现代社会发展的目标，不应该局限于国民财富的积累与增进，而应该关注人们实际生活中能够获得的实质自由。当然，财富增进是保障实质自由的前提和基础，关于这一点，无论如何强调都不为过。不过，我们这里强调的是，在社会财富已足够丰富的情况下，如何保障人们自由选择生活方式的可行能力。

“就一般的发展中国家来说，极其重要的是，需要通过公共政策创新来创造社会机会……今天的富裕国家在过去历史上引人注目的公共行动，分别涉及教育、医疗保健和土地改革等等。广泛分享这些社会机会使得许多民众得以直接参与经济扩展的过程。”[②]教育不仅可以提高民众的经济效率，进而增进他在市场经济活动中获得物质财富的能力，而且还能促进民众个人素养与人格品性的提升。马歇尔曾经如此论述教育的经济效率功能：“工人阶级的孩子富有最高级天赋所占的百分比，可能没有在社会上已经得到成功的人的孩子具备这个才能所占的百分比一样大。但是，手工劳动阶级的人数，比另外一切阶级加在一起多四五倍，因此，一个国家中所生出的最优秀的天才，一半以上属于他们，而其中一大部分由于缺少机会而未得到结果。出身卑微的天才，任

---

① [印度]阿马蒂亚·森著.以自由看待发展[M].任赜、于真译，北京：中国人民大学出版社，2013：3。

② [印度]阿马蒂亚·森著.以自由看待发展[M].任赜、于真译，北京：中国人民大学出版社，2013：136。

其消磨于低级工作间却置之不问，确实是一种更有害于国家财富增加的浪费。有利于物质财富的快速增加的改变，有利于我们学校的改进，特别是中等学校的改进，假如这种改进能与一般的奖学金制度相连接，这种制度使工人聪明的儿子渐渐升学，直到他获得当代所能给予的更好的理论和实际的教育为止。"[①]或许这是教育增进经济效率最经典的论述了。不过我们这里更加关注教育的后一种作用。因为后一种作用对民众自由权利的增进起到更加重要的作用。一是因为随着物质财富的增进，民众从物质享受中获得幸福感和愉悦感会降低。二是因为"人性很难快速地改善，在学会善于利用闲暇这方面比任何方面都要慢"。在物质丰裕的社会中，人们是否能够合理地利用闲暇时间，将成为影响人们幸福生活的重要因素。

至于医疗保健的福利系统，自由—权利的视角认为应该采取由国家、市场和个人三者协调统一的福利实践类型。因为健康的增进和免于过早死亡不仅得益于收入的提高，它还得益于公共卫生、医疗保障和学校教育。[②]因而这是一个综合性课题，国家应该把发展内涵界定在社会、经济和政治的总体性诉求上，发展的目标应该是促进人们获得选择自己所珍视生活的实质自由。不过，我们同样需要警惕的是：在资本社会中，国家具有双面性，它既可以为资本逻辑服务，也可以为社会保护服务，至于国家权力最终服务于哪种主体，则取决于构成国家集体的现实的个人的自觉意

---

① [英]阿尔弗雷德·马歇尔著.经济学原理[M].宇琦译，长沙：湖南文艺出版社，2012：174。

② [印度]阿马蒂亚·森著.以自由看待发展[M].任赜、于真译，北京：中国人民大学出版社，2013：209。

识。如果国家被资本逻辑控制和利用，那么它所进行的转移性支付，比如教育和公共卫生等涉及民众实质自由时，它通常表现为：国家转移支付的结果与它的初衷相背离。即福利实践的初衷是把富人的财富转移给贫穷的人，以增进穷人的效用，进而增进社会总体效用。实际的结果是“最穷的10%的家庭得到的转移远远少于社会总转移的10%，甚至完全把它们计算为福利国家转移，不包括特殊利益集团的转移，而且最底层20%的人得到的转移要少于总转移的20%”。[①]虽然我们这里列出国家转移支付的负面效应，但是这并不代表我们不赞同国家在协调财富分配中的作用。我们认为国家是否倾向社会保护的维度，关键在于如何平衡资本逻辑与国家权力的关系。也就是说，在市场社会中，资本与国家的张力在于保持资本逻辑自由性的限度，如果资本逻辑在伦理规则的范围内发挥它的自由作用，那么国家在福利实践中，就能够把它的初衷与最终成效统一起来。

国家在资本社会中的角色定位会影响人的自由权利，这是因为在自由竞争的市场机制中，资本逻辑按照个体所拥有的现实资源，协调个人在经济活动中的财富发展和积累量。如果国家能够平衡市场与社会的张力关系，那么个人在自由竞争的市场机制中，就能获得平等的机会。“人人平等，这意味着每个人都必须有‘公平的机会’去发展他们与生俱来的潜能”[②]，要实现人的这种潜能，每个人都需要有机会工作、学习培训，并且依据人们有限理

① [美]戈登·图洛克著.收入再分配的经济学[M].范飞、刘琨译，上海：上海人民出版社，2017：111。

② Brown, G. *Equality then and now*, *in D. Leonard (ed.) Crosland and New Labour*. London: Fabian Vintage, 1999, p.40.

性作出抉择。如果资本逻辑把人们拒绝在“公平的机会”之外，这不仅有损于社会公正，而且也阻碍经济效率的增进与社会财富的积累。换言之，这些机会是“有利于经济发展的”，“今日的经济生产离不开技能。丧失学习培训的机会已经成为不可接受事情，并且成为社会繁荣的阻碍”。①

个人行使自由权利的实际能力，即人的有限理性同样制约人们改善实际生活状况。基于此，国家或者政府应该引导有限理性的个人，对实际生活做长远的规划。比如养老金储蓄问题。由于人们总是具有满足当前需要和欲望的倾向，因而往往看不到长远计划的利益所在。在民主国家中，政府不能强制人们进行养老金储蓄，但是可以通过福利诱导的方式，促使人参与养老金储蓄计划。这样一来，人们在应对未来生活状况时，就能够获得更大的安全感和幸福感，而对于政府组织来说，也同样可以减缓它的财政压力。但是如果进行强制性的养老金储蓄计划，人的自由权利受到威胁，因而不建议政府对此采取强制行为。除了这个原因，强制性政府在转移性支付中，更容易滋生腐败和权力寻租。

阿马蒂亚·森的这种发展理念可以追溯到约翰·穆勒，他认为“资本和人口处于停滞状态并不意味着人类的进步也处于停滞状态。在这种状态下，各种精神文化以及道德和社会的进步，具有与以前一样广阔的发展前景，生活方式的改进也具有与以前一样广阔的发展空间，而且当人们无须再为生存而操劳时，生活方

① Brown, G. *Equality then and now*, *in* D. *Leonard* (*ed.*) *Crosland and New Labour*. London: Fabian Vintage, 1999, p.41.

式实现改进的可能性必将大大加强”。[①]因此，从某种程度上来说，非福利主义实践诉求的是人的非经济福利的增进，并且把这种非经济福利集中于自由权利维度。

第三节 经济福利再探索之困境

在资本社会中，探讨福利课题，必然遭遇这样一些困境。一是经济福利的量化问题。因为在资本社会中，人的存在与人的实践活动并不是同一过程中相辅相成的两个方面，而是同一过程中对立冲突的两个方面。人，作为实在的个体存在，他所依赖的生活资料外在于人自身。人的实践活动创造的社会财富，并不是自动地有利于人的生存和生活。人的生存与人的实践活动处于对立的矛盾之中。资本社会发展的目标并不是为了增进人的自由全面发展，所以，它给予人的物质供应最好是刚刚满足人的基本生存需要。基于此，必然需要量度生存资料的供应量，以达到资本社会最大化资本利益的目的。第二个困境是，非经济福利的诉求日益凸显，比如，心理安全、家庭愉悦和心灵宁静等。与经济福利相比，非经济福利遭遇的困境不仅是其不可量度的问题，而且是如何界定这种自由权利的问题。第三个困境，也是最根本的困境：在资本社会中，协调市场与社会独立的中坚力量是国家或者政府。资本社会中的国家具有双重向度，它既可以为市场扩张服

---

① [英]约翰·斯图亚特·穆勒著.政治经济学原理(下)[M].金镝、金熠译，北京：华夏出版社，2017：701。

务，也可以为社会保护服务。它最终的趋向取决于市场、国家和社会三者力量的较量，以及人们自由自觉劳动意识的觉醒程度。

一、福利量化的难题

福利经济理论在其他经济学流派的影响和冲击下，通过整合哲学、伦理学、政治学和经济学的理论和方法，终于在阿马蒂亚·森等人的带领下，走出徘徊境遇，并进入一个广阔的视域。然而，正如马歇尔所说的那样："经济学领域每次扩大时，总会使这种科学的精确性有所损失，而且这种损失究竟是大于还是小于因范围扩大而带来的收益这一问题，是不能呆板决定的"。[①]经济福利的研究课题，亦是如此。随着社会经济、政治结构及其状况的发展与进步，经济福利不再具有首要性与优先性时，非经济福利内涵逐渐凸显，经济学家把非经济福利重新纳入人的生活整体之中，并在传统经济福利的基础上，构建包含经济福利与非经济福利在内的总体性福利架构。因此，此阶段的福利课题同样存在着效用量化的难题，只不过这个难题不再表现为量度方法和工具的问题，而是表现为福利内涵扩展造成的必然性难题。

后福利主义把人的福利扩展到包含精神快乐的层面，它采用两种取向阐释人的福利状况。一是，它坚持福利效用的传统工具与方法，人际间比较问题通过基数效用的量度得以解决，但是货币这个量度工具依然存在着根本性的不足与缺陷。效用是衡量人生活的唯一尺度，包括人的经济效率、人的社会价值和人的生

① [英]阿尔弗雷德·马歇尔著.经济学原理[M].宇琦译，长沙：湖南文艺出版社，2012：617。

命价值。如此一来,人们深陷资本和货币的统御之中。当货币作为一种符号统治现实世界时,它的边界趋向于无穷大,因而,人的经济福利同样趋于无穷大,人的主体性陷入货币或者资本符号的逻辑循环中,人的绝对需要和欲望被货币符号无限放大,比如,通过广告和推销术的方式,把人可以满足的有限需求与欲望转化为不可满足的无限需求与欲望。在这样的符号逻辑中,无论是富有的人,还是贫穷的人,都把福利的手段与工具当作福利本身,这样一来,福利就成为所有人无法企及的虚妄存在。二是,它把人的福利宗旨扩展为对快乐的追求。虽然,福利一词的内涵,常常用快乐、效用或者偏好来表示,但是,三者又不尽相同。按照功利主义的取向,快乐是人的总体性福利的最终表现,人总是趋利避害,享受快乐,逃避痛苦是人的天性。效用和偏好只不过是快乐的经济表现,是可以用货币间接量度的效用量。如果,快乐与表现效用和偏好的物品和劳务相关联,那么效用和偏好同样表现快乐量。然而,这种快乐只能是一种感官的快乐,它并不能包含人的精神快乐。这与后福利主义所强调的快乐,不仅包括效用和偏好的快乐,同时还包含不可量度的精神快乐相矛盾。基于此,虽然,后福利主义突破了经济福利的内涵,但是,却无法找到合适的量度方法。我们为什么一定要强调福利的量度问题呢?这是因为资本社会的发展并不自动地增进人的福利,相反它只是把人的存在看作资本增殖的工具和手段。因此,资本逻辑内在地要求量度人生存生活所需要的物质资料,资本增殖最大化的前提,就是人的生存资料最小化。即人类的福利增量与人创造的社会财富边际价值相等。唯有如此,社会经济活动才符合市场扩张和资本增殖的本性。因此,当后福利主义把福利内涵扩展到非经济福利维度时,效用量化的问题,成为它无法超越的难题。

虽然非福利主义从另一个角度超越传统福利经济理论,摆脱福利量度问题,但是它自身同样存在难以解决的问题。

非福利主义主张扩展福利经济理论的哲学基础,把福利经济研究与伦理学研究结合起来。虽然,"经济学与伦理学的传统至少可以追溯到亚里士多德"①,但是,亚里士多德时期的福利内涵与幸福内涵等同,并且人的劳动实践与人的社会存在相统一,因而,不需要量化福利效用。现代社会不同,资本逻辑内在地要求量化人的生存生活资料,以便最大化资本利益。因此,当非福利主义提出考察人的实际生活状态,应该把福利效用的方面与人的主观能动的方面结合起来时,这同时意味着非福利主义必然陷入资本逻辑的窠臼中。因为,非福利主义在趋向社会福利实践时,它依然需要货币化的效用量度标准。由此可见,非福利主义与传统福利经济理论或者后福利理论遭遇的困境一样。实际上,这个困难是资本社会中现代人福利课题探索的界限,无论何种福利经济理论,在导向人的实际生活实践时,它都需要遵循资本逻辑的内在要求,限定人享受的生活福利量,最大化资本增殖量。

虽然,自由—权利的价值视角突破传统福利经济理论的价值免谈问题和效用单一标准问题,但是,它同时把福利实践推向诉求公平、正义的价值判断框架中。这意味着:一方面,在福利实践中,它必须借助货币化的效用量度,否则,由福利理论趋向福利实

---

① [印度]阿马蒂亚·森著.伦理学与经济学[M].王宇、王文玉译,北京:商务印书馆,2014:9。

践时,它没有合适的中介桥梁。即自由—权利作为价值判断和评价标准,它自身无法由理论导向实践。因而,在涉及评价人的实际生活状态时,它不得不转向效用量度标准,利用货币工具和方法。比如,自由—权利保障人的基本健康权利,那么它就需要量度人的营养摄取量,以及获得基本医疗保障的物品和劳务量。依据保障个体获得健康效用量的实际情况,对比个体应该获得的效用量,设计相应的社会政策以保障个体效用的基本满足。另一方面,自由权利是一个涉及公平、正义和平等的价值判断和评价的问题。进而言之,"观察会随位置的变化而变化,当观察的位置确定下来的时候,这种位置的客观性要求观察的结果不因人的变化而变化。这与不同的位置看到不同的结果并不矛盾。不同的人可以在同样的位置看到同样的结果,同一个人可以在不同的位置看到不同的结果"①。也就是说,福利实践的公平、正义和平等的价值判断同时具有主观性与客观性。所谓主观性指的是面对同一项社会经济政策,当评价主体不同时,福利实践的公平正义性不尽相同。所谓客观性指的是当福利标准一定时,福利实践的公平正义性不随评价主体的变化而变化。福利实践的主客观同一性要求福利的评价标准与个体实际生活评价相一致。

二、公平—正义的价值判断难题

公平正义的价值判断难题根源于资本社会,它主要集中于两个方面:一是因为"我们所能看到的事物,与我们站在何处、想要

---

① [印度]阿马蒂亚·森著.正义的理念[M].王磊、李航译,北京:中国人民大学出版社,2012:146。

看到什么是相关的，并且也将反过来影响我们的信仰、认识和决定。观察的位置、信仰和选择，对于人的认识自己实践理性而言都十分重要"①，所以，当我们站在不同的立场看待公平正义时，福利实践的合理性与合法性成为首要问题。二是福利实践的目的是什么，是财富转移，还是贫困救济？是实现社会平等，还是增进总体社会效益？因为转移支付不一定是救济穷人，也有可能是穷人对富人的转移支付；而社会平等不同于社会效益，平等是一种道德伦理的诉求与社会稳定的保障，而社会效益追求的是经济、政治和社会的系统发展与进步，它诉求的是经济效率和社会平等的持续平衡性。

从资本社会的视角来看，公平正义是自由主义者所坚持的自由竞争。这里的自由竞争不同于古典自由放任的自由竞争，因为自由放任的市场机制无论是在理论上，还是在实践上，从来没有存在过。正如卡尔·波兰尼在《巨变》一书中阐释的那样，"自由放任经济是有计划的政府措施所造成的，但其后对自由放任的限制，却是自然而然出现的"②。因此，虽然新自由主义者主张市场经济主导，但是也认可政府协调市场与社会张力关系的作用，只不过同时规制政府权力。实际上，约瑟夫·斯蒂格利茨在《巨变》一书的序言中也提出过相同的问题，自由竞争的市场经济机制并不能保证高效的经济效率与均衡的资源分配。换言之，人们已经认识到市场自身的缺陷，必然需要政府权力的介入，以维持市场

---

① [印度]阿马蒂亚·森著.正义的理念[M].王磊、李航译，北京：中国人民大学出版社，2012：145－146。

② [英]卡尔·波兰尼著.巨变：当代政治与经济的起源[M].黄树民译，北京：社会科学文献出版社，2017：210。

经济扩展与社会保护关系的平衡，只不过人们对于市场和政府的具体职能划分，仍然存在争议。

因此，从经济自由主义者的立场来看，公平正义是一种自然的正义，并非社会的公平正义。所谓自然正义就是个人具有的自由权利、理性同意原则和责任经济意识。“如果，社会存在一部分人员由于自己的原因无法参加收入创造，那么，可以从其家人或者从他人的志愿慈善获得一些收入再分配。而政府组织的收入再分配反而要靠后，发挥辅助性的作用。这属于一种有运作能力的、合乎人的尊严的自然秩序。”①这种正义是保障人的自由和基本权利。然而，在资本社会中，由于市场经济遵循竞争的、一致同意的和责任的基本原则，因此自由是个人利益与共同利益相协调的结果，正如哈耶克所说，自由是一种人的状态，即社会中的一部分人对另外一部分人施加的强制减少到最小程度。因此，虽然自由主义者赞同政府协调经济效率的作用，但是对于政府协调社会公平正义的角色，他们却坚决反对。换言之，他们反对政府的社会福利分配行为。在他们看来，自由是一个人最大的福利权利，一旦政府权力介入其中，实施财富转移支付，造成的结果，要么是政府权力被滥用，最终违背个人同意的自由原则，要么是酿成“公地悲剧”的福利分配后果。

然而，现代社会的双重动向，即市场经济扩张的动向和社会自我保护的动向，二者处于张力关系中。自由主义者是市场经济扩张的社会支持力量，主张自由竞争的自然正义是其基本原则；

---

① ［美］汤姆·戈·帕尔默编.福利国家之后［M］.熊越、李杨、董子云等译，海口：海南出版社，2017：019。

保守主义者是社会自我保护趋向的社会支持力量，主张利用政府的、社会组织的力量，保护人类的、自然的生产组织和相互关系。他们主张通过立法的和制度的形式，规制市场经济的扩张趋向，构建符合社会正义的公平社会。这种社会正义分为两种：一种是通过社会契约的方法，在既定的政体或民族内，采取“封闭的”中立性①，构建一种完美、理想的公平正义体系。另一种是通过可行能力的方法，从实际生活和现实出发，关注如何减少不公平、不正义，而不是局限于寻找绝对的公平正义体系。这里的正义指的是人们实际能过得上的美好生活，即选择生活方式的实质自由。在资本社会中，为了平衡市场与社会二者的张力，同时需要这两种类型的正义理念。因为完美理想的公平正义体系，虽然不关注它的实践性，但是制度和规则是现实世界的一部分，并且对现实生活也产生具体的影响。然而由于“现实生活远不仅仅是一种组织结构，它也包括人们能够过上或不能过上的生活”，因此需要同时坚持从社会现实出发，超越社会正义的直观感受，深入到社会不正义、不公平的现实维度。因为，这种正义理念不局限于正义制度的设置，而是基于人们实际能过上的生活，阐明何种社会选择最符合人们选择生活方式的实质自由。这种实质自由不同于市场社会的自由竞争，它指的是一个人选择自己所珍视的生活方式的能力。

可行能力是评价个人优势和福利水平的方法。这种方法集

① 所谓“封闭的”中立性，即将公平、正义的观点与关注所涉及的范围圈定在一个主权国家的成员之中，由某个社会或国家的成员作出中立的判断。典型代表是霍布斯、罗尔斯和诺齐克。[印度]阿马蒂亚·森著.正义的理念[M].王磊、李航译，北京：中国人民大学出版社，2012：003。

中于自由与机会两个方面。从自由方面,可行能力指一个人自由选择他所珍视的事情的能力。从机会方面,可行能力指一个人做他珍视的事情的实际机会。从自由角度评价,一个人具有可行能力的优势,但从机会角度评价,他实践这种机会的能力处于劣势,那么综合评价来说,这个人提升自我福利的能力并不高。因而,在道德和政治评价中,应该从综合评价的角度,推进个体福利水平的公平与正义。比如,一个不能自由行动的残疾人拥有大量的财富,那么从自由方面评价,他的生活状况应该与他所拥有的财富水平相当,但是从实际机会方面评价,他的生活状况与财富拥有量不相适应。因此,从社会保护动向来看,维护社会公平正义不能仅仅坚持自由竞争,个人负责,而应该超越不公平、不正义的主观感受,深入到社会现实生活中,从自由和机会两个视角评价社会正义。当经济效率和社会平等发生矛盾时,应该以人类、自然和经济组织优先,而不是牺牲个体福利,适应市场扩张,缩小社会保护。

此外,福利实践实际上是关于财富转移支付的活动,无论是救济性转移,还是基本生存权利保障性转移,对于自由主义者来说,它都是一种非公平、非正义的行为。这是因为"在绝大多数情况下,纯粹的正义只是一种消极的美德,它仅仅阻止我们去伤害周围的邻人。一个仅仅不去侵犯邻居的人身、财产或名誉的人,确实只具有一丁点实际优点。然而,他却履行了特别称为正义的全部法规,并做到了地位同他相等的人们可能适当地强迫他去做,或者他们因为他不去做而可能给予惩罚的一切事情"①。也

① [英]亚当·斯密著.道德情操论[M].蒋自强等译,北京:商务印书馆,2006:100-101。

就是说，自由主义者认为正义是不伤害邻人的人身、财产和名誉，福利实践是“财富抢劫者通过议会表决机制要求财富创造者心平气和地、各有节制地与其分配财富”①。换言之，福利实践是不正义行为的典型表现。

他们主张个人基本自由权利、一致同意和责任原则是个人财富积累和福利增进的基本原则，国家的角色是协调经济效率和资源配置。如果国家超越这一具体职能界限，采取福利分配措施，那么就会打破个人责任与政府责任的平衡关系。对于勤劳节约的人来说，政府的转移支付行为是一种盗窃行为，而且政府权力滥用是现代政治社会的普遍现象。因此政府责任与个人责任的失衡，不仅不利于经济效率的提高，而且不利于社会效益的增进。一是因为福利分配是一种温和的抢劫行为，是财富掠夺者对财富创造者的抢劫，而且由于人的自利性，越来越多的财富创造者也参与到财富抢劫者行列，最终造成福利国家的“公地悲剧”。换言之，“福利国家主要关注的不是向下‘再分配’收入，因为很多的财富再分配都以相反的方向进行，即从穷人转移至富人。在较富裕的社会中，大部分的收入再分配是在中产阶级内部‘倒腾’，从一个口袋转移到另外一个口袋，并减去由官僚制度、拉选票和裙带关系所产生的行政费用和无效率的费用”②。由此可见，如果政府转移支付的初衷与最终实践效果相背离，那么以政府为主体的福利实践行为，在某种程度上来说，确实是一种非正义行为。

---

① [美]汤姆·戈·帕尔默编.福利国家之后[M].熊越、李杨、董子云等译，海口：海南出版社，2017：009。

② [美]汤姆·戈·帕尔默编.福利国家之后[M].熊越、李杨、董子云等译，海口：海南出版社，2017：039－040。

因此，这里面临的难题分为两个层面。其一，当福利内涵扩展到自由权利的价值维度时，需要进一步界定福利评价的公平正义内涵。自由主义者坚持自由竞争的自然正义，社会正义应该框定在自然正义的范围内。保守主义者坚持自由权利的社会正义，自然正义造成的不公平，应该由国家或者政府调控。其二，当政府权力介入公平正义评价时，政府权力本身成为问题。因为“在现代政治社会中，权力的滥用不是例外现象，而是普遍现象。这不是有无的问题，而是多少、轻重的问题”①。权力滥用本身就是非正义行为，因此需要同时规制政府权力。

三、经济福利的根源性困境

现代社会存在着“双重动向”。一种动向是自由放任的动向，推动市场不断扩张。这种力量是现代社会的主导力量，它把社会变成市场经济的附属品，用交换价值衡量一切社会存在，“尤其是经济体制或其改革如何影响社会中的人际关系”②。另一种动向是把市场扩张限定在一个特定方向。这种力量通过社会、文化和宗教等限定市场的扩张，以保护社会的持续发展。这种动向与市场经济的自律性③动向不相兼容，因而和市场经济本身也不相兼容。

---

① [美]汤姆·戈·帕尔默编.福利国家之后[M].熊越、李杨、董子云等译，海口：海南出版社，2017：004。

② [英]卡尔·波兰尼著.巨变：当代政治与经济的起源[M].黄树民译，北京：社会科学文献出版社，2017：007。

③ 市场经济意味着一个自律性的市场制度；用更专门的名词来说，这是一个由市场价格——而且只由市场价格——来导向的经济。这样一个能不依外力之帮助或干涉而自行组织整个经济生活的制度，自然足以被称为自律性的。[英]卡尔·波兰尼著.巨变：当代政治与经济的起源[M].黄树民译，北京：社会科学文献出版社，2017：093。

自由竞争的市场机制，把商品、劳动、土地和货币统一到自由竞争的市场中，构建由资本逻辑主导的社会存在。在这种社会形态中，自由竞争是首要原则，社会因市场机制的需要而存在，社会成为经济发展的附属品。“这意味着社会的运转只不过是市场制的附属品而已，这就是何以市场对经济体制的控制会对社会整体产生决定性影响，即视社会为市场的附属品，而将社会关系嵌含于经济体制中，而非将经济行为嵌含在社会关系里。”①这种经济秩序控制社会整体的趋势随着资本逻辑的发展而发展。因为，在资本社会之前，经济生活始终内含在社会关系之中。具体而言，人类的经济生活附属于它的社会关系之中，人们保障个人利益的行动，不会仅仅因为需要物质财富，更重要的行为动机是他要保障他的社会地位、社会权力以及社会资产，只有当物质财富能够为他的这些目的服务时，他才会重视它。正如亚里士多德所说的“财富显然不是我们在寻求的善。因为，它只是获得某种其他事物的有用的手段”②。福利经济理论和实践是资本社会的产物，它的宗旨是通过国家政府的力量，协调市场经济造成的经济效率与社会平等之间的失衡问题。实际上，它是经济秩序统御社会秩序的理论产物，因为当经济秩序把社会关系变成它的附属品时，人的社会性关系遭到破坏，但是人作为具有主观能动意识的存在物，他必然试图摆脱经济秩序的控制。因此，经济福利理论和实践在资本逻辑框架下，解决人类福祉的问题，其最终会被资本逻

① ［英］卡尔·波兰尼著.巨变：当代政治与经济的起源［M］.黄树民译，北京：社会科学文献出版社，2017：110。

② ［古希腊］亚里士多德著.尼各马可伦理学［M］.廖申白译，北京：商务印书馆，2003：13。

辑利用。

由此可见，经济福利必然受制于资本逻辑的原则。一方面，经济秩序把社会秩序变成附属品，摧毁人们实现幸福生活的社会关系，因为“对个人幸福与公共幸福的最大伤害是市场制摧毁了他的社会环境、他的街坊、他在社群中的地位以及他的同业公会”。①另一方面，经济秩序又需要政治秩序和社会秩序为资本逻辑提供自由竞争的要素，比如，自由劳动力市场、全球流动的资本交易市场等。这些自由竞争的要素，单单依靠经济秩序无法得到保障，并且自由竞争的市场经济秩序本身也存在严重的缺陷与不足。因此，社会秩序与政治秩序又是市场经济秩序维持其自由竞争的必要条件。

因此，西方福利经济理论和实践的目的是维持经济秩序的持续发展。无论是17世纪时期的救济性福利保障，还是18世纪《斯皮纳姆兰法案》的生存性福利保障，抑或19世纪末的现代社会福利保障，即俾斯麦实施的保障民众基本权利的社会福利系统，它们的目的是维持市场与社会张力关系的平衡，其根本作用是推动资本社会中市场经济的持续发展。换言之，现代国家或者政府实施的社会福利保障，并不是以人的社会性为立场，而是以资本的逐利性为立场。最终它为资本逻辑的深入发展提供经济要素。不过，它产生了有利于社会自我保护的客观效果，但是，这种客观效果是有限的。这主要是因为经济福利受制于资本的逐利性，人的社会关系不可能超越经济关系而独立存在。

① [英]卡尔·波兰尼著.巨变：当代政治与经济的起源[M].黄树民译，北京：社会科学文献出版社，2017：197。

长期以来，社会福利保障以“劣等处置”为原则。这种劣等处置原则“为制定自由劳动力市场的发展、劳动者之间自立和勤劳精神的传播、向具有劳动能力的贫民不提供救护等方案提供了理论依据”①。由此可见，福利社会保障法或者制度，是为了满足市场经济发展的需要，为市场经济发展提供需要的生产要素，尤其是自由劳动力。不过，随着资本社会的发展，尤其是市场经济机制的缺陷和不足日益凸显，社会福利保障的客观效果成为人们关注的重点。尤其是20世纪的两次世界大战和30年代的经济“大萧条”，使人们警醒地认识到：自由竞争的市场经济不仅带来经济效率和大量财富，同时还带来经济危机和战争危机。虽然引发两次世界大战的原因不尽相同，但是资本逻辑的扩张性却是其根本原因。人们认识到现代市场经济秩序试图脱嵌社会秩序的虚妄性。长期以来，人类的经济生活始终处于社会生活关系中，当现代社会以物的关系代替人的关系时，经济生活试图脱嵌社会生活，成为现代社会发展的主导。然而，人始终生活于社会关系中，经济关系只是社会关系的一个方面，当经济关系脱嵌社会关系时，必然遭到社会自我保护向度的对抗。在经济上表现为经济危机的爆发，在政治和社会关系上表现为政治危机和社会危机。

因此，在20世纪，自由放任的经济自由主义发生转变：虽然自由竞争是市场经济的主导原则，但是国家宏观调控被提上日程。20世纪30年代及二战前后，福利经济理论和实践蓬勃发展，福利国家如日中天。然而，福利国家的历史是短暂的，随着现

① [韩]朴炳铉著.社会福利与文化[M].高春兰、金炳彻译，北京：商务印书馆，2012：47。

代社会经济的进一步发展，新自由主义理论日渐兴盛，私有化、市场化和自由化成为现代国民经济活动的主导原则，而福利化、平等化和公有化日渐成为历史或者小部分国家的微弱坚持。比如以瑞典为代表的北欧国家。这些平等化的福利政策之所以存在，一方面是因为这些国家的资本经济发展水平相对较高，另一方面是因为这些国家的体量比较小，国家在平衡经济秩序和社会秩序关系中的作用与力量比较强大。更为重要的是，这些国家的传统文化内在地包含着中庸、妥协和平等的思想。这些传统文化特质在对抗现代资本逻辑的过程中，起到重要的理念指导作用。"生产力、社会状况和意识，彼此之间可能而且一定发生矛盾"①，当资本社会的生产关系与生产力发生矛盾时，传统文化作为社会意识的积淀，它必然对社会存在产生强大的反作用。

然而，无论社会意识的反作用有多大，它必须在社会存在的基础上发挥作用，因此，经济福利理论和实践作为资本社会的产物，它必然受制于资本逻辑，即受制于资本社会生产力发展的现状。这意味着随着资本社会的发展，经济福利问题可以得到最终解决，只不过经济福利只是人的福利问题的一个方面，经济福利问题的解决并不意味着人类福祉的解放。因此，经济福利问题在资本社会发展的现阶段，会出现拉锯式反复。比如，20 世纪 70 年代以后，福利国家陷入危机，全球性福利实践遭遇变革。然而这种拉锯式反复正是经济福利问题逐渐解决的表现：八九十年代福利实践变革，只是在一定程度和范围内缩减福利开支，对福利

① 德意志意识形态(节选本)[M].北京：人民出版社，2003：27。

权利依然采取保护态度。

新自由主义的复归，加强了市场经济的自由竞争性，同时也加强了民主政治的福利权利意识。人的自然性、人的社会性，以及人的社会关系，“被视为商品，如同为销售而生产的商品一般……但是这种将土地与人视为商品的假定却忽视了一个事实：把土地与人的命运委诸市场等于毁灭土地与人”①。那么，市场扩张的力量与社会保护的力量，必然会随着市场经济继续发展，再次紧张起来。二者的张力是促进现代社会发展的根源性动力，然而，这种张力的极限却是经济秩序试图脱嵌社会秩序的界限，一旦经济秩序超越这一极限，社会自我保护的趋向就会以极端的形式表现出来，比如经济危机、社会危机或者战争危机。比如，20世纪的两次世界大战和30年代的经济危机，就缓解了现代社会“双重动向”的极限紧张。

21世纪的当今世界，经济结构、资本形式，以及市场模式，与20世纪相比，发生了很多变化，尤其是国家或者政府在经济生活中的力量与作用更加强大。现代国家具有双向性，它既可以被资本逻辑利用，也可以被社会保护利用，它的最终趋向取决于构成国家集体的人的觉醒程度。这种觉醒指的是现实的个人的自由自觉的劳动意识。因此，按照西方福利经济理论和实践，以理性经济人为前提，国家权力的滥用是必然出现的政治现象。并且，在资本逻辑框架下，福利经济理论和实践无法突破国家权力的寻租逻辑。

---

① [英]卡尔·波兰尼著.巨变：当代政治与经济的起源[M].黄树民译，北京：社会科学文献出版社，2017：199。

本章小结

此阶段的福利实践处于整合发展阶段，理论和实践呈现综合性特点与交互影响的特性。虽然，在20世纪80年代，新自由主义理论占据主导优势，但是，随着福利经济理论走出徘徊境地，后福利主义和非福利主义同样产生了不可小觑的影响。这种理论的交互影响，使人们逐渐认识到，在社会经济实践中，如果想要以一种相对缓和的方式，保持社会经济发展与人类自身发展之间的平衡，人们就必须放弃单一的社会实践途径。因为放任自由的市场机制，在20世纪发展到极致时，它给人类带来两次世界大战和一次给人难以磨灭印象的“大萧条”，为了避免这种极端的市场扩张与社会自我保护的对抗，国家或者政府在协调二者关系中必然占据一定的地位，起着举足轻重的作用。

由此而言，新自由主义理论的兴起，并没有从根本上阻碍福利实践的推进，它在经济效率与社会平等之间，更多关注经济效率，较少关注社会平等。纵使如此，由于上一时期福利实践的发展，福利权利以制度和法律的形式确定下来，新自由主义理论在其实践导向中，并没有完全否认国家或者政府的应有价值。哈耶克认为，支持高等教育补贴的论点不在于它能给受教育者带来益处，而在于它能为社会整体带来优势。①实际上，英、美两个国家在20世纪八九十年代的福利变革，只是缩小福利项目和内容，转

① [英]彼得·德·哈恩著.从凯恩斯到皮凯蒂：20世纪的经济学巨变[M].朱杰、安子旺、于东生译，北京：新华出版社，2017：230。

而以一种自由主义的竞争态度，促使人们投入资本社会整体运动中，而不能像埃斯平-安德森所言的那样，福利实践促使一国之内去劳动力化。即人们可以不参与社会财富的创造，只享受社会财富分配带来的富裕生活。新自由主义更加坚持经济效率为全体人类创造摆脱经济问题的途径，而国家或者政府过多的干预，只会阻碍人类从生存竞争中解脱。我们并不否认经济效率创造财富的基础性与前提性，我们只是强调人类摆脱生存竞争，并最终解决经济问题，这是一个漫长而艰辛的过程。我们不能仅仅为了追逐最终的结果而放任追求过程中的不平等与不公正问题。

因此，后福利主义与非福利主义是同时期新自由主义理论的补充。实际上，它们在福利实践中同样坚持自由竞争的市场机制。因为“市场机制，它引起人们赞成或反对的激情，是人们通过它能够相互交往并从事互利活动的一种基本安排……实践中产生的问题通常是由于其他原因——而并不是因为市场的存在本身——而导致的”①。这些问题主要表现在市场交易中的信息藏匿，或者是法治不规范，导致强势者在市场经济活动中可以通过非对称的优势谋取利益。对于这种情况，“不是压制市场，而是让市场更好地运作，具有更高的公平性，而且得到适当的补充。市场的整体成就深深地依赖于政治和社会安排”②。所以，在福利经济理论的实践导向中，市场机制同样占据主导性地位，只是这种主导并不是不受约束的主导，而是深深根植于政治和社会的安排。

---

①② [印度]阿马蒂亚·森著.以自由看待发展[M].任赜、于真译，北京：中国人民大学出版社，2013：135。

不过,后福利主义与非福利主义在面对国家或者政府权力协调市场与社会二者关系时,采取了不尽相同的态度。后福利主义采取相对保守与谨慎的态度。虽然它并不完全反对国家或者政府保障人们幸福生活的实践活动,但是它采取了一种批判和审慎的态度。即国家权力在福利实践中,如果没有得到适当的规范与约束,不仅不利于平衡私人物品与公共物品的供给,而且,还会导致"政治经济人"利用各自占有的权力优势,为自我谋利益,最终不仅阻碍社会财富的发展与积累,而且阻碍社会平等、公平与正义。如果对国家或者政府权力进行合理的规范与约束,并保障市场机制的平等性、公平性与自由竞争性,那么利益集团和权力寻租也能够得到相应的制约。也就是说,市场机制与国家权力二者是一种相互制衡的关系。任何一方力量的增强,都不利于增进社会整体的发展与进步。因而,在福利实践中,应该同时开发市场机制的经济效率与国家权力的公平正义。只有把二者建构在一个平衡的系统中,才能防止任何一方的暴走与失约。

第四章　融合时期的福利理论与实践创新

融合时期指的是20世纪末至今的时间阶段。随着行为经济学和神经经济学的发展，福利经济理论走向伦理学、社会学和心理学的创新融合视域。实际上，这种融合创新源自理论和实践两方面的推动。一方面，世界经济发生翻天覆地的变化，与之相适应的福利问题随之发生变化，因此福利经济理论的研究范式走向综合视角。另一方面，西方经济理论的内在逻辑推动其创新发展。正如帕累托所言："政治经济学的基础，或者从更广义的层面来说，每门社会科学的基础显然是心理学。有朝一日，我们肯定能从心理学原理推导出社会科学的规律。"（维尔弗雷多·帕累托语）①

第一节　经济福利理论的反思

经济福利理论的反思集中于经济福利理论的前提性假设。

① ［美］理查德·塞勒著."错误"的行为［M］.王晋译，北京：中信出版社，2018：005。

理性经济人是西方经济理论大厦的基石，虽然在其发展过程中，这个基石遭到众多经济学家[①]的反思和批判，但是他们依然局限于经济学框架下，当理论趋向实践时，他们不得不委身于经济人外衣之下。不过，融合时期，人们借助行为实验和脑神经实验的方法，从心理学视角对经济人假设进行批判和审视。从某种程度上来说，实现了理论的突破，也为西方福利经济理论的发展提供了新方法和方工具。不过，它的不足之处在于，现代社会是资本逻辑主导的社会，无论西方经济理论实现何种突破，它始终是资本社会的经济学，无法超越资本社会这个现实存在，成为另一种社会存在的意识表现。这也是需要从马克思主义哲学视域对其进行审视和批判的原因。

一、"经济人"的实证性批判

"经济学家常常将经济学与物理学进行类比。正如物理学一

---

① 亚当·斯密作为现代经济学的始祖，他在前人的基础上，发展审慎理性的概念，把经济人作为构建现代经济学的基石，但是，他同时关注人性的另一面，即关注他人福利（幸福）。然而，随着现代经济学的发展，人性的另一面逐渐被弃之不顾，只摘取人性理性和自利的一面。对此，卡尔·马克思以现实个人为出发点，以人的劳动实践为立脚点，对其进行彻底批判。马歇尔、庇古、阿马蒂亚·森等众多西方经济学家，也对其进行批判性思考。不过，他们始终局限于西方经济学框架下，始终没能撼动理性经济人在现代经济学中的基础性地位。因为，现代经济学剔除价值判断，走向科学与逻辑推演之路，理性经济人假设与经济模型和数学推演的研究范式完美契合，因此，纯粹经济理论的反思和批判，无法撼动理性经济人的基础性地位。西方福利经济学与西方主流经济学是一种单向互动的关系，即主流经济学的逻辑性和科学性影响着西方福利经济学，迫使西方福利经济学走向剔除价值判断，追求科学化和模型化的研究范式，而福利经济学的伦理维度不仅没能影响主流经济学，反而被主流经济学剔除出去。因此，即使西方经济学家对理性经济人假设进行批判和反思，但是最终还是委身于经济人外衣之下。不过，西方福利经济学内在地包含着伦理价值维度，因此，随着现代经济发展的转变，福利课题也会发生变化，福利经济学转向伦理价值的维度，致力于实现人的总体性福利目标。

样，经济学也建立在几个核心假设的基础上”①，其核心假设之一就是理性经济人。他们认为经济活动中的个人，具有完全的理性和自利性。换言之，经济行为人能够按照理性要求，最大化自身利益。虽然经济人假设起源于现代经济学鼻祖亚当·斯密，但是亚当·斯密并不认为人只具有自利的本性。相反，他认为人同时具有同情他人、关注他人幸福和利益的天然本性。而且，他认为人的激情特质常常诱导人们，使人们在处理眼前利益与未来利益时，采取非理性行为。即人们常常在激情的控制下，表现出不可控制的本性，做出有损于自身利益的行为。然而，亚当·斯密关于人性的这些论述，并没有进入西方经济学的视域，相反，当西方福利经济理论包含这些认识时，它遭到主流经济学家的攻击，最终被迫放弃价值判断立场，进入到序数效用和帕累托最优标准的科学性和逻辑性框架中。可是，人毕竟是活生生的生命存在，同时他还是社会关系中的人，因此他的本性不可能被限定在理性经济人假设中。现实社会存在决定社会意识的发展，社会意识又反作用于社会现实存在。当理论走向实践时，经济人假设的非现实性表露无遗，经济理论的预测无法反映现实人的实际生活状况，理论无法指导社会实践。因此，虽然经济人假设是现代经济学理论大厦的基石，但是对它的批判从来没有停止过，而且随着社会经济的发展，对“经济人”假设的批判由单纯的理论反思走向实证批判。

理查德·塞勒认为，西方经济理论预测与人的实际生活状况

---

① [美]理查德·塞勒著.“错误”的行为[M].王晋译，北京：中信出版社，2018：005。

相差越来越大的根本原因是现实生活中的人是社会人，而经济理论预测中的人是经济人。经济人是完全理性的、自利的，而现实生活中的人只具有有限理性，而且具有利他的倾向。这里的社会人与马克思的“现实个人”并不完全相同，但也并不是完全不相关。从人的现实生活角度来说，他指的就是马克思“现实个人”，即一个具有喜怒哀乐的活生生的生命个体。他不仅具有理性、理智，而且，具有情感、情绪。然而，从人的存在角度来说，它又与马克思的“现实个人”不尽相同。因为马克思的“现实个人”同时还具有哲学意蕴。他既是历史的存在，又是现实的存在，他既受制于历史生产条件的影响，又受制于当下社会现实存在的制约，因此，现实个人不仅表现为自然的存在，而且表现为社会的存在。这里我们先讨论前一种含义上的现实个人，后一种哲学意蕴的现实个人，在下一章节进一步展开。

行为经济学和神经经济学分别用不同的实验方法和工具，收集社会人的行为实验数据和脑神经实验数据，分析证明人的行为“异象”并非是偶然事件，相反，“异象”是社会人的行为常态，“经济人”假设才是真正的“特例”。经济人假设的内涵之一是：人是自利的，总是最大化自身利益，不关注他人利益，即使他偶尔关注他人利益，也是为了最大化自身利益。行为经济学用单次博弈实验和重复博弈实验的数据，分析证明社会人并非总是自利的，他们同时具有关注他人利益的本性。其中一个案例是关于公共物品供给的问题。因为公共物品具有两个显著特征，一是只要公共物品被提供给一个人使用，那么其他人的使用不增加成本费用。二是很难防止其他人使用这个物品。比较典型的是国防，无论你是否纳税，都能够享受到国防保护带来的安全效用。另一个典型案例是公共广播电台及电视。即使你没有捐赠、捐款，你也一样可以收听和收看它们。因此，按照“经济人”假设，人们往往倾向于“搭便车”，个人不会对公共物品供给提供捐赠，以此最大化自身利益。然而，行为经济学的博弈实验数据得出的结论与传统“经济人”假设完全不同。在单次博弈中，人们的贡献率往往可以达到“40%—60%”①。这种单次博弈的受试人是普通大众，即不是经济学家或者精通经济学的研究生。如果把受试人换成后者，公共物品的贡献率迅速下降到20%②。除了单次博弈，在重复博弈实验中，人们对公共物品的贡献率下降为16%。我们是否可以由此推断：“受试者在实验过程中学习到了一些事情，引导他们采取搭便车这个占优策略。也许受试者在第一次测试时不了解这个博弈，但随着重复博弈次数的增加，他们知道了搭便车是占优策略。然而，按照其他实验的证据，这个解释似乎是不太可能的。”③其他实验是指“有限次数的囚徒困境博弈”。如果我们按照上述结论的推测，囚徒困境博弈意味着合作从来不会有利益，因此，人们在任何一次博弈中，都不会选择合作。然而，囚徒困境博弈的实验结果是：“即使是合作完全不符合自私理性的单次博弈或是重复博弈的最后一回合，合作率也从未降到零。”④并且，

---

① 虽然不是每个人都会投资，但只要有一部分人投资，公共产品通常都会提供最优水平的40%—60%。也就是说，平均而言，受试者会把手中资金的40%—60%投资给公共产品。[美]理查德·泰勒著.赢家的诅咒[M].高翠霜译，北京：中信出版社，2018：009。

② Marwell, Ames. Economists Free Ride: Does Anyone Else? *Journal of Public Economics*. North-Holland Publishing Company. (1981) 295 - 310.

③ [美]理查德·泰勒著.赢家的诅咒[M].高翠霜译，北京：中信出版社，2018：011。

④ [美]理查德·泰勒著.赢家的诅咒[M].高翠霜译，北京：中信出版社，2018：016。

在囚徒困境博弈实验中，如果人们对影响贡献率的贪婪和恐惧两个要素进行调控，那么人们对公共物品的贡献率又呈现出不同的比率变化。“在标准的博弈中，贡献率平均为51%。在没有恐惧（会退款）的博弈中，贡献率提高到58%，但是在没有贪婪的博弈中，贡献率为87%”①。由此可见，在人们的经济行为中，贪婪比恐惧更为重要。

从博弈实验的数据和结果来看，人的行为选择不仅受到人性自利的影响，比如贪婪、恐惧或者野心和虚荣，而且人的行为选择同样受到谨慎、公平和正义的影响。因此，现实生活中的社会人只具有有限理性，而自利性与利他性是同时共存的本性。然而现代福利经济理论以完全理性自利的经济人假设为前提，构建经济人的福利偏好排序和社会偏好函数。虽然经济理论模型完美，但是当把这种函数模型应用于指导经济实践时，它无法解释社会人的行为选择。比如非理性的消费选择和只关注当前需求和欲望，忽视甚至牺牲未来利益的行为选择。再比如上文讨论的公共物品供给的捐赠行为。实际上，这是一种互惠合作的行为，他们不仅关注自身利益，而且关注他人利益。并且，当公共物品供给的公平性和正义性受到威胁时，人们往往主张惩罚搭便车行为。即使这种惩罚的结果有损自我利益，而使第三方受益，人们也会选择惩罚那些搭便车行为。

除了行为经济学用行为实验的方法，神经经济学通过收集人们行为选择的脑神经数据，为行为经济学的实验结果提供实证性

---

① ［美］理查德·泰勒著.赢家的诅咒［M］.高翠霜译，北京：中信出版社，2018：018。

数据支撑。它把人的利他行为选择与人的脑神经反应连接起来，通过分析脑神经反应数据，研究人的利他行为选择机制。按照经济人假设理论，人的行为偏好具有稳定性和完全理性。人们在经济活动中，依据无偏差认知，能够无摩擦地完成经济交易，最终推动市场经济活动达到最优化均衡状态。然而，神经经济学的实验数据却得出相反的结果。即人只具有有限理性，而且常常受到激情等因素的诱导，作出不可控制的冲动选择。换言之，在与他人交往过程中，人的经济行为并非持续不变的，他们常常产生摩擦，但是最终能够通过战略合作的方式，实现行为人的共同利益。

其中，卡尼曼和特沃斯基的前景理论为人的行为选择和脑神经反应建立连接，提供了理论支撑。所谓前景理论是指用价值函数代替期望效用函数。人们行为选择的参照点是用任意当前参照点来衡量行为选择的损失或者收益。人们行为选择的价值评估随着参照点的变化而变化，价值收益曲线与期望效用函数一致。即随着收益效用的增加，人们从收益增量中获得的效用减少。这种收益效用逐渐降低的曲线符合边际效用递减规律。然而，当人们的价值评估涉及收益损害时，表现出相反的结论。即随着损失增量的增加，人们从损失中感受到的痛苦急剧增加。一般情况下，损失增量带来的痛苦程度至少大于收益增量带来的快乐程度的1—1.5倍。比如5美元损失带来的痛苦，至少需要10美元甚至更多收益带来的快乐来弥补。卡尼曼和特沃斯基把这种避免痛苦的行为选择称之为“损失厌恶”。基于这种理论，人们在行为选择中往往表现出非理性的框架效应。即“决策者在面临预期损失时，倾向于选择冒险，但是，在面临预期回报时，倾向于规避风险”①。这种理论主要应用于公共物品的单次博弈、重复博弈和有限次数的囚徒困境博弈。在这些博弈实验中，人们的行为选择，一方面表现出互助的战略合作，另一方面表现出对不公平行为的惩罚态度。

另一种实验方法是通过一次性博弈，例如独裁者博弈、最后通牒博弈或者第三方惩罚博弈实验，观察人的脑神经前额叶皮层和前脑岛的反应，收集这些脑神经反应数据，进而分析人的社会偏好的影响因素。所谓社会偏好是指“个人的动机是否考虑他人，他人的福利因素也考虑在内”②。SanFeynman et al.和 Golnaz et al.利用功能性磁共振成像检测被试者在一次性博弈实验中采取决策时的脑神经反应，比如前额叶皮层和前脑岛的活动情况，来分析人们关于“不公—公平”的评价结果。例如，在最后通牒博弈中，被试者在面对两种收益分配比率时，他们的前额叶皮层和前脑岛呈现出不同的反应。当被试者面对 90∶10 或者 99∶1（总量是 100）的收益分配比率时，前脑岛反应激烈，被试者通常会拒绝这种不公平的分配比率。然而，当前额叶皮层神经元活动剧烈活动时，被试者很可能接受这种不公平的分配比率。这意味着前额叶皮层神经元会降低人们对公平分配比率的不满度，进而

---

① 劳里·R.桑托斯(Laurie R. Santos)，M.基思·陈(M. Keith Chen).理性与非理性经济行为革命——来自非人类灵长目物种的证据和启示.[美]保罗·W.格莱姆齐、[瑞士]恩斯特·费尔、[美]科林·F.卡默勒等主编.神经经济学：决策与大脑[M].周晓林、刘金婷等译，北京：中国人民大学出版社，2014：122。

② 恩斯特·费尔.社会偏好和大脑.[美]保罗·W.格莱姆齐、[瑞士]恩斯特·费尔、[美]科林·F.卡默勒等主编.神经经济学：决策与大脑[M].周晓林、刘金婷等译，北京：中国人民大学出版社，2014：315。

接受这种不公平的分配方案。虽然这些实验并未发现对比公平和不公平方案时，上述脑神经活动的作用，但是在拒绝不公平提案时，上述脑神经活动充分表明：行为人在经济选择中，通常具有不公平厌恶的倾向。这些实验数据为解释社会人的社会偏好提供了实证支撑。社会偏好最典型的行为就是减少其他人的收入。换言之，减少富人收入，转移给穷人消费，进而实现社会财富的公平、平等分配。从这个角度来说，行为经济学和脑神经经济学的这些实验和数据为福利经济理论的跨学科发展提供了理论支撑。

通过分析这些实验数据，人们得出以下两个结论：其一，人们并不总是具有自利的倾向，大多数人表现出社会偏好的倾向。在竞争性实验中，人的自身利益占据首要地位，经济学的自利性模型能够准确预测这种情况。然而，如果人们处于战略互动实验中，即人的利益所得取决于对方行为的反应。比如，第三方惩罚博弈实验，个人利益所得取决于对方给予利益分配比率的反应。如果对方接受某种分配比率，那么双方都能获得利益。如果对方拒绝，则双方同时失去所得。按照理性经济人假设，分配者会采取最大化自身利益的分配比率（总量为100，行为人会选择两种比率：90∶10或者99∶1）。然而，实际上行为分配者通常会采取相对公平的方案（60∶40或者50∶50），并且在实验合作中，相对公平的分配方案更容易被对方接受，因此行为人选择相对公平的分配方案，往往能够使双方同时获益。由此可见，在竞争性市场中，行为人通常会采取最大化自身利益的模式，但是在战略合作实验中，行为人不仅关注自身利益，同时关注他人福利，进而采取互惠合作的方式，实现双方利益共同增进。其二，行为人的社会偏好具有个体异质性，并不是所有人都表现出同等的社会偏好，而且影响社会偏好的重要因素是个人效用与社会偏好之间的关联度。如果某种社会偏好严重影响个人效用，那么行为人对这种社会偏好的强度就没有那么高，反之，行为人会表现出较高的社会偏好。比如独裁者博弈和最后通牒博弈，人们往往倾向于公平地对待他人，同时渴望被公平地对待。如果发生不公事件，人们偏好于惩罚这种不公行为，重新构建公平机制。不管这种不公行为是有利于自己，还是损害了自己或者其他第三方，人们都会选择重新构建公平机制。①

由此可见，社会人的行为活动不仅受制于有限理性，而且受制于非理性的情感、情绪。人同时具有自利和利他的天然本性，这些本性不是源自社会伦理或者习俗对人产生的道德约束，而是人脑神经指导人行为活动的显现。从实证角度进一步证实了亚当·斯密的人性科学，并为福利经济理论阐释效率、自由和平等的关系提供理论支撑。

二、可利用的新理论

效用是经济福利货币化的中间桥梁，通过对效用的货币化量度，间接量度人的经济福利，但是效用在西方经济学中，它实际上是人的心理体验，换言之，是人在使用或者享用某种物品或者劳务时的获得感和满意感。当然，人们也会产生不满意感，这种不

① 恩斯特·费尔.社会偏好于大脑.[美]保罗·W.格莱姆齐、[瑞士]恩斯特·费尔、[美]科林·F.卡默勒等主编.神经经济学：决策与大脑[M].周晓林、刘金婷等译，北京：中国人民大学出版社，2014：313－385。

满意感被经济学家称为负效用。虽然物品和劳务的价格能在一定程度上反映它们对人的效用大小，但是由于现实生活中的人并非完全理性。因此，货币化的效用并不能真实地反映人的偏好或者福利状况。除此之外，随着非经济福利维度的凸显，福利经济理论日益转向自由、公平、正义等具有价值判断的研究视域。基于此，人们始终未能找到合适的方法和工具量度人的福利量。随着行为经济学和脑神经经济学的发展，它们的实验工具和方法为福利经济学跨学科研究提供了可能性。

其一，他们把人的行为选择和脑神经反应关联起来，证明人的行为选择源自大脑行为系统的适应性和优化性活动。“为了适应特殊环境和社会中的各种挑战，神经系统自身拥有一整套形态和行为适应机制。”①虽然这些实验数据来自于动物（狒狒），但是，我们同样可以推定人的行为选择确实具有优化性。换言之，社会人像狒狒一样，只具有有限理性，因此，他的行为决策和选择，不可能达到理性经济人的完美最优性，但是他会利用收集到的有限信息，组织和构建多种可能解决方案，最后选择其中优化性最高的那种方案。比如经济学家通常依据人的消费组合推定人的偏好排序，然后依据这种偏好排序的商品组合，衡量人的福利水平。这样一来“价值”和“最优化”概念就成为经济学家描述人的行为选择和福利效用的核心框架。在这个框架基础上，他们进一步构建符合消费者效用最优化的福利组合。换言之，价值表

① 迈克尔·普拉特、卡米洛·帕多亚·斯基帕.价值的神经元表征.［美］保罗·W.格莱姆齐、［瑞士］恩斯特·费尔、［美］科林·F.卡默勒等主编.神经经济学：决策与大脑［M］.周晓林、刘金婷等译，北京：中国人民大学出版社，2014：653。

征成为经济福利量度的首要问题。

神经经济学发现眶额皮层和经济价值判断之间存在着密切联系。大脑中的眶额皮层神经元能够对人的经济选择进行经济价值编码或者评价。“该神经元编码了选择的果汁的价值本身，与猴子用来作出选择的动作无关……对超过95%的眶额皮层神经元而言，其活动独立于选择的视觉——运动关联。”①这意味着人选择某一事物，是基于这个事物自身的价值，而非其他因素，而且神经元能够对事物的价值进行编码。这个价值编码，要么呈现出具体的确定值，要么是表征价值大小的排序。无论是何种价值编码效果，对于基数效用来说，都具有正面的影响和意义。如果价值编码是确定值，那么我们就可以由个人经济福利量加总出社会福利总量，而且不同人之间的效用比较也变得轻而易举。如果神经元编码的价值只是一种大小排序，那么基数效用同样可以依据这种价值排序，进行人际间效用比较，然后根据社会福利函数确定社会福利组合优化解。

神经经济学家得出两种价值编码结果。“Tremblay和Schultz的结果表明眶额皮层神经元编码果汁的相对偏好(即序值等级)；Padoa-schioppa和Assad的结果表明眶额皮层神经元以基数感的方式编码价值。”②正如上文分析，无论是序数编码价值，还是基

① 迈克尔·普拉特、卡米洛·帕多亚·斯基帕.价值的神经元表征.[美]保罗·W.格莱姆齐、[瑞士]恩斯特·费尔、[美]科林·F.卡默勒等主编.神经经济学:决策与大脑[M].周晓林、刘金婷等译,北京:中国人民大学出版社,2014:659。

② 迈克尔·普拉特、卡米洛·帕多亚·斯基帕.价值的神经元表征.[美]保罗·W.格莱姆齐、[瑞士]恩斯特·费尔、[美]科林·F.卡默勒等主编.神经经济学:决策与大脑[M].周晓林、刘金婷等译,北京:中国人民大学出版社,2014:662。

数编码价值，神经元对经济价值的编码与其他选项无关。虽然神经元价值编码活动与经济选择是否具有确定的因果关系，需要进一步确证和研究，但是这种价值编码活动为人的选择偏好传递性提供了证明。

眶额皮层神经元会对人的经济选择对象进行价值编码，而人脑中的顶叶皮层则会把人的经济选择转换成货币量度。“这些研究发现，基于价值的决策以通用货币的方式运作，与所考虑的形态或它们激发的行为无关……即大脑将不同选项的信息转化为以通用货币量度的价值，使得这些选项可以进行比较和评估。”①这意味着物品或劳务的价格确实可以表征这一物品或劳务带给人的效用大小。现代经济福利的货币量度方法是可行的，而且是科学的。因此，可以依据消费者的消费偏好和消费价值大小，衡量人的经济福利水平。

不过，这里强调的是人的经济福利，并非人的全部福利。随着社会经济的发展，人类必然趋向于总体性福利，即不仅包含经济福利，而且包含非经济福利，而且，后者越来越成为影响人的实际生活质量的重要因素。后一个问题是接下来要讨论的，即大脑神经中枢中是否存在着量度非经济福利的神经元反应呢？

自由权利的价值视角，作为非经济福利维度的典型表现，它认为效用标准不能真实地反映人的实际生活状态。因此，在考察人的生活质量时，应该同时考察效用和效用的转化能力。如果一

---

① 迈克尔·普拉特、卡米洛·帕多亚·斯基帕.价值的神经元表征.［美］保罗·W.格莱姆齐、［瑞士］恩斯特·费尔、［美］科林·F.卡默勒等主编.神经经济学：决策与大脑［M］.周晓林、刘金婷等译，北京：中国人民大学出版社，2014：665。

个人不具有转换效用的实质自由，那么他所拥有的财富量并不能真实地反映他的实际生活质量。实际上，这是公平、正义和平等的视角，考察人把所拥有的物质效用转化为实际生活效用的自由和能力。然而这个视角遭遇的难题是：公平、正义和平等是一种价值判断，不同的人具有不同的看法和认识，无法确定统一的标准。因此，它的实践指导能力被限制和削弱。

前景理论①、禀赋理论、损失厌恶和不公平厌恶理论②为分析这种公平、正义和平等价值判断问题提供了理论支撑。这些理论来自于行为实验和脑神经实验等数据分析，前文对行为实验模式和数据进行了比较详细的分析，这里主要论述神经元反应实验对公平、正义和平等价值判断的影响。如果说，在此之前，人们对公平、正义和平等的价值判断是基于社会伦理和道德规范的立场，那么，由此之后，人们认识到这些价值判断是基于科学和证实的数据分析。

SanFeynman et al.和 Golnaz et al.利用功能性磁共振成像检测被试者在一次性博弈实验中的脑神经反应，比如，前额叶皮层和前脑岛的活动情况，来分析人们关于“不公—公平”的评价结果。

---

① 前景理论是由卡尼曼和特沃斯基在行为实验数据的基础上，对效用函数和期望效用函数的一次修正。按照传统的效用函数，人们的幸福感或者经济学家所说的“效用”会随着财富的增加而提高，但提高的速度是递减的。卡尼曼和特沃斯基的前景理论，为人们提供了另外一种预测方法。即损失效用与获得效用并不是对等相等的，实际上，损失效用通常是获得效用的 2.5 倍。[美]理查德・塞勒著：《“错误”的行为》，王晋译，北京：中信出版社，2018 年。[美]理查德・塞勒、卡斯・桑斯坦著.助推——如何做出有关健康、财富与幸福的最佳决策[M].北京：中信出版社，2018 年。

② 不公平厌恶理论实验模型，其中一类模型在人类的效用函数中加入对不公平的厌恶这一变量。Fehr and Schmidt，1999；Bolton and Ochenls 2000。随机收入博弈，Dawes et al.，2007。

这些实验主要有独裁者博弈实验、最后通牒博弈实验或者第三方惩罚博弈实验。当前额叶皮层被激活时，人们对于不公平分配方案的接受度提高。换言之，前额叶皮层神经元会降低人们对不公平分配方案的不满度，进而接受这种不公平的分配方案。当前脑岛神经元被激活时，人们往往会拒绝不公平方案，接受惩罚性的收益后果。即使这种惩罚会降低自己的收益，行为人也会坚持公平理念，惩罚不公平行为。正如萨拉·布罗斯南论述的那样，"在囚徒困境博弈中，当分配方案发生不公平时，发现了与情绪加工相关的前脑岛和与认知过程相关的背外侧前额皮层的激活。当个体拒绝不公平提议时，前脑岛的激活增强，可能表明了共情的情绪唤起"。[①]这表明不公平厌恶行为，是一个复杂的行为，它可能经历一系列的不同阶段，有些是理性的认知，有些是情绪的反应。在每个阶段，行为者的反应都是基于自身利益，但是，最终却表现出不公平厌恶行为。即行为者要么矫正对自己的不公平，要么矫正过度补偿，惩罚导致不公平行为者。然而，这里需要强调的是：如果行为者仅仅是矫正对自己收益的不公平行为，那么这还不是公平或者正义的表征，只有行为人对过度补偿进行纠正时，才涉及公平或者正义。后一种纠正行为一旦发生，不公平往往涉及第三人，而不是个人收益。尽管纠正不公平补偿，行为人自己有时也会付出代价，但是行为人还是会纠正过度补偿造成的不公平现象。当涉及这一层面的不公平矫正时，人们对不公平

---

① 萨拉·F.布罗斯南.非人类灵长目动物对不公平的反应.[美]保罗·W.格莱姆齐、[瑞士]恩斯特·费尔、[美]科林·F.卡默勒等主编.神经经济学：决策与大脑[M].周晓林、刘金婷等译,北京：中国人民大学出版社,2014:427。

的纠正和反应，往往也会涉及慈善和捐赠等行为。因此，这些实验进一步证实公平、正义和平等的价值判断源自人的脑神经反应，而且可以通过脑神经反应元的激烈程度，评价不公平的程度。

综上，行为经济学和神经经济学实验方法和结论，为福利经济理论的跨学科研究开辟了新视域。在未来研究中，可以把福利经济学与哲学、社会学和心理学连接起来，从理论上突破经济福利单一向度的研究，从实践上指导增进社会人总体性福利的具体路径，进而把人的行为选择、心理安全机制和脑神经意识活动统一到实践活动中，探索个体行为活动、国家集体实践活动和人类社会历史活动的深层主导机制。

第二节　经济福利的实践创新

虽然，保罗·格莱姆齐认为，我们“描述的是选择的神经机制，而不是体验幸福的神经机制……相反，我们对引起个人主观幸福感的神经回路所知甚少”①，但是，神经经济学的实验数据向人们展示了这样一种充满希望之光的可能性。即人的选择与人的脑神经回路之间具有确切的对应关系，至于如何在人的主观幸福体验与脑神经回路反应之间架起桥梁，这是未来社会科学持续研究的方向。在当下阶段，在现有理论基础上应该尽量拓展实现

① ［美］保罗·W.格莱姆齐.通向标准的 back-pocket 模型.［美］保罗·W.格莱姆齐、［瑞士］恩斯特·费尔、［美］科林·F.卡默勒等主编.神经经济学：决策与大脑［M］.周晓林、刘金婷等译，北京：中国人民大学出版社，2014：749。

人幸福生活的可能空间。其实，在现代社会中，实现人的自由自觉的幸福生活，是一件遥不可及之事，但是，现代社会是人类实现自由自觉幸福生活的必经阶段。因此当下应该做的是：利用现有经济理论指导人类社会实践，推动人的实际生活质量获得最大程度的提升，为超越资本逻辑创造前提条件。人类福祉每前进一步，人类就向自由全面发展趋近一步。

一、有限理性之调试

有限理性概念最初由肯尼斯·J.阿罗提出，他认为有限理性是指人的行为是有意识理性的，但这种理性是有限度的。这种限度，一方面源自人类所处的复杂环境。在交往关系中，人们面临的是一个复杂的、不确定的环境，而且交往范围越大，交往形式越多，交往频度越高，信息也就越不完全，环境的不确定性就越大。另一方面源自人对复杂环境的计算能力是有限的。面对变动不居的现实世界，人在认知、精力和实践有限的情况下，他不可能找到行为选择的最优解。赫伯特·西蒙在此基础上，通过人类心理认知实验进一步确证人的有限理性，并提出管理人概念代替经济人概念。他指出参与经济活动的当事人，不仅需要面对复杂的环境约束，而且还受到人自身认知能力的约束。即使经济活动当事人能够精确地计算每一选择的成本收益，但是他也很难精确地作出最理性的选择。因为经济活动当事人无法准确地了解自己的偏好次序。[①]除了赫伯特·西蒙，

① [美]司马贺著.人类的认知——思维的信息加工理论[M].荆其诚、张厚粲译，北京：科学出版社，1986。

哈耶克在《感觉的秩序》一书中，也指出人的心智活动决定人的行为活动。人的心智表现出两种并行的反应机制：一种是人的大脑的物理结构是人类行为的共同基础；二是各个人对具体环境的反应以及他的经验积累会导致不同的人的心智朝向不同方向演化，进而引导人们在现实活动中采取不同的反应方式。①

这些理论使经济学家和心理学家对人类行为的理性和非理性因素产生兴趣。随着心理学、认知科学的发展，尤其是实验工具和手段的进步，人们收集到大量可靠的实验数据。赫伯特·西蒙在分析这些数据的基础上，得出结论：人的活动只是建立在有限理性基础上，完全理性的假设远远偏离人的现实活动以及人的心理认知。此类活动，尤其是经济活动，除了受经济人自利偏好影响外，还受行为人利他偏好的影响。人们在追求自利偏好的同时，还会关注公平偏好。即人们追求社会财富分配的公平正义性。比如 Kaheman et al.和 Henrich et al.以及 Clark and Grote 等心理经济学家，通过分析博弈实验中被试者的行为实验数据，发现人们的不公平反应是非常强烈的。当人们遭到不公平对待时，人们往往会采取报复性手段惩罚不公平行为实施者。即使这种惩罚不公平实施者的结果并不一定有利于自己的利益，人们也会倾向于支持惩罚不公平行为者，而且这种不公平厌恶的反应或者情感是跨文化的。“近年来，在行为和神经活动层面的研究中，都将这种对不公平的厌恶与情绪与理性的加工过程

---

① F.A. Hayek. *The Sensory Order: An Inquiry into the Foundations of Theoretical Psychology*. University of Chicago Press, 1999.

联系起来。”①

有限理性的调试，意味着人们在构建福利经济理论时，不再以理性经济人为前提，而是试图构建符合社会人行为选择的理论模型，以此指导人的行为活动和国民经济活动。基于此，当前福利经济理论趋向双重路径发展。一种是沿着人性社会伦理和道德规范的路向，复归亚当·斯密的道德科学。把经济学与伦理学、哲学联系起来，重新构建福利经济理论的伦理价值维度，进而推动非经济福利向度的发展。另一种是沿着心理经济学、神经经济学的发展路向，走向科学实证的维度。以人的心理和脑认知的实验数据和模型为依据，从实证角度，阐释人性具有自利和利他的双重向度，进而指出在福利实践中，国家或者政府具有举足轻重的作用。

资本社会是人类当下最现实的存在，人们不得不在自由竞争市场机制的范围内，调试福利经济理论和实践。这意味着首先需要回应自由竞争机制下私人生产和公共物品供给问题。按照理性经济人假设，私人生产是资本逻辑逐利的实践活动。换言之，经济生产活动的目的是增进资本利润，至于社会效益和人的自由发展维度则不在私人生产考虑范围内。按照有限理性假设，私人生产，一方面受制于特定社会环境，同时还受制于管理人的有限理性。由此可见，当人们对私人生产的认知超越资本逐利的框架，进而站在社会效益和人的发展立场时，人们的行为决策和活

① 萨拉·F.布罗斯南(Sarah F. Brosnan).非人类灵长目动物对不公平的反应.[美]保罗·W.格莱姆齐、[瑞士]恩斯特·费尔、[美]科林·F.卡默勒等主编.神经经济学：决策与大脑[M].周晓林、刘金婷等译，北京：中国人民大学出版社，2014：722。

动的目的将会转向增进人类福祉和自由生活。这种有限理性的认知和反思,正是西方福利经济学跨学科发展的根本成果。它有利于构建现代人心理安全模式和幸福体验机制。如果私人生产和公共物品供给处于平衡状态时,那么政府在协调市场经济扩张和社会自我保护时,也会基于理性和民主的行为选择。换言之,人们对自我认知界限的确定,同时影响着人们对环境界限的确认。当人们认识到现代世界环境的核心是不确定性时,在实践活动中,他们会追求把握不确定性中的确定性。实际上这种变化中的不变,是保障人们体验幸福生活的根本路径。无论是从理性理智的角度,还是从感性情绪的角度,人们的幸福体验和心理安全,实际上就是对确定性的把握和获取。当人们认识到不确定性是一切事物的根本特性时,那么在不确定性中把握确定性就变得有迹可循,有章可依。生产是有限理性指导下的生产,消费是有限理性指引下的消费,那么政府的行为活动就显得必不可少。而且政府作为由有限理性个体构成的集体,它具有超越有限个体把握确定性的优势。政府集体具有消除个体自由与社会自由对抗与矛盾关系的作用,把个体自由与社会自由统一到人们的社会实践活动中。不过,这里需要说明的是:在资本社会中,由于资本逻辑是其主导逻辑,人是资本的人格化,政府集体权力往往会被资本收买,成为资本增殖的工具,因此在利用政府权力推动个人自由与社会自由实现统一的过程中,人们需要时刻警惕政府权力的资本化趋向。

有限理性的调试对个人福利而言,主要表现在化解虚假欲望和虚假消费对人们生活质量造成的影响。换言之,利用人的行为实验数据和脑神经实验数据，分析何种消费组合的效用量最大，引导人们在实际生活中优化消费行为。从人性的社会伦理和道德规范角度来说，人们的幸福生活实际上取决于人们向内省察的程度。换言之，当人的绝对需要得到基本满足之后，经济福利达到一定“门槛值”或者“瓶颈”时，物质生活的消费和满足无法进一步提升人的幸福感受和心理愉悦体验，那么，内在的心灵修养和精神享受就成为影响人们生活质量的重要因素。正如亚当·斯密所言，对处境的适应是幸福能力的开始。“幸福存在于平静和享受之中。没有平静就不会有享受；哪里有理想的平静，哪里就肯定会有能带来乐趣的东西”①。这种平静和乐趣如何才能实现呢？资本逻辑主导下的私人生产只能为人类提供大量的物质生活享受，而且为了满足资本逐利的目的，它会在人的绝对需求和欲望得到满足之后，利用广告和推销术创造出虚假需求，刺激人们持续地沉溺于物质感官享受。因此从这个角度来说，资本逻辑主导下的社会，在增进人们经济福利的同时，也消解人们的非经济福利。基于此需要调试人的虚假需求和虚假消费，把人从资本逻辑的控制中拯救出来，为现代人设计一种符合人性需求的生活模式。

从人类历史发展的角度来讲，这种符合人性的生活模式是历史的，也是现实的。正如凯恩斯在20世纪30年代，曾经这样预言：“假如日后没有重大的战争事件，人口也没有大规模地增加，那么，经济问题很可能会在100年之内得到解决，或者至少在

---

① ［英］亚当·斯密著.道德情操论［M］.蒋自强等译，北京：商务印书馆，2006：180。

100年之内有解决的希望。这就意味着，如果我们展望未来，可以看到，经济问题并非是人类永恒存在的问题。”[①]换言之，人类有史以来面临的饥饿、贫困和经济生活的贫乏与苦难将不再是人类生活的主题，人类社会将达到一个物质非常丰裕的时期，人类的需要将得到最大程度、最全面的满足。虽然，凯恩斯也承认人的需要是无止境的，但是他把人的需要区分成两种：一种是可以得到完全满足的需要；另一种是无法得到完全满足的需要。前一种需要是人们绝对的生理需要，后一种是人们非必需的社会需要。前一种需求是有限度的、可满足的，后一种需求是无限的、不可满足的。人类的经济问题和生存竞争指的是前一种需求的满足。如果超过人类需要的生理限度，将会给人的生理器官带来负效用，而且人们也会理智而审慎地对待这种生理需要，以便将其控制在生理器官能够承受的范围内。但是，后一种人类需要，即由于社会关系而引起的需要，它既是有限的又是无限的。所谓有限性是指一定的社会经济发展水平决定社会总福利量，而无限性是指同一社会中的同一等级以及不同等级之间的福利水平是不确定的，因而各等级的个人需求是无限制的。实际上它是人处于不同处境的幸福能力问题，“对比不同处境的后果：贪婪过高估计贫穷和富裕之间的差别，野心过高估计个人地位和公众地位之间的差别，虚荣过高估计湮没无闻和闻名遐迩之间的差别”。[②]这种因社会地位差别对比产生的需求是无止境的，而这正是人类生活不幸和混乱的根源。

---

① ［英］约翰·凯恩斯著.劝说集［M］.李井奎译，北京：中国人民大学出版社，2016：212。

② ［英］亚当·斯密著.道德情操论［M］.蒋自强等译，北京：商务印书馆，2006：180－181。

对于这种需求，我们又该如何对其调适呢？换言之，如果，人类生活的主题不再是经济问题，不再是生存竞争，人们能否从根深蒂固的习惯和本能中解放出来，构建一种新的心理安全机制和幸福体验模式呢？经济学家凯恩斯“一念及此……隐然有畏惧之感”①，更何况我等芸芸众生尔。然而，他还是给了一些指引，即“绝对的需要得到满足时，我们就会改变意图，把精力投放在那些非经济的目的上去”②，换言之，“当人类从迫切的经济顾虑中解脱出来之后，将怎样来利用他的自由……明智而惬意地生活下去”③。凯恩斯如是启发人们：经济活动的意义不在于财富的积累，尤其是工作成为人类享受自由和闲适的一种途径和方式。因为“在此后的很多年中，我们身上的劣根性还是会那么地牢不可破，所以，对于任何一个人来说，要使他生活得舒心畅意，那就得让他做点工作”④。社会道德的评价标准将会发生彻底的转变，“当积累财富不再具有那么大的社会重要性时，我们先前的道德准则也将会发生重大的变化”⑤。

先贤们已经给予人们最明确的指引，然而，资本社会的总逻辑把属人的一切关系规制在资本逐利活动中，人们依然胶着于经济扩张和社会保护的张力关系中。如何超越资本逻辑的框架，成为人们现实地构建符合人性的生活模式的关键。西方福利经济

---

① ［英］约翰·梅纳德·凯恩斯著.劝说集［M］.李井奎译，北京：中国人民大学出版社，2016：212。

② ［英］约翰·梅纳德·凯恩斯著.劝说集［M］.李井奎译，北京：中国人民大学出版社，2016：211。

③④ ［英］约翰·梅纳德·凯恩斯著.劝说集［M］.李井奎译，北京：中国人民大学出版社，2016：213。

⑤ ［英］约翰·梅纳德·凯恩斯著.劝说集［M］.李井奎译，北京：中国人民大学出版社，2016：214。

理论和实践对此作出了最大的努力和尝试，然而作为资本社会存在的意识形态反映，无法超越资本社会的现实存在。不过，人们也不必因此得出悲观的结论：放弃构建这种符合人性的生活模式。因为每一种生活方式，虽然受制于社会现实存在，但是，社会现实存在也会为生活模式的突破孕育新的力量。现代社会的每一次小小的进步，都意味着更近地趋向资本社会的界限。

二、国家全方位的助推

无论，人们如何批判市场机制，它都是人类当下最重要的经济秩序。它把经济、政治和社会统合到市场经济体制之中，推动社会生产力高度发展，社会经济财富迅速积累。资本构成人类当下根本的存在方式，无论人们如何批判它、反抗它，只要想获得这种存在，必须参与市场，融入市场。市场机制成为人类活动的前提和基础，资本成为人类存在的高度抽象化。因而，在资本社会中，应该充分发挥市场机制双重动向的最大潜力。即在遵从自由竞争原则的前提下，推动社会生产力的极大发展，最大程度地增进社会财富总量。同时，在社会保护动向中，缓解经济秩序对社会秩序的异化程度。其中，国家既可以投向市场怀抱，以资本逐利为目的，也可以投向社会向度，推动人的幸福实践。至于，如何利用国家力量，成为构建合乎人性的生活模式的关键。融合时期的福利经济理论主张由国家实施全方位的“助推”①计划，既保障

① 所谓助推指的是，我们可以采用一种“自由意志的家长制”，改善人们的最终决策。自由意志是指我们要保留人们自主决策的权利，家长制是指我们可以适当地影响人们的决策过程，好让他们做出对自己更为有利的选择。［美］理查德·塞勒，卡斯·桑斯坦著.助推——如何做出有关健康、财富与幸福的最佳决策［M］.北京：中信出版社，2018：15。

市场经济的自由竞争性，又保障社会自我保护的公平正义性，同时，推动政治民主自由化。这种“助推”行为被理查德·塞勒称为“自由主义的温和专制主义”。①

国家的“助推”实际上是指国家处理市场、社会和个人三者的关系。比如，国家对养老金计划的助推，“明天储蓄更多”计划依据社会人的行为方式和原则，国家只需要改变养老金默认设置，就可以大大提高人们储蓄的比率，而且，这种助推的前提是自愿加入。换言之，自由选择是助推的根本性前提。助推不仅涉及自由竞争的市场秩序，同时更加注重协调个人福利保障以及社会秩序的稳定。然而，这里不打算细化国家的助推行为，而是从政府与市场的关系视角，宏观地把握国家“助推”产生的影响。虽然，当前的行为经济理论主要应用于微观经济学领域，随着它的进一步发展，最终将走向宏观经济领地，并起到举足轻重的作用。正如保罗·格莱姆齐所言，“我们大胆地认为，近二十年来逐新兴起的行为经济学不是区别于主流经济学的分支流派，而是对主流经济学的历史顺承与演进，是主流经济学在21世纪的前沿发展理论”②。这里应该首要关注政府和市场的协调关系问题。

政府与市场的协调关系，一方面是市场经济扩张的内在需

---

① 所谓自由主义的温和专制主义是指由理查德·塞勒提出的一种利用政府的社会影响力，助推人们做出有关健康、财富与幸福决策的方法。这种方法一方面强调政府行为的家长制，同时又强调个人选择的自由自主性。政府只是依据社会人的有限理性模式，通过设计具体的行为选择方案，引导社会人自由地做出最有利社会人健康、财富和幸福的行为选择。［美］理查德·塞勒、卡斯·桑斯坦著.助推——如何做出有关健康、财富与幸福的最佳决策［M］.刘宁译.北京：中信出版社，2018。

② ［美］保罗·W.格莱姆齐、［瑞士］恩斯特·费尔、［美］科林·F.卡默勒等主编.神经经济学：决策与大脑［M］.周晓林、刘金婷等译，北京：中国人民大学出版社，2014：3。

要，另一方面也是社会保护的必然要求。因为市场预期的活动主体是理性经济人，所以，市场经济的活动，包括生产、消费和分配都基于这个假设展开。这也是为什么以市场上可以交换的一切商品和劳务，作为衡量社会经济发展的指标，以个人消费效用的总和作为衡量社会福利的指标。然而，参与经济活动的个人，并非总是理性审慎地选择和消费，他总是受非理性因素的干扰与左右。比如市场情绪与盲从心理。此外，用经济增长的 GDP 衡量国民生活水平越来越受到人们质疑。2018 年诺贝尔经济学获得者之一——诺德豪斯认为 GDP 不是一个合适的度量指标。用 GDP 这个指标来度量经济增长，会低估科学技术进步带来的成果。①如此而言，用个人消费效用衡量个人福利水平同样受到质疑。然而，由于这种量度方法的便捷性，即使它不能真实地反映人们的实际生活水平，我们依然采用这种传统量度标准。不过需要注意的是，这种衡量指标反映的只是人的一部分福利，除了消费者效用函数之外，还需要考察个体福利的其他组成部分，尤其是非经济福利部分。

政府调控的前提假设与市场经济的假设正好相反，它不相信人们的活动和选择是完全理性的，因而，政府对生产系统和分配系统进行调控。生产系统方面，它对土地、劳动力和资本（货币）进行调控与监管。这就使得市场经济所需的基本要素处于非自由竞争状态。从利处来说，这种调控避免了市场经济的极端波动与冲突。然而，从弊处来说，市场经济的生产效率和活力受到制

---

① http://www.ftchinese.com/story/001079737#ccode=iosaction.2018.10.12.

约和限制，无法发挥出最大生产效率影响社会生产力的快速提升和社会财富的发展与积累。而且，政府在调控生产系统时，总是出现政府失灵现象。正如兰迪·西蒙斯所言，“政府并不能轻易地矫正市场失灵，实际上，他们常常把事情弄得更糟……选民、政客、官僚和社会活动积极分子，这些人认为他们是在促进公共利益，但实际上，他们是被一只看不见的手引导着在促进利益而不是公共利益”①。

另一方面，政府调控社会分配系统。因为公共物品供给不足，私人生产活动社会成本过高，社会经济领域爆发周期性衰退，以及消费者权益无法得到保障，财富和收入分配不公平现象频频发生，对此，政府调控的方法如此唾手可得，因此，政府在社会分配系统方面发挥着强大的调控作用。它主要协调公共物品供给不足、消费者权益，以及对社会财富和收入分配。因为在自由竞争的市场机制下，市场主体同时包括个人、企业和政府，他们在公共品供给和消费者权益保障方面的责任和作用各不相同。因此，如果政府不调控个人和企业对公共物品供给的贡献率，那么自由竞争机制会放大个人、企业和政府在公共品供给中的权利与责任的不匹配程度，造成私人生产始终处于优先地位，公共物品供给匮乏。最终的结果是：私人生活富足，公共物品供给陷入贫乏。这意味着社会贫富差距拉大，社会财富集中在少数人手中，大部分人处于非自由状态。而且，正如马克思批判的那样，现代国家建立在特殊利益和共同利益矛盾的基础上，为了维护特殊利益，

① [美]兰迪·T.西蒙斯著.政府为什么会失败[M].张媛译，北京：新华出版社，2017：56。

"共同利益才采取国家这种与实际的单个利益和全体利益相脱离的独立形式,同时采取虚幻的共同体形式"①。这意味着当公共物品供给陷入贫困境地时,现代国家很容易被资本收买,投向资本怀抱,为资本增殖服务。因此,我们必须铭记一点:个人是责任个人,政府是责任政府。个人、企业和政府既享有一定的权利,同时也承担相应的义务。个体主动参与市场竞争,充分发挥个人能力与天赋,获得社会资源的初次分配。政府提供良好的自由竞争环境,为个人进入市场提供平等的机会,同时政府监督企业承担相应的社会责任。除此之外,政府作为市场协调者,具有公共责任性和统筹性。对具有公益性质的公共物品供给,政府应该协调个人与企业,个人与社会承担与其权利相适应的责任,由个人、企业和政府共同承担这部分公共物品的供给。对公共物品中的公共品部分,政府应该较少引入市场机制,独自完全负责。比如社会安全网的建构,尤其是防止外部侵犯与内部侵害的军队和警察,以及司法等。除此之外,社会安全网还包括为所有居民提供人身、财产的安全保障,以及应对疾病、失业和年老等风险的保障。②这部分社会安全网由政府主导,个人、企业、社会组织共同承担。由此可见,当个体单元无法应对社会、经济风险时,政府则需要提供最基本的保障。当企业经济效率和社会效益矛盾时,政府需要监督企业承担其相应的社会责任和义务。个人责任原则促进个体劳动效率提高,个人福利水平随之增进。政府责任原则保障公平公正地推进社会财富分配,降低社会不平等程度,进而

---

① 德意志意识形态(节选本)[M].北京:人民出版社,2003:28。

② 金碚.论民生的经济学性质[J].中国工业经济,2011(1):5-14。

提升社会总福利水平，维持效率和公平关系的平衡。

但是，我们需要注意这个矛盾现象：政府转移支付的初衷与其最终效果相背离。如果政府转移支付实现了它最初的目的，达到平衡公共品供给不足、保护消费者权益、协调社会财富和收入不平等现象，那么，政府调控不仅推动分配系统的和谐发展，而且，还为生产系统提供源源不竭的动力。如果政府的转移支付只是富人之间的倒腾游戏，那么政府不仅没有实现它对分配系统的调控效应，而且，还会损害生产系统的经济效率。换言之，政府调控既危害社会保护的公平、正义和平等，而且还损害市场经济的效率和社会财富的增进。最终政府成为众矢之的，无所遁形。

三、闲暇时间与自由生活

凯恩斯在 20 世纪 30 年代曾如此预言："假如日后没有重大的战争事件，人口也没有大规模地增加，那么，经济问题很可能会在 100 年之内得到解决，或者至少在 100 年之内有解决的希望。这就意味着，如果我们展望未来，可以看到，经济问题并非是人类永恒存在的问题。"①所谓经济问题是指关涉人类基本生存竞争的问题。这个问题的解决意味着，人类生存生活不再受到饥饿、贫困等苦难的影响，人的实践活动不再以创造财富、保障人们基本物质资料充足供应为目的，而是转向了人的自由全面发展。实践活动是人的生命存在的确证，也是人的生命价值和意义的现实化过程。换言之，在未来人类社会中，个人自由与社会自由实现

---

① [英]约翰·梅纳德·凯恩斯著.劝说集[M].李井奎译，北京：中国人民大学出版社，2016：212。

统一,人的实践活动与社会财富创造活动统一于人的自由全面发展。人的生活是一种整体性生活,经济的、社会的和政治的秩序不再是矛盾和独立的。我们称之为"丰裕而有闲的社会"[1]。虽然这是对未来社会的设想,人类当前所处的阶段是资本社会,资本与社会处于矛盾对立中,人的自由与社会自由处于分裂境地,但是,这并不是说人们应该放弃努力,而是说人们应该坚持进取。因为,人类历史的每一次进步,都是在当前社会生产力发展的基础上发生的。随着资本社会经济的发展,人们逐渐看到实现人的自由全面发展的希望之光。尤其现代科学技术的进步,为人类争取更多的自由闲暇时光。正如马克思所言,"时间是人的积极存在,是人的生命尺度,是人的发展空间……人的差距在于对业余时间的支配上"[2]。然而,资本社会中的闲暇时间与马克思的自由时间不尽相同,这是因为资本社会发展的主观目的是资本增殖,人的闲暇或者自由时间是资本社会发展的客观效果,人们对如何利用这种闲暇时光茫然无措,因此,需要在资本逻辑限定的范围内,进一步探讨和引导人们如何利用这份闲暇时光,以形成人与社会和谐共进的良性互动关系。

闲暇是市场经济扩张的必然结果。随着科学技术的发展,人们从繁重而有损人体健康的劳动中解脱出来,同时人类从事生产劳动的时间得以缩短,为人的自由发展创造出更多的闲暇时间或者自由时间。现代科学技术提高人的劳动生产效率,在相同的时

① [英]约翰・梅纳德・凯恩斯著.劝说集[M].李井奎译,北京:中国人民大学出版社,2016:213。

② 马克思恩格斯全集(第47卷)[M].北京:人民出版社,1979:532。

间内，创造出更多的社会财富，从某种程度上来说，这是对人的生命时间的节省。时间的节省意味着人们拥有更多闲暇时光和自由时间。实际上，时间和劳动是人的生存生活的一体两面。为生存生活付出更多劳动时间，人的自由时间被缩短。当人把更多的时间投入到生产劳动中时，为资本社会经济的发展创造出更多财富和自由，但是人自身失去更多的自由时间。社会自由与人的自由处于对立之中，这是由现代社会的本性决定的。只要资本逻辑是现代社会的主导逻辑，只要社会生产的目的是资本增殖，而不是人的自由发展，那么人的劳动生产力越强大，社会自由越广泛，个人自由时间就越少，个人自由越受限。不过随着现代社会的进步，科学技术和资本复利的力量，客观上为人类创造出大量的闲暇时间。与之相应的问题是："人性很难快速地改善，在学会善于利用闲暇这方面比任何方面都要慢。各个时代，各个国家以及各社会阶层，懂得利用闲暇的人比善于工作的人要少得多。"①

利用闲暇不仅是人的一种能力。实际上，正如马歇尔担忧的那样，它实际上涉及人的本性问题。人性的改变是很难快速完成的，这意味着改善人利用闲暇的本性是一个缓慢的历史进程。人性的改变是时代转换的结果，如同资产阶级时代以前一样，人的自利本性一直处于神性的高压状态中。如果一个人为自我利益生产、创造和积累财富，简直是冒天下之大不韪，是背叛上帝的表现，他将永堕地狱。在资产阶级革命之后，人的自利本性成为现代社会经济发展的根本动机之一。实际上，人性并非不可改变，

① [英]阿尔弗雷德·马歇尔著.经济学原理[M].宇琦译，长沙：湖南文艺出版社，2012：534。

在时代的转换中，人性会随之改变。然而，当下是资本社会时代，至于这个社会阶段还能持续多久，人们无法预测。因此，当时代环境没有根本转变时，人们不期望人性的根本性转变，但是，这并不意味着人们对此毫无作为。正如马歇尔所说："只有令人们获得利用闲暇的自由，人们才能学会正确合理地利用闲暇。"①因此，人们当前应该利用科学技术和资本复利的力量，为人们争取尽可能多的闲暇时间。让人们拥有更多的闲暇自由，为培养人利用闲暇能力提供基本前提。

从社会发展的事实来看，人们获得闲暇的时间越来越多，尤其在发达国家，人们从事工作时间的长度相比之前已经大大缩短。即使在发展中国家，工作时间与资本主义社会发展之初相比，人们也拥有较多的闲暇时间。闲暇时间的增加是资本社会经济发展的必然趋势，但是享受闲暇的能力却并不那么容易培养。正如彼得·哈恩所言，"随着时间的推移，工作周变短了，消费者有更多的时间做自己喜欢的事情，但是，这里出现了一个悖论：就是精英、专家、个体户和企业管理者还是要长时间地工作，其他人则看越来越多的电视，但是并没有从中获得快乐，因为这是一种十分不理智地打发时间的方式"②。对这种不理智的闲暇消遣方式，人们可以设计人性化的电视频道默认登录方式，把人们看电视的时间显性化，进而改变人们这种不理智的消遣方式。但这不是根本方式，只是权宜之计。因为人们之所以选择这种不理智的

① [英]阿尔弗雷德·马歇尔著.经济学原理[M].宇琦译，长沙：湖南文艺出版社，2012：534。
② [英]彼得·德·哈恩著.从凯恩斯到皮凯蒂：20世纪的经济学巨变[M].朱杰、安子旺、于东生译，北京：新华出版社，2017：184。

消遣模式，是因为享受闲暇时间是一种需要技巧技能、耐心意志与自律毅力的活动。因此，应该从根本上培养人们的这些优异品质，引导人们理智理性地利用闲暇时间，深度开发人的价值，实现人的生命意义。

其一，推动人们自由自觉的生存意识的觉醒。这种觉醒意味着人们自由地掌握自身的劳动实践活动，它不再依附于资本逻辑，而是以人的自由发展为目的。创造社会财富的劳动实践活动与享受闲暇时间的生活实践活动统一于人的社会活动。私人经济生产受到国家、社会的调控，把人的生产转向非经济目标，是推动人们生存意识觉醒的根本活动。当然这种转变必将遭遇资本逻辑的阻碍，然而，任何新的社会关系的产生都源自旧的社会存在的变化。福利经济理论和实践的发展历程正是这种变化的体现。福利经济理论在其发展之初，就深切地提醒人们“没有人会假定经济福利即等同于全部福利，或者政府应该严格地追求它而不顾及其他利益——诸如自由、家庭的愉快、心灵的追求等等”①。随着资本社会经济的深入发展，当经济福利水平达到“门槛值”或者“瓶颈”时，人们确实转向关注人的全部福利，而且，当前福利经济理论转向更加广阔的视域，从综合性视角，寻找解决人的全部福利问题的方法和路径。尤其是当它把经济学与伦理学、哲学和心理学连接起来时，这为人的自由生存意识觉醒提供了一把钥匙。当经济问题和生存竞争不再威胁人类基本生存生活时，人的心理的、精神的和神性的意识开始活跃起来。资本社

① [英]阿瑟·塞西尔·庇古著.福利经济学(下)[M].金镝译，北京：华夏出版社，2013：702。

会解决人类长期以来面临的生存性威胁，为人的自由意识的觉醒提供了基础和前提，同时它也为人的自由生存设置了界限，人们不可能突破资本社会这一现实界限，但是可以最大程度地扩展这个界限，把它推向极限的临界点。虽然不能超越资本社会的存在，但是可以为未来人类社会的发展创造可能的条件。

其二，自由生存意识一旦觉醒，即使它只是一定程度的觉醒，它也会推动人的实践活动发生转向。即由经济目标转向非经济目标，或者至少推进经济目标与非经济目标协调发展，而不是资本逻辑主导下的以私人经济生产为优先性和首要性。这是因为社会意识源自社会存在，同时社会意识也反作用于社会存在。在资本社会中，虽然人被资本逻辑占有和异化，成为资本增殖的工具和环节，但是人始终是有意识的人，它具有主观能动的力量。现代社会阶段，人的意识能现实地想象："它是和现存实践的意识不同的某种东西，它不用想象某种现实的东西就能现实地想象某种东西。"换言之，人的意识能够摆脱现存世界，去建构指导实践活动的纯粹理论、道德和哲学。尤其是当现存的社会关系与社会生产力之间已经发生矛盾时，人的意识的纯粹理论实际上是对这种现实矛盾的反映。当前资本社会阶段，经济福利水平在发达国家遭遇"瓶颈"，在发展中国家遭遇自然的界限和社会关系的界限。这种现实的矛盾激发人的生存意识的觉醒，进而构建符合人类社会发展的纯粹理论，以引导当下资本社会的发展。

如何推动社会发展转向非经济目标，这是一个宏大的理论和实践工程。就当前福利经济理论和实践的历史经验来说，或许能够提供以下启示：一是，不能仅仅依靠 GDP 指标[①]，衡量社会经济发展与人的实际生活状况，而应该转向综合指标，从市场、社会和国家的平衡关系，衡量人的实际生活状态。换言之，既要从经济效率的角度，评价资本经济生产力和社会财富积累程度，而且还要从社会伦理和道德规范的角度，评价个人自由与社会自由之间的和谐度。更为重要的是，还要从现实个人的视角，评价市场、社会和国家对人的自由价值和生命意义的影响。二是，在资本经济活动中，国家集体作为协调特殊利益与共同利益矛盾的独立存在形式，它具有双重作用，既为资本特殊利益服务，也为社会共同利益服务。然而，如何引导现代国家趋向维护社会共同利益，限制资本特殊利益呢？构建民主理性的国家模式，以大多数人的利益为立场，平衡市场经济扩张与社会保护的张力关系。实际上，这种理性民主国家模式是可期望的。因为历史教训时刻警醒人们：当经济秩序过度发展时，社会自我保护的力量必然持续增强。市场经济与社会保护的张力关系必然恢复到平衡状态，但是，这个恢复过程并不是平静的，要么是经济秩序自身爆发危机，要么是社会秩序或者政治秩序爆发危机，打破经济秩序过度扩张的局势，实现市场经济与社会关系的张力平衡。如果以爆发危机的方式实现二者平衡，那么现代国家必然遭遇灾难。20 世纪的两次世界大战和百年来的 3 次经济危机[②]使西方国家认识到：国家力量如果完全被资本逻辑利用和控制，社会保护趋向会采取激烈的

---

① Easterlin R. Does Economic Growth Improve the Human Lot? Some Empirical Evidence, Published in Nations and Households in Economic Growth.[M]. New York: Academic Press, 1974. Easterlin R. Income and Happiness: Toward a Unified Theory.[J]. *Economic Journal*, 2001.1:65 - 84.

② 指 1929—1930，1998 年和 2008 年 3 次世界性经济危机。

毁灭性方式，打破经济秩序过度发展的局面，进而维护自然的、社会的人类组织。为此，西方国家必须采取主动的方式，积极协调市场与社会关系的张力，以保障国家自身的存在。虽然西方国家始终无法完全站在人民的立场，但是随着人的自由生存意识的觉醒，它也会采取自由、民主和理性的态度，构建市场、社会和现实个人的平衡关系。

其三，闲暇时间源自现代科学技术和资本复利的力量，自由生活源自闲暇时间的获得，而且源自享受闲暇能力的增强。当人们拥有大量的闲暇时间，却不能充分利用这种闲暇时间，而是采取消磨时间的方式，这实际上是在浪费人的生命。现代社会是一个知识和信息爆炸的时代，消磨闲暇时间的途径和方式多种多样，如果想从根本上改变人们的生活习惯，唯有通过教育的方式，使其获得享受闲暇时间的高级能力。否则，无法从根本上改善人们利用闲暇时间的方式。基于此，国家、社会和家庭（个人）需要协调行动，共同构建全民教育学习系统。现阶段，社会教育的重点往往集中于专业技能的培训和生产技能的培训。实际上，“我们应该像培训生产技能一样培训他们进行良性休闲的技能，并为他们提供使用这些技能的机会”①。首先，国家应该为民众个体提供相对公平和平等的受教育机会，尤其是初等教育。初等教育有利于培养民众最基本的个性品质和道德德性。由于个体的能力和天赋各不相同，人们在获得基本教育之后，他们会有意识、有目的地推进高一阶段的教育。社会和家庭分别作为个体生存的

① [美]提勃尔·西托夫斯基著.无快乐的经济：人类获得满足的经济学[M].高永平译，北京：中国人民大学出版社，2008：6。

大环境和小环境，它们对人的影响是持续而恒久的。家庭是个人修养和人格品质的根基，也是构成整体社会的细胞，因此对人产生的影响是深刻而不可改变的。如果国家、社会和家庭形成一个连贯持续的教育系统，这个系统不仅有利于提高国民素质，而且有助于改善国民本性。社会风尚一旦形成，就会成为一种强大的社会惯性，推动社会中的每个人转向良性休闲的方式。社会休闲的商品与服务也会随之变化，进而休闲生产与休闲消费之间形成良性循环。

或许这需要相当长的时间，然而，任何习惯或者习俗的养成，都需要时间沉淀。自由生活是由闲暇时间增进，自由生存意识觉醒和国家实践助推共同推进的。在这个过程中，公平、平等的教育系统起着重要的作用，它不仅有利于增进人的闲暇时间，培养闲暇能力，而且它具有把人的外在活动内化为精神醒悟的力量。

本章小结

随着资本社会经济深入发展，虽然资本社会的生产关系没有发生根本转变，但是社会经济存在的状况持续发展。基于这种社会现实存在的变化，与之相应的经济福利理论发生变化。福利经济理论和实践获得一定程度的突破，逐渐认识到经济福利只是总体性福利的一部分，而且经济福利的提升并不是无止境的，随着经济福利到达“门槛值”，人的非经济福利日益凸显。在融合阶段，这种非经济福利突破传统时期的社会伦理和道德规范维度的阐释，转向心理科学和脑神经科学视域，进一步探索现实个人行为选择模式的心理决定机制和脑神经系统反应机制。这种探索从实证的角度批判经济人假设，从社会人视角，观察和解释社会经济事实，指导国民经济活动，并提出国家具有全面助推社会人作出有关健康、财富与幸福的最佳决策的潜力。

自由权利的视角，指导人们趋向闲暇时间和培养享受闲暇的能力，进而推动自由生活维度的发展，它着重强调国家在资本社会中的角色和作用。国家具有服务资本和社会的双重本性，它既可以以资本增殖为目的发展社会经济，也可以以人的自由生活为目的发展社会经济。至于国家趋向何种角色和作用，在民主社会中，取决于市场、社会和国家三方的较量。因此，在资本社会中，我们既需要利用国家力量发展社会经济，又需要规制国家力量，制约它为资本增殖服务的趋向。

然而，无论经济福利理论和实践取得何种突破，它都无法超越资本逻辑的框架。作为一种社会意识，它不可能超越社会存在现实。不过人作为意识的存在物，他不仅可以现实地意识某种现实，而且可以想象地意识某种现实。关键是只有突破资产阶级经济学的范畴，才能实现这种超越现实存在的能动意识。因此，人们需要从马克思政治经济学的视域，对其进行批判和审视，以便为当下人类生存指引出自由生活的向度。

第五章　马克思主义视域下的批判和审视

福利经济理论由纯粹经济学视角到跨学科视域始终致力于其学科宗旨，“将幸福作为评价这门学科的核心，并将其视为指向人类福祉和不同人所拥有优势的唯一导引”①。虽然，福利经济理论和实践经历了长足的发展和进步，对解决经济福利课题提出了一些可行的路径，然而，由于它的哲学基础和理论前提并没有发生根本转向，其福利实践遭遇资本逻辑的统御。因此，当经济福利达到一定水平，非经济福利课题日益凸显，西方福利经济理论和实践内在地渴望跨学科转向。首先转向心理学视域，期望通过分析心理实验数据，得出关于人的行为选择和心理活动的关联性解说。这种转向的最终趋向是：福利经济理论的研究和突破应该回到亚当·斯密的道德科学视域。“阿尔姆和布尔多提出，行为福利经济学从理论和实践上在研究人与人、人与政府、人与自然的‘心理契约’，只有从整体上回到亚

① [印度]阿马蒂亚·森著.正义的理念[M].王磊、李航译，北京：中国人民大学出版社，2012：254。

当·斯密的道德科学的视角上，福利经济学才能实现研究指标的真正统一”①。这是因为亚当·斯密的道德科学同时包含人性的两面，经济人与道德人统一于人的行为活动。换言之，人的行为活动统一于人的劳动实践，而劳动实践正是马克思现实个人开展的现实劳动，即包括生产、交换、消费和分配在内的整个实践过程。从这个角度来说，福利经济理论和实践同时应该扩展到马克思主义的视域。

第一节　对经济福利理论前提的批判

经济福利着力于研究最大多数“经济人”的最大幸福问题。虽然，有学者认为庇古开创的福利经济学的宗旨和目标已经不同于边沁时期的“最大多数人的最大幸福”，但是，阿马蒂亚·森认为“福利经济学一直将幸福作为评价这门学科的核心，并将其视为指向人类福祉和不同人所拥有的优势的唯一导引”。②随着福利经济理论和实践的发展，其功利主义的哲学基础被“经济人”假设和帕累托最优标准取代，着力探讨经济效率与社会平等之间的平衡关系，期望实现最大化经济效率的目的。然而，其并未放弃增进人类福祉的宗旨，只是实践这种宗旨的方法和途径发生了变化。

---

① 马旭东、史岩.福利经济学：缘起、发展与解构[J].经济问题，2018(2)：9-16。

② [印度]阿马蒂亚·森著.正义的理念[M].王磊、李航译，北京：中国人民大学出版社，2012：254。

一、"现实个人"对"理性经济人"的审视

虽然福利经济理论和实践致力于人类福祉的增进，然而这种理论和实践存在着根本性困境，即"经济人"假设的根源性误导。西方福利经济理论逐渐认识到"经济人"假设的不足和困难，从经济学视角对其进行批判和反思，然而，这依然不足以推动人的现实生活状况的根本转变。尤其是在现代社会中，资本逻辑是现代社会的主导逻辑，经济、社会、政治和文化，一切与人相关的领域，资本逻辑都渗透其中。因此，只有从马克思主义的视角，对"经济人"假设进行批判和反思，才能从根本上扭转经济福利理论和实践的根源性困境。

马克思的现实个人包含四个维度，即物质生活、社会生活、精神生活和劳动实践，其中劳动实践贯穿于现实个人发展的整个过程。从现实个人的前三个维度阐明"理性经济人"遭遇的理论和实践难题，最后一个维度则为经济福利理论和实践指明了根本出路。

现实个人的物质生活维度，指的是人首先是活生生的、有血有肉的个体生命存在。这个维度确认人的自然的、生物性存在，体现人与自然的关系。即马克思所说的，"这些个人的肉体组织以及由此产生的个人对其他自然的关系"①。这个维度主要包含两层含义：其一，人的生产活动使其区别于动物，这意味着人的需求区别于动物的、自然的需求。即使从自然的和生理的角度来

① 马克思恩格斯选集(第一卷)[M].北京：人民出版社，1994：67。

说，一旦现实个人开始从事生产，那么他的需求和欲望已经不同于动物的本能和欲望。换言之，人的需求和欲望不仅仅在于满足生存生活的本能，而且在于满足于人的社会性需求和欲望。其二，“个人怎样表现自己的生活，他们自己就是怎样……因而，个人是什么样的，这取决于他们进行生产的物质条件”①。换言之，现实个人的物质生活水平与社会经济发展水平相适应，不同社会经济水平会产生与之相适应的现实个人的物质需要水平。从这个角度来说，“现实个人”批判了“理性经济人”隐含的两个结论。一是，通过衡量人的物质生活资料的满足程度，研究人的实际生活水平和状况，它的着重点是人的物质需求和欲望。虽然它把人的需求和欲望分为有限的和无限的两个部分，其中有限的需求和欲望，与人的生物性生存相关，无限的需求和欲望与人的社会性生存相关。然而，它认为经济福利理论和实践增进的是有限的需求和欲望，对于无限的需求和欲望，福利经济理论和实践无法对其进行研究。二是，经济福利作为衡量人的生活水平的唯一指标，它理应与人的实际生活水平相适应。换言之，经济福利的增进能够持续地提高人的实际生活水平和质量。然而，福利实践的后果却展示了另外一番景象：现代发达国家的经济福利水平与人的幸福感并不呈现持续的正相关关系。随着社会经济发展成本的提高，尤其是自然生态成本和社会成本提高时，人的福利水平反而会降低。

正如生态经济学家麦克斯-尼夫(Max-Neef)所言，经济增长不

---

① 马克思恩格斯选集(第一卷)[M].北京：人民出版社，1994：67。

会带来社会福利的无限增进，它会在经济增长达到一定程度，福利增进到达一个“门槛”点。在此点之后，持续的经济增长对福利的影响，会因为生态成本的增加而下降。①伊斯特林（Easterlin）②认为在同一国家，经济收入越高，幸福感越强；在不同国家，一国经济越发达，民众整体幸福感越强，但是，他同时发现，没有数据显示经济增长和幸福生活水平呈现长期正相关关系，尤其是发达国家，持续的经济增长没有提高幸福生活水平，相反，社会平均幸福水平在某种程度上显现为一个确定值，不会随着发达国家GDP水平的增加而持续上升。他认为影响幸福生活水平的因素，除了经济增长之外，还有心理因素、生活质量和健康状况等等。

之所以出现这样的后果，主要是因为现实个人还具有社会生活的维度，即“一定的方式进行生产活动的一定的个人，发生一定的社会关系和政治关系……社会结构和国家总是从一定的个人的生活过程中产生的……这些个人是从事活动的，进行物质生产的，因而是在一定的物质的，不受他们任意支配的界限、前提和条件下活动着的”。③具体而言，现实个人的活动在关系中展开，包

① Max-Neef M, “Economic growth and quality of life: a threshold hypothesis”, *Ecological Economics*, vol.15, no.2, (1995), pp.115－118.

② Easterlin R. Does Economic Growth Improve the Human Lot? Some Empirical Evidence, Published in Nations and Households in Economic Growth. New York: Academic Press, 1974.

Easterlin R. Will Raising the Incomes of all Increase the Happiness of all? *Journal of Economic Behavior and Organization*, 1995. 27:35－47.

Easterlin R. The Worldwide Standard of Living Since 1800. *Journal of Economic Perspectives*, 2000, 14(Winter):7－26.

Easterlin R Income and Happiness: Toward a Unified Theory. *Economic Journal*, 2001. 1: 65－84.

Easterlin R. Diminishing Marginal Utility of Income? A Caveat Emptor. *Social Indicators Research*. 2005, 70:243－255.

③ 马克思恩格斯选集（第一卷）[M].北京：人民出版社，1994:71－72。

括人与自然的关系，人与社会的关系，人与自我的关系。社会生活维度主要表现为人与社会的关系，即政治的关系和社会活动的关系。而且，现实个人的活动并不是无限的，而是受到当前的社会生产条件制约的。这意味着，其一，现实个人的实际生活，不仅包括自然的物质生活，而且包括社会的文化生活、精神生活抑或意识活动，“最初是直接与人们的物质生活，与人们的物质交往，与现实生活的语言交织在一起的”。[1]随着社会经济水平的提升，经济福利的状况和水平也会随之发生变化，当经济福利达到它的限度时，现实个人的实际生活状况的改善，不是来源于经济福利的增进，而是来源于非经济福利的增进。这意味着，其二，现实个人的实际生活的改善，在于提升其非经济福利，即政治权利、社会自由、文化权益，以及心理安全等，因为“社会结构和国家总是从一定的个人的生活过程中产生的”[2]。

基于此，现实个人除了诉求人的自然的、生物性的生存生活之外，他同时诉求社会的、精神的生存生活，而且后一种生活是推动现实个人自由全面发展的根本动力。这是因为人的自由受制于生产力的发展水平，人只有不断地推进生产力发展，才能推动人的自由全面的发展。正如马克思所说：“人们每次都不是在他们关于人的理想所规定和所容许的范围之内，而是在现有的生产力所规定和所容许的范围之内取得自由的。而到现在为止取得的一切自由的基础是有限的生产力；靠这种生产力进行的不能满足整个社会的生产，使得发展只有在下述情况下才成为可能，即

① 马克思恩格斯选集(第一卷)[M].北京：人民出版社，1994：72。
② 马克思恩格斯选集(第一卷)[M].北京：人民出版社，1994：71。

一些人靠另一些人来满足自己的需要，因而一些人（少数）得到了发展的垄断权；而另一些人（多数）为满足最必不可少的需要而不断拼搏，因而暂时（即在新的革命的生产力产生以前）被排斥在一切发展之外。”①换言之，在资本主义社会的现阶段，由于个人关系转化为物的关系，人的个性和偶然性从属于资本，或者表现为资产阶级和无产阶级的划分，或者表现为富人阶层和穷人阶层的划分。无论是何种表现，这意味着个人的个性和偶然性仍然处于资本生产力的统御之下，因此，现实个人想要获得自由全面的发展，一方面，推进社会生产力的全面发展，另一方面，推进与社会生产力水平相适应的人的实际生活状况的改善。现代社会发展到当前阶段，经济福利基本满足的情况下，在福利实践过程中，人们应该着重思考如何推进非经济福利的满足与实现。换言之，从政治、社会和文化领域，推进人的社会性幸福的满足。

无论是物质生活、社会生活，还是精神生活，现实个人把三者统一到劳动实践之中。这也是马克思主义视域下，对“理性经济人”最根本的批判，通过现实个人的劳动实践活动，不仅可以阐明改善人的实际生活状况的根本路径，而且有利于推动西方福利经济理论和实践的创新融合。

二、劳动实践对经济福利理论的启示

以“理性经济人”为前提假设的经济福利理论遭遇的最大困境是，理论研究和经济事实并不完全相符，以此理论指导福利实

① 德意志意识形态（节选本）[M].北京：人民出版社，2003：96。

践，往往与人的实际生活状况呈现相悖的结果。换言之，“问题其实出在经济学家使用的模型上，他们的模型用虚拟的‘经济人’代替真实的普通人。与完全理性的经济人相比，我们人类有很多非理性的行为，所以利用经济学模型做出的很多预测都不准确”。[①]比如依据个人偏好排序推导社会偏好排序，按照经济学家的理论模型，个体偏好排序可以预测个体福利水平。然而实际的结果是，经济学家按照“经济人”假设推演出来的偏好排序，与实际生活中人们的实际偏好并不相符。因为现实生活中的普通人并不是按照理性“经济人”实施选择活动的。“首先，当普通人碰到最优化问题时，往往无法解决它们，甚至离找到解决方案还差得很远。即便是去一家中等规模的杂货店购物，在他们的预算范围内可购买的商品组合也是不计其数的……其次，人们做选择时并不是没有偏见的……经济学家的词典里可能没有‘过度自信’一词，但它却是人们与生俱来的性格特点。心理学家还发现了人们固有的许多其他偏见。再次……很多因素没有被最优化模型考虑在内。”[②]这是现代行为经济学家理查德·塞勒对理性“经济人”的批判性认识。在此基础上，他提出社会和国家应该对普通社会人进行“助推”。[③]这种批判和反思建立在行为经济实验和心

---

① [美]理查德·塞勒著.“错误”的行为：行为经济学的形式[M].王晋译，北京：中信出版社，2018：005。

② [美]理查德·塞勒著.“错误”的行为：行为经济学的形式[M].王晋译，北京：中信出版社，2018：007。

③ 所谓助推指的是，我们可以采用一种“自由意志的家长制”，改善人们的最终决策。自由意志是指我们要保留人们自主决策的权利，家长制是指我们可以适当地影响人们的决策过程，好让他们做出对自己更为有利决策的选择。[美]理查德·塞勒，卡斯·桑斯坦著.助推——如何做出有关健康、财富与幸福的最佳决策[M].北京：中信出版社，2018：15。

理实验的基础上，可以说是对亚当·斯密、卡尔·马克思、阿尔弗雷德·马歇尔、阿瑟·庇古、阿马蒂亚·森等人对“经济人”假设批判的实证支持。然而，问题的关键不在于经济学自身对理性经济人的批判和反思程度，而在于其无法突破资本逻辑的框架。福利实践依然会遭遇另外一个困境，即福利实践的初衷与效果相背离。马克思的现实个人的劳动实践，对理性经济人最深刻的批判，主要体现在以下两个层面。

劳动具有哲学的意蕴，它是现实个人最根本的生存方式，也是现实个人感性生命的确证。“劳动首先是人和自然之间的过程，是人以自身的活动来中介、调整和控制人和自然之间的物质变换的过程。”[①]这意味着，劳动过程是人的生命存在的确证，同时也表征人的生命价值和意义。通过劳动，人利用人的自然力和自然物质发生物质变换，改变自然物质的具体存在形态，创造能够供养现实个人生命生存的物质生活资料。实际上，马克思的物质变换概念与马歇尔的效用概念具有一定的相似性。马歇尔认为“人类不能创造物质，但是，当我们生产物质的东西时，仅是生产效用而已……我们努力和牺牲的结果只是改变了物质的形态和排列，使它能更好地满足我们的需要。在自然界中，我们所能做的只是整理物质，使它更为有用。如用木料做成一张桌子，或是设法将物质通过自然变得更为有用，如播种于自然的力量会使它生长的地方”[②]。当然，马歇尔的效用价值理论和马克思的劳动价值理论存在着根本对立，尤其是马歇尔把效用理解为物品能

① 马克思恩格斯文集(第5卷)[M].北京：人民出版社，2009：207-208。

② [英]阿尔弗雷德·马歇尔著.经济学原理[M].宇琦译，长沙：湖南文艺出版社，2012：051。

够提供给人的获得感和满足感，而马克思的劳动价值理论则认为，劳动是创造价值的根本源泉，社会经济活动中的利润、工资、地租和税费是剩余劳动创造的剩余价值的扣除。

这里的焦点不在于它们二者的区别，而在于二者的相似之处，这种相似正是劳动实践能够对以效用为基础的经济福利起作用的关节点。经济福利探求的是"经济人"的效用量，劳动实践探求的是现实个人的生命生存确证。劳动是人的生命存在的现实化过程，这一过程承载着现实个人的物质生活资料的创造，同时还承载着人全部的生命价值和意义。换言之，劳动是增进人们幸福感受和体验的根本方式。经济学家提勃尔·西托夫斯基把马克思的劳动实践与人的幸福体验连接起来。他说，"卡尔·马克思认为'只有在进行活跃的生产活动的时候，人才能感受到他的生命'。工作是'人创造自我的行动'，'（工作）不仅仅是实现目的——产品——的手段，它本身就是目的，是对人经历的有意义展现'，马克思不仅仅相信工作应该是令人享受的，他还坚信它是人类享受的最重要的来源"①。

问题在于这种劳动或者工作是否是建立在"以个人对偶然性和关系的统治来代替关系和偶然性对个人的统治"②基础上。所谓个人对偶然性和关系的统治，指的是现实个人的劳动是建立在个体生命需要和个性展现的基础上，而不是建立在物的关系和社会等级的划分指定给现实个人的劳动上。在个人对偶然性和关

① ［美］提勃尔·西托夫斯基著.无快乐的经济：人类获得满足的心理学［M］.高永平译，北京：中国人民大学出版社，2008：75。
② 德意志意识形态（节选本）［M］.北京：人民出版社，2003：99。

系的统治的社会中，现实个人的劳动或者工作应该表现为“任何人都没有特殊的活动范围，而是可以在任何部门内发展，社会调节着整个生产，因而使我有可能随自己的兴趣今天干这事，明天干那事，上午打猎，下午捕鱼，傍晚从事畜牧，晚饭后从事批判，这样就不会使我是一个猎人、渔夫、牧人或批判者”①。在关系和偶然性对个人的统治社会中，人的劳动或者工作实际上表现为“任何人都有自己一定的特殊的活动范围，这个范围是强加于他的，他不能超出这个范围：他是一个猎人、渔夫或牧人，或者是一个批判的批判者，只要他不想失去生活资料，他就始终应该是这样的人”。②在资本社会发展的现阶段，人的生存状态依然处于“关系和偶然性对个人的统治”中，但是，随着人类历史车轮的前进，资本社会的政治经济结构发生变化。这种变化体现在政治、经济、社会和文化的方方面面。具体到人的实际生活状态，则表现为经济福利的增进遭遇瓶颈，即人的经济福利水平并不随着国民经济(GDP)的提高而持续提升，相反，当国民经济活动的成本超过一定限度时，比如造成环境破坏、社会道德破坏等，人们的经济福利水平反而降低。③

劳动还具有经济学意蕴，它是社会财富最直接的源泉，在劳动实践中，现实个人完成人的福利增进的全部过程，包括社会财富的创造，经济福利的分配和非经济福利的提升。劳动实践包含

---

①② 德意志意识形态(节选本)[M].北京：人民出版社，2003：29。

③ 生态经济学家 Max-Neef 提出“门槛假说”，即在每个国家，经济增长都会带来生活质量的提高，直到一个“门槛点”，该点之后经济增长会导致生活质量的下降(1995)；Easterlin R 提出“伊斯特林悖论”，即通常在一个国家内，富人报告的平均幸福和快乐水平高于穷人，但如果进行跨国比较，穷国的幸福水平与富国几乎一样高(1974)。

生产、交换、分配和消费各个环节。生产活动创造社会财富，交换、分配和消费是把创造出来的社会财富分配于各个领域，成为资本逻辑中的一个环节。资本社会的市场经济机制，是劳动展开现实化的平台，从生产、交换到分配和消费，按照市场经济规律，公平、平等地交换、流通、分配和消费。问题在于劳动过程分为必要劳动和剩余劳动，资本逻辑追求的是剩余劳动创造的剩余价值。不过，这里着重强调的不是剩余劳动的剥削性，而是劳动创造财富的重要性。因为劳动创造财富的支点和经济福利分配的支点相沟通，这是劳动实践给予经济福利的方向指引。

虽然资本社会关系中的劳动，表现为现实个人的劳动异化，同时劳动也是现实个人参与财富分配的根本方式，这就把人的经济福利与非经济福利统合起来。在资本逻辑框架下，劳动作为创造社会财富的形式，是现实个人获取生活资料的根本手段和方式。因此，在市场经济机制中，个体的劳动能力是其获取社会资源分配的最主要凭据。这一点与经济福利理论强调的个体参与自由竞争，获取最初的社会资源分配具有相似之处。只不过经济福利强调的是个体对经济效率的贡献，而劳动实践强调的是个体对价值创造的贡献，而且它们二者的落脚点并不相同：经济福利落脚于个体能力和天赋，而劳动实践落脚于个体劳动所得与劳动创造不成比例。

正是这种不成比例的观点，为经济福利理论和实践的突破投进了一束光。因为劳动创造的剩余价值是现代资本逻辑的目标，那么在资本社会中，个体从经济活动中获取的社会资源，只能体现他部分的生命价值或者意义。换言之，经济福利只是现实个人福利的一个组成部分，除了经济福利之外，那些非经济福利的部分，在资本逻辑架构中，无法完整获取。即使是资本家，也是资本的人格化，他并不能获得属人的完整性。“作为资本家，他只是人格化的资本。他的灵魂就是资本的灵魂。而资本只有一种生活本能，这就是增殖自身，创造剩余价值。”①换言之，在资本社会中，人的福利状况，要么表现为经济福利的单一视角，要么表现为自由—权利的社会伦理视角。因此，在资本社会中，福利问题的根本出路不在于福利单一维度的增进，而在于劳动实践的属人性。只有现实个人的劳动实践不再表现为资本逻辑的一个环节，而是表现为人的生命存在的最直接确证和现实化，那么人的福利问题才能得到最终解决。

当然，这是一个历史的过程，在资本社会的现阶段，还是应该探讨在社会经济发展的现有程度，最大程度地改善人的实际生活状态。不过这里的实际生活状态，不能仅仅通过经济福利来衡量，而应该以现实个人的劳动实践为视角，综合评价人的实际生活状况，包括人的自然的生物状态、社会的文化状态和属人的劳动实践状态。

第二节　马克思福利观对西方福利理论的审视

当前，福利经济理论和实践的融合创新视角，是经济学领域的最新尝试和突破，然而，幸福生活的课题不仅是一个经济课题，

① 马克思恩格斯文集(第5卷)[M].北京：人民出版社，2009：269。

而且是一个哲学课题，因此，还需要从哲学视域对其进行分析，进而推动福利总体性的完成。马克思主义哲学的批判性优势表现在以下两个方面：其一，现实个人的自由全面发展是福利问题总体性完结的前提条件，对有限理性和自由的经济学批判，无法完成福利课题的哲学批判。从历史唯物主义的视角批判和审视现代人的福利课题，其总体性维度才能真正彰显。这种彰显不仅是理论的聚焦，而且是福利实践的聚焦。其二，由自由全面发展的个人组成的自由人联合体能够为现代国家或者现代政府提供实践引导。在资本社会中，现代国家或者现代政府的立场，是平衡市场和社会的核心动量。然而，现代国家建立在私有制基础上，它天然具有双重性质，既可以为资本服务，也可以为社会服务，至于它最终导向何种服务，这取决于社会生产力和社会关系的发展程度。

一、马克思自由观的启示

有限理性概念是由赫伯特·西蒙从心理学和生理学角度，对“管理人”进行科学研究和分析时，提出的概念。虽然他的“管理人”概念指的是现实生活中的管理者或者决策者，实际上现实生活中的每个人都是自我生活的“管理人”。因此，从这个角度来说，它实际上指的是生活中的个体。由于人的信息、知识、能力和精力都是有限的，而且人还受到非理性因素的影响，因此在行为选择活动中，人不可能达到最优解，人只会在其能力所及范围内，获得比较满意解。[①]赫伯

① ［美］赫伯特·西蒙著.管理行为［M］.詹正茂译，北京：机械工业出版社，2013。司马贺著.人类的认知——思维的信息加工理论［M］.荆其诚、张厚粲译，北京：科学出版社，1986。

特·西蒙从人的生理界限和认知界限，批判“经济人”的理性选择活动，推动西方福利经济理论前提假设的反思。这种反思成果表现在跨学科的融合与创新上。然而，在理论和实践的结合中，这种批判和反思还不足以推动福利总体性问题的解决。这是因为生理学和心理学的视角，固然能够为“经济人”的理性假设提供实证性研究，然而，当现实个人处于资本社会大环境时，这种理论批判的认知，不足以推动社会福利实践的超越。尤其是当有限理性与自由概念相结合时，更加凸显这种实证性研究的软弱无力。这是因为资本社会中的自由，凸显的是经济自由的权利维度，这个维度强调的是以财产私有为基础的自由权利，当我们用马克思主义视角对其审视时，就会发现这种自由权利实际上是一种虚幻的自由。

自由具有哲学和经济学的双重意蕴，在西方自由主义的传统中，这两种意蕴沿着哲学和经济学的路径，被继承和发展下来。哲学的意蕴由霍布斯、洛克开创，由卢梭和康德继承与发展，演化为现代政治哲学的自由根基。这条路径是以人性的自然状态为基础，分析现代自由权利的先验性哲学根基。另一条路径是由亚当·斯密开创，大卫·李嘉图、杰里米·边沁和约翰·穆勒进一步继承和发展的政治经济学路径。自由演化的这两条路径在马克思自由观中同时存在。

当前，国内学界通常认为，马克思自由观经由哲学思辨向政治经济学批判转变，以割裂的态度对待这两种维度的自由观。然而，基于西方自由主义哲学和政治经济学双重维度自由的启发，我们认为马克思自由观同样是哲学和政治经济学双重维度共存，而且这种双重维度的自由观符合马克思关于现实个人的自由全面发展的价值诉求。这是因为现实个人的自由全面发展不仅包括政治经济学维度自由权利的实现,而且包括哲学自由维度的自我价值和社会自由的实现。前一种自由是马克思致力于批判的消极自由,后一种自由是马克思致力于实现的积极自由。这里需要说明的是,马克思批判政治经济学维度的自由权利,并不是说他认为这种自由不重要,而是说他认为资本社会中的自由权利是建立在私有制基础上,因此,它不是所有人的自由,而是一部分人的自由。"人们每次都不是在他们关于人的理想所规定和容许的范围之内,而是在现有的生产力所规定和容许的范围之内取得自由的。而到现在为止取得的一切自由的基础是有限的生产力,靠这种生产力进行的不能满足整个社会的生产,使得发展只在下述情况下才成为可能,即一些人靠另一些人来满足自己的需要,因而一些人(少数)得到了发展的垄断权;而另一些人(多数)为满足最必不可少的需要而不断拼搏,因而暂时(即在新的革命的生产力产生以前)被排斥在一切发展之外。"①这里的自由隐含着三层含义:其一,人们享有的自由权利与社会经济的生产力相适应,人们的自由权利随着社会经济的发展而发展。其二,在资本社会中,这种自由权利建立在财产所有权的基础上,少部分拥有财产的人群获得经济自由权利。其三,纵使是占有财产的人们,也不能获得完整的自由权利,因为资本逻辑是社会的主导逻辑,纵使是资本家也不过是资本的人格化,他只是在资本逻辑的限度内,

① 德意志意识形态(节选本)[M].北京:人民出版社,2003:96。

享有资本赋予的部分自由。因此,这种自由并不是现实个人的自由,更不要说是社会自由了。

由此可见,西方福利经济理论致力于单一经济福利的满足与增进,实际上只是部分地实现部分人的自由权利,它并不能完成属人的总体性福利目标。马克思关于政治经济学的自由权利的批判,为属人的总体性福利目标的实现,提供了现实的路径指引。

这种指引沿着两种路径展开:一种是推动资本逻辑的极致化发展,最大限度地发挥资本逐利本性,创造尽可能多的物质财富。这是因为资本主义社会是人类社会发展的必经阶段,在资本到达自身界限以前,它将持续地按照资本逻辑的方式推进社会经济发展。正如马克思所说,"无论哪一个社会形态,在它所能容纳的全部生产力发挥出来以前,是决不会灭亡的;而新的更高的生产关系,在它的物质存在条件在旧社会的胎胞里成熟以前,是决不会出现的"。①而且经济福利作为人的总体性福利的一个维度,它是随着资本社会的发展而日渐突出的。实际上,它是一定的社会经济发展状况下,必然出现的福利问题的具体化环节。资本逻辑的极致化发展,能够为人的经济福利的解决提供物质基础和前提条件。从另一个角度来说,我们认为经济福利问题是与资本主义社会经济状况相适应的人的总体性福利的一个环节。一定的社会生产力,产生一定的社会关系,而经济福利只是这种生产关系中经济关系的一个经济现象而已。因此,对于这个经济现象的解决受到过去社会生产力的制约,同时受到当前社会生产状况的制约。

---

① 马克思恩格斯选集(第2卷)[M].北京:人民出版社,1995:33。

基于此，经济福利是所有国家和民族在社会经济发展过程中，必然遭遇的问题。当前发达资本主义国家面临的经济福利问题，表现为经济福利的增进与人的实际生活水平的持续提升相悖的问题。即社会经济的发展，并不能持续地推动人的美好生活提升。发展中国家的经济福利问题突出地表现为：经济福利的增进是衡量人们美好生活感受的首要标准。因此，在处理经济福利问题时，发达国家和发展中国家面临的课题并不完全相同，但也不是完全不同。相同的地方在于，无论是发达国家，还是发展中国家，都应该竭尽全力地推动资本逻辑的极致化发展。利用自由竞争的市场机制，推动资本超越自身界限。当然，这一过程同时意味着现实个人的某种程度的牺牲。这种牺牲包含两个方面，一个是属人的非经济福利维度的暂时萎缩，另一个是工人阶层的劳动的牺牲。因为资本逻辑的极致化发展意味着越来越多的劳动生产力表现为资本的生产力，人在劳动实践中处于异化状态，即“他在自己的劳动中不是肯定自己，而是否定自己，不是感到幸福，而是感到不幸，不是自由地发挥自己的体力和智力，而是使自己的肉体受折磨、精神受摧残”①。不同的地方在于，发达国家面临着非经济福利问题的整合，依据它们的理论和实践路径，转向由霍布斯、洛克开创的先验自由哲学，探讨公平、正义和平等的先验正义制度，或者是转向由亚当·斯密开创的政治经济学自由维度，期望亚当·斯密的道德科学能够给予指引。比如阿马蒂亚·森认为，“长久以来，人们在经济与社会的分析中都将实现公正等同

① 1844年经济学哲学手稿(单行本)[M].北京：人民出版社，2000：54。

于寻找正确的制度结构。然而，事实表明，这些宏伟的制度方案都未能实现其愿景，它们能否产生好的结果，完全有赖于各种社会、经济、政治和文化状况”①。阿马蒂亚·森在批判公平正义体系先验性的同时，他转向某种“社会视角”，转向亚当·斯密的道德哲学，“使用‘中立的旁观者’这一设计”，从某种“社会的视角”根据行为主体的评价，对各种社会状态进行比较。以可行能力方法，对人的实际生活进行现实比较，允许社会选择方案的不完美性，结合多种合理标准，强调通过人的实质自由和实际可行能力，判断人的实际生活状态。此外，詹姆、布尔多主张的，“行为福利经济学从理论和实践上在研究人与人、人与政府、人与自然的‘心理契约’，只有从整体上回归到亚当·斯密的道德科学的视角上，福利经济学才能实现研究指标的真正统一”②。

这种融合创新的福利经济理论路径，确实在一定程度上有利于当前社会福利实践。然而，如果从马克思自由观的哲学意蕴来审视这种发展路径时，我们会发现这种自由权利或者自由生活的前提和根基并没有发生变化。它仍然是建立在私有财权基础上的自由权利，只不过它同时强调人的实际选择能力，而这种选择能力源自何处呢？实际上还是源于占有足够多的社会财富。不过阿马蒂亚·森的可行能力方法的优势在于：它突破单一的效用标准，推行自由—权利的实际选择能力标准，从经济、政治、文化和社会等多个层面考察人的生活状况。同时，我们发现马克思自由观的哲学意蕴为经济福利和实践提供根本的路径指引。

---

① [印度]阿马蒂亚·森著.正义的理念[M].王磊、李航译，北京：人民大学出版社，2012：003。

② 转引自马旭东、史岩.福利经济学：起源、发展与解构[J].经济问题，2018(2)：9－16。

其一，以私有制为基础的自由权利是一种消极自由，它实际上与资本逻辑是一致的，它的目的在于维护私有制和保护私有财产。财产是人们获得一定自由权利的前提和基础，因此，在资本社会中，“自由这项人权并不是建立在人与人结合起来的基础上，而是建立在人与人分离的基础上。这项权利就是这种分离的权利，是狭隘的、封闭在自身的个人的权利。自由这一人权的实际应用就是私有财产的这一人权”。[①]换言之，这种建立在私有财产基础上的自由权利，实现的是一部分的自由发展。从这个角度来说，资本社会改善的是资产阶级的自由，对于工人阶级来说，他的生活状况或者自由程度在一定范围内也同时得到了改善，但是这种改善付出的代价更大、更多。因为“在现今资产阶级社会中，所谓自由只不过意味着贸易的自由、买卖的自由”[②]。换言之，工人阶级状况的改善，建立在他失去更多的属人的自由的基础上，按照资本逻辑的原则，更多的劳动与资本交易。而这种交易在形式上是平等的，在实质上是不平等的。因此，这种贸易自由和买卖自由，实际上是人，尤其是工人付出更多的不自由。

其二，在马克思看来，“外在的目的失掉了单纯外在自然必然性的外观，被看作个人自己提出的目的，因而被看作自我实现，主体的对象化，也就是实在的自由——而这种自由见之于活动恰恰就是劳动”。[③]换言之，自由是人的自我实现的表现，而劳动是这种自由的实践载体。因此，这种自由意味着劳动自由。这表现在

① 马克思恩格斯全集（第1卷）[M].北京：人民出版社，1956：438。
② 马克思恩格斯全集（第4卷）[M].北京：人民出版社，1979：438。
③ 马克思恩格斯文集（第8卷）[M].北京：人民出版社，2009：174。

劳动方式和劳动时间是自由的，人们不再受制于社会分工，而是充分发挥自身的天赋与才能，现实化人的生命价值。劳动自由与自由时间相关联，自由时间是人们享受生命体验的根本保障。正如马克思所言，“时间实际上是人的积极存在，它不仅是人的生命尺度，而且是人的发展空间”①。马克思把人的生存、发展和自由统一到自由时间中，人的存在不仅是自然的存在，而且是历史的存在，因此它的生存、发展和自由是随着历史发展而不断发展的。在资本社会中，人处于异化存在状态中，人的劳动时间和自由时间受制于资本逻辑，人只是作为资本逻辑增殖的工具而存在。

因此，无论西方经济福利理论和实践如何增进人的经济福利，它依然无法真正地实现人类的幸福福祉。因为幸福福祉不仅包括经济福利，而且包括人的自我生命价值的实现。马克思自由观的政治经济学意蕴和哲学意蕴同时指向人的自我价值的实现问题。这两种意蕴从历史唯物主义立场出发，阐明人的自由全面发展的理论逻辑和现实路径。其一，资本社会是人类社会发展的一个历史阶段，其社会生产力状况，必然产生与之相适应的社会生产关系，其中人的经济福利诉求或者满足是社会关系的经济关系的具体化形式，因此经济福利是人的总体性福利的一个环节。其二，随着社会生产力的发展，人的社会生产关系随之发生变化，经济福利作为人实现总体性福利的一个环节，它必然走向更加深入的境遇，即走向人的生命价值实现的自由全面发展视域。马克

① 马克思恩格斯全集(第47卷)[M].北京：人民出版社，1979：532。

思关于自由劳动和自由时间的批判性认识，为西方经济福利的研究打开一扇大门。实际上，有些心理学经济学家已经意识到劳动在人的幸福生活中的重要作用，比如提勃尔·西托夫斯基认为"工作是刺激的来源，因而有使人快乐的潜力"①。这里的工作实际上就是劳动。问题是资本社会中的劳动往往表现为异化劳动，因此，劳动推动人的生命价值的实现是一个历史过程，在这个过程中，国家是协调市场与社会平衡的核心环节，也是保障自由自觉的劳动实践的重要力量。虽然马克思认为国家是虚幻的共同体，然而，资本社会没有发展到人类社会之前，国家在平衡资本逻辑与社会保护的关系中，仍然具有举足轻重的作用。

总之，马克思自由观的哲学向度和政治经济学向度并不是割裂的，哲学向度是对西方自由主义先验自由观的反思和批判。马克思的博士论文初步探讨自由观的哲学向度，他从自我意识的视角提出对自由的理解，但是，当他遭遇物质利益问题时，他认为在现代社会中，自由是建立在人对物的依赖性基础上，对自我利益的追求，是人们获得自由的前提和基础。同时随着马克思自由思想的深入发展，在《1844 年经济学哲学手稿》中，马克思认为"有意识的生命活动把人同动物的生命活动直接区别开来。正是由于这一点，人才是类存在物。或者说，正因为人是类存在物，他才是有意识的存在物，就是说，他自己的生活对他来说是对象。仅仅由于这一点，他的活动才是自由的活动"。②也就是说，他认为

---

① 能够证明"工作可以令人享受"的令人震惊的著名实验是在加拿大完成的。[美]提勃尔·西托夫斯基著.无快乐的经济：人类获得满足的心理学[M].高永平译，北京：中国人民大学出版社，2008：77。

② 1844 年经济学哲学手稿(单行本)[M].北京：人民出版社，2000：57。

人的自由本质在于人的类存在,当人的类存在活动——劳动表现为异化时,人只有突破异化劳动的束缚,才能获得真正的自由。在《德意志意识形态》中,他进一步阐明人的自由实践是一个历史的过程,受到社会生产力的制约,进而得出:在资本社会中,自由是牺牲一部分人的自由实现少数人的自由发展,而且“只有在共同体中,个人才能获得全面发展其才能的手段,也就是说,只有在共同体中才可能有个人自由”①。这里的共同体并不是现代国家共同体,而是指自由人的联合体。因为“在过去的种种冒充的共同体中,如在国家等等中,个人自由只是对那些在统治阶级范围内发展的个人来说是存在的”②。在《资本论》及其手稿中,马克思从政治经济学视角,同时把握自由的双重向度,既批判资本主义社会的不足和问题,又揭示人类社会的理论和实践路向。马克思自由观的政治经济学向度是在哲学向度的基础上,进一步深入现实生活的历史维度,阐释和批判西方自由主义的政治经济学自由观,并提出人类解放的根本路向。

政治经济学的自由向度是人类解放的一个向度,经过资本主义社会形态阶段之后,人类解放的经济自由向度获得根本性解放,由此之后,人类的解放同时致力于非经济向度的解放。资本主义社会是人类社会发展的一个历史阶段,在资本主义生产关系容纳的社会生产力彻底发挥出来之前,资本主义社会并不会消亡。正如马克思所言,“无论哪一个社会形态,在它所能容纳的全部生产力发挥出来以前,是决不会灭亡的;而新的更高的生产关

①② 德意志意识形态(单行本)[M].北京:人民出版社,2003:63。

系，在它的物质存在条件在旧社会的胎胞里成熟以前，是决不会出现的。所以人类始终只提出自己能够解决的任务，因此只要仔细考察就可以发现，任务本身，只有在解决它的物质条件已经存在或者至少是在生成过程中的时候，才会产生”①。这意味着，资本主义社会同时孕育着更高一级社会形态所需要的一切要素和条件。在这个孕育过程中，我们应该做的是在资本主义已经产生相关条件或者萌芽中，完成我们当前的任务，并且有意识地、能动地推动这些条件和萌芽发展壮大。按照这种逻辑，经济福利问题实际上是资本主义社会经济生产关系中，关乎人的自由全面发展的条件或者萌芽之一。虽然经济福利是在资本逻辑框架下，按照自由竞争的市场机制，推动人的生活状况持续增进和改善，但是，随着社会经济状况的发展，经济福利的纯经济诉求，逐渐转向自由—权利的维度，这实际上是总体性福利的直接表现。因此，从这个角度来说，经济福利是适应资本主义社会发展阶段人的福利课题的经济关系表现，而非经济福利作为总体性福利的一个面向，随着资本主义社会经济发展的推进，日益成为总体性福利课题解决的重要目标。

在 21 世纪的今天，非经济福利内涵逐渐凸显。实际上经济福利和非经济福利是人的福利课题的两个向度，在社会经济发展的不同阶段，它们凸显的价值和作用各不相同，但是作为福利课题的一体两面，福利问题的解决，必然需要完善地处理两个向度，平衡二者之间的关系。因此，马克思自由观的双重向度，同样为

① 马克思恩格斯选集(第 2 卷)[M].北京：人民出版社，1995：33。

现代人福利问题的解决提供了指引。经济福利及其权利是政治经济学自由观的诉求,而非经济福利及其权利是哲学自由观的诉求,二者统一于人类自由解放的进程中。

二、自由人联合体对现代国家的指引

马克思自由观的哲学向度和政治经济学向度是对西方自由主义自由观两个向度的批判,但是他并没有停留在哲学批判的向度,而是转向关切现实利益的政治经济学批判,并在此基础上,构建实现人的自由全面发展的实践方向,这种实践路径的探索贯穿于马克思思想发展的始终。自由人联合体是马克思对人类未来社会形态的一种设想,是一个历史的过程。正是因为它是历史的,因此它也是现实的。在现实生活的历史进程中,逐渐产生、发展、壮大和实现。因此,马克思自由人联合体思想能够为现代国家提供理论和实践的批判与指引。

"联合体是近世源自日本的舶来词,即基于相同利益或共同立场形成的组织形态。在19世纪的欧洲大陆,联合体不仅在政治方面与共同体相互使用,也多次出现在亚当·斯密的阶级分析、傅立叶协作社的论述中,兼具政治、经济多重含义。"①马克思的自由人联合体并不是"乌托邦"式的空想,实际上它具有深厚的现实客观性。马克思恩格斯思想的逻辑范式在于从现实的生产方式入手,依托于劳动实践,现实个人的生命价值确证历程和社会历史演变趋向。自由人联合体的思想也是依托于这样的范式

① 吴海江、徐伟轩.马克思恩格斯"自由人的联合体"思想及其当代意义[J].东南学术,2018(5):34-41。

展开：由“虚幻共同体”的批判开始，到“每个人的自由发展是一切人的自由发展的条件”的自由人联合体的建立，中间经历劳动异化、私有财产和意识形态批判。这个过程展示了马克思恩格斯的“自由人联合体”思想演化进程。即自由人联合体建立在劳动实践基础上，并消除个人与集体、国家与社会的二元对立，进而构建个体与整体相互融合和接纳的生活状态。

自由人联合体建立在对现代国家批判的基础上，现代国家发源于市民社会，市民社会是私人利益角逐的场所，因此现代国家作为私人利益和共同利益妥协的产物，它的宗旨在于维护市民社会的私人利益。然而，个体财产私有的社会政治经济结构，使得现代国家表面上看似独立于私人利益，它的存在似乎是为了维护共同利益。然而，实际的情况正如马克思所批判的那样，“一旦资产阶级积累了钱，国家就得向它乞讨，最后干脆被它收买过去”①。之所以出现这种国家被资本家收买的情况，是因为国家表面上独立于私人利益，实际上它产生于市民社会，因而受制于市民社会。市民社会是随着资本主义生产关系的兴起逐渐发展起来的概念，在此之前，人的社会生活与政治生活统一于政治共同体之中，比如亚里士多德时期的城邦共同体，或者其他形式的政治共同体。随着资本主义生产关系的产生、兴起和发展，个人获得挣脱政治共同体的个人自由，并且建立以商品、货币等物为中介的新的社会关系。马克思从历史唯物主义的视角，批判国家决定市民社会的观点，他认为市民社会决定国家形式。“正是由于特殊利益和共

① 德意志意识形态（节选本）[M].北京：人民出版社，2003：95。

同利益之间的这种矛盾，共同利益才采取国家这种与实际的单个利益和全体利益相脱离的独立形式，同时采取虚幻的共同体的形式，而这始终是在每一个家庭集团或部落集团中现有的骨肉联系、语言联系、较大规模的分工联系以及其他利益的联系的现实基础上，特别是在我们以后将要阐明的已经由分工决定的阶级的基础上产生的，这些阶级是通过每一个这样的人群分离开来的，其中一个阶级统治着其他一切阶级。”①也就是说，其一，市民社会是由独立的、寻求自我私利发展的个体组成，市民社会是一切人对一切人逐利的战场，而国家发源于这个私人逐利的市民社会中。现代国家不仅作为维护私人利益的形式而存在，而且作为缓解特殊利益和共同利益的矛盾而存在。其二，现代国家的最终目的是维护特殊阶级的利益。换言之，是为了维护占统治地位阶级的私人利益，对于非统治阶级，国家采取镇压的形式。其三，现代国家的性质不是由国家精神或者其他意识形态决定，而是由社会经济生产关系决定。在资本主义社会中，私有制是基本生产关系，因此现代国家的最终目标是维护资产阶级集团的利益，但是，由于现代资本主义特殊的自由形式，个体独立、自由、平等的表象，现代国家同时也获得维护全体社会成员的共同利益这样一种虚假表象。

从马克思主义视角，对现代国家分析到这里时，我们发现现代西方经济学始终执拗于最大限度地限制现代国家或者政府对市场经济机制的干预，并不是因为现代国家不能维护资产阶级的特殊利益，而是因为建立在市民社会基础上的国家，一旦获得独

① 德意志意识形态(节选本)[M].北京：人民出版社，2003：28。

立的形式，它同时具有双重向度。一种向度是严格遵循市民社会的私有财产关系，维护资产阶级的利益。另一种向度是现代国家作为一种意识形态，它同时反作用于市民社会的生产关系，缓解个体私有利益和社会共同利益之间的矛盾。关键的问题是：随着市民社会的发展，资本社会的生产关系与社会生产力之间的矛盾日渐深化，当这种生产关系所容纳的社会生产力完全发挥出来之后，它进一步成为社会生产力发展桎梏时，社会生产力必然突破现有社会生产关系，发展出新的适应生产力发展的社会生产关系。在这一突破进程中，具有独立形式的现代国家成为关键力量。

在当前的社会生产关系中，国家作为平衡市场扩张趋向和社会自我保护趋向的中间环节，它往往被资本逻辑统治，用马克思的话讲，"干脆被它（资本）收买过去"①，但是"这种现象发生在资产阶级还有另一个阶级与之对立、因而国家可以在二者之间保持某种独立性假象的时期"②。换言之，当社会生产关系发生变化时，现代国家的力量能够为社会保护的趋向提供强大保障。因此，对于现代国家，马克思并不是完全消极地批判，他同时认为现代国家是推动资本社会生产关系发生变化的重要动量之一。"国家消亡不等同于回归市民社会，相反，国家消亡和市民社会消亡是同一个过程。在这个消亡的过程中，自由人的联合体这种崭新的人类存在样态得以产生……在自由人联合建立的过程中，国家具有非常重要的作用。"③

①② 德意志意识形态（节选本）[M].北京：人民出版社，2003：95。
③ 王代月.马克思主义与自由主义在国家治理观上的实质分歧[J].马克思主义研究，2018(6)：132－142。

自由人联合体并不是“乌托邦”式的空想，自由人联合体建立在对异化劳动和私有财产批判的基础上。即自由人联合体建立在高度发达的社会生产力水平之上，人的生命存在不再表现为劳动的异化，而是表现为劳动的现实化，即自由自觉的劳动。人与人之间的关系不再表现为货币、资本或者商品等物的关系，而是直接地表现为人与人之间的内在关系，即“这种发展正是取决于个人间的联系，而这种联系部分地表现在经济前提中，部分地表现在一切人自由发展的必要的团结一致中，最后表现为在以当时的生产力为基础的个人多种多样的活动方式中”①。

这意味着自由人联合体内在地包含三层含义：第一层含义，社会经济发展是自由人联合体的前提和基础。基于此，资本社会中资本逻辑的极致化发展，是推动资本界限快速到来的唯一现实的路径。换言之，只有资本到达自身界限，资本逻辑发展资本生产力达到最大限度之时，资本主义私有制的生产关系所容纳的社会生产力才能完全发挥出来。在此之前，资本逻辑会利用现代国家维持市场经济扩张与社会自我保护的平衡。因此，从这个角度来说，现代国家在资本逻辑主导下，它往往表现为被“资本收买”，这也是福利国家遭遇危机的最根本原因。国家源自市民社会的私人逐利性，那么在资本逐利的现阶段，国家必然倾向于维护私人利益，尤其是维护统治阶级的利益。纵然福利国家有意识地推动社会保护，那也是在经济危机的“大萧条”和世界大战的“大毁灭”之后。当“大萧条”和“大毁灭”的状况得到缓解之后，现代国

① 德意志意识形态（节选本）[M].北京：人民出版社，2003：100。

家的本性再次暴露出来。如20世纪八九十年代的福利国家的变革，就是现代国家维护市场经济扩张的最直接明证。第二种含义，自由人联合体建立在个体政治团结一致的基础上。也就是说在自由人联合体建立之前，人与人之间的关系，不仅具有市民社会的经济关系，而且还具有现代国家的政治关系。每个人应该团结起来，推动现代国家有利于社会共同利益的向度。因为现代国家建立在特殊利益与共同利益矛盾的基础上，它只不过表面上采取一种与个人利益和全体利益相独立的形式，实际上它深深地根植于现实生产生活关系之上。因此，自由人联合体同时还表现为利用现代国家政治团体的力量，实现每个人的自由人发展是一切人自由发展的最终目的。第三层含义，当社会生产力和政治集团力量达到这样一种程度时，即“任何人都没有特殊的活动范围，而是都可以在任何部门内发展，社会调节着整个生产，因而使我有可能随自己的兴趣，今天干这事，明天干那事，上午打猎，下午捕鱼，傍晚从事畜牧，晚饭后从事批判，这样就不会使我老是一个猎人、渔夫、牧人或批判者”①，这意味着生产力高度发展，现实个人生存生活所需要的物质得到充分保障，不仅是基本的生存生活，而且是自由全面发展所需的物质资料。而且个体自由与集体自由相统一，即分工不是按照社会生产的需要，而是按照人的生存生活的需要，包括自身和他人的生存生活。除此之外，人的劳动实践是人的自我价值的现实化，这种现实化不仅是个体生命的需要，而且是自由人联合体的需要。因此个体生命价值与共同体的

---

① 德意志意识形态（节选本）［M］.北京：人民出版社，2003：29。

社会价值相统一。如此一来，现代国家本性中的社会保护趋向就被充分地开发和利用了，它维护市场经济扩展的趋向随着市民社会的消亡、异化劳动的消失、私有制的消失而消失。这才是马克思主义意义上国家的消亡，最终自由人联合体完成个人与集体、国家与社会的融合与接纳。

在经济自由主义传统中，国家作为与市民社会相对立的形式存在，因此，亚当·斯密主张最大限度地缩小国家的作用与力量。然而，随着资本主义市场经济的持续发展，市场机制的不足和问题日益受到人们关注，国家在平衡市场与社会关系中的作用越来越被人们认可。尤其是凯恩斯主义更是把国家作为协调市场经济运行的核心力量，其中经济福利理论同样强调国家在协调国民经济活动中的作用，而且在 20 世纪五六十年代，福利国家盛极一时。当前，虽然没有人主张完全自由的市场经济，但是对于国家力量和作用的质疑之声，依然人声鼎沸。尤其是在经济福利分配方面，虽然国家或者政府一直起着重要的作用，但是批判的焦点落在国家或者政府转移支付的初衷与其实践后果相背离。国家或者政府转移支付的初衷是推动社会福利分配的平衡、公平与正义，然而，福利实践的后果却是，“最穷的 10%的家庭得到的转移会远远少于社会总转移的 10%，甚至完全把它们计算为福利国家转移，不包括特殊利益集团的转移，而且最底层的 20%的人得到的转移要少于总转移的 20%”。[①]面对这种背离问题，西方经济学家的解决路径是大力削弱国家或者政府的力量与作用，坚持市

① [美]戈登·图洛克：收入再分配的经济学[M].范飞、刘琨译，上海：上海人民出版社，2017：111。

场经济的力量与作用。然而,20世纪八九十年代,资本主义社会经济的历史经验揭示这一路径的弊端和危险,因此,我们需要寻求新的解决路径。

第三节 马克思主义视域的福利实践启示

福利问题是关乎人类福祉的终极课题,它贯穿于人类文明演进的始终。在西方福利经济视域中,福利问题由古希腊时期的包含人的社会总体福利,演化为现时代的货币量度的效用化的经济福利,随着现代社会经济状况的进一步发展,西方福利经济理论和实践的指引作用越来越受制于市场经济的资本逻辑。福利经济理论和实践致力于平衡经济效率和社会平等之间关系的路径,始终无法突破资本社会的逻辑框架,现代国家在平衡市场经济扩展趋向与社会自我保护趋向中,始终处于被动的地位,要么被自由主义抛弃,要么被保守主义攻击。这其中最主要的原因,不在于国家的性质问题,而在于资本逻辑对国家、社会的抽象统治。

一、福利实践的主体原则

在现代社会中,存在两种福利问题类型:一种是发达国家的福利问题,即经济福利得到基本满足之后,非经济福利的需求成为提升人生活质量的关键;另一种是发展中国家的福利问题,即经济福利依然是人的生存生活的首要需求,非经济福利只是部分地表现为部分人群的需求。无论是何种类型的福利问题,在资本逻辑主导的现代社会中,个人主体的力量相较于资本逻辑的力量，显得渺小而无力。因此，西方传统的以个人为主体的福利实践路径无法适用于发展中国家福利实践。西方传统的以国家为主体的福利实践路径，在 20 世纪八九十年代受到新自由主义的猛烈抨击，西方发达国家的福利实践发生政治的、经济的社会变革。然而，正如前文所言，随着现代社会政治经济结构的变化，福利不再是单纯的救济性福利，而是人的基本生存权利。因此，无论资本逻辑如何解构这种权利，它依然是现代国家或者政府关注的重要的课题。从这个角度来说，现代社会福利实践的主体应该是由现实个人、国家和社会构成的有机整体。其中人的自由自觉的劳动实践是推动社会福利实践转向的根本动量，国家是协调市场扩张与社会保护的核心力量，社会是保障个体与国家有机协调的舞台。三者协调行动构建一个庞大的社会安全网系统，形成规制资本逻辑的强大机制。

一是因为现代社会是资本逻辑主导的社会，个体作为单个人，其力量弱小而有限，现实个人只有在共同体中才能获得与资本抗衡的力量。当前，中国处于社会经济转型时期，经济发展由高速发展转向高质量发展，民众的生活需求由物质生活的满足转向美好文化生活的向度，因此，在资本主导下的现代社会，国家作为具有一定独立性和自由性的组织形式，它应该成为福利社会实践的主体。一方面制定相关的经济政策和社会政策，为市场经济扩张的趋向提供公平、自由、平等的竞争环境，充分调动现实的个人的劳动积极性，创造出巨大的经济财富。物质财富不仅是国家协调民众美好文化生活的前提和基础，而且创造财富的生产过程，也是民众美好文化生活的过程，它能够扩大民众的交往关系、交往内容和范围。这一过程正是马克思所阐明的：世界市场不断地推动各个民族和国家融入世界经济变革大潮中，而且各个民族和国家的文明、物质生产和经济文化生产都融入其中，现实的个人的社会关系得到扩大、个人的自由与发展得到充分展现。因此，在福利实践的进程中，应该坚持以国家为主体的实践路径。另一方面，在利用和发挥国家力量的同时，需要始终警惕现代国家的虚幻性。即它是建立在阶级对立的基础上，并且通常为统治阶级服务。因此，对于国家权力的利用与发挥，还应该给予一定的制约与限制，保证国家力量趋向保护社会的立场，而不是趋向资本增殖扩张的立场。

基于此，应该借鉴西方福利实践对现代国家或者政府权力的批判与反思，比如政府的权力寻租问题、利益集团问题以及官员腐败问题。所有这些问题，不在于国家或者政府的权力性质本身，而在于国家或者政府的权力被资本逻辑主导和占有。国家或者政府权力运作的目的是推动资本增殖扩张的逻辑，削弱社会保护的力量和人的社会关系的发展。关于这一点，马克思的观点是消灭分工，消灭私有制，建立真正的自由人联合体和个人所有制。然而，这是一个历史发展的过程。当下的中国或者世界，社会分工和私有制的生产关系，在发挥出它适应社会生产力的全部活力之前，它还不会消亡。因此，当前应该做的是推动这种生产关系蕴含的社会生产力充分发展，创造出巨大的社会财富和丰富的社会关系，为更高一级社会形态的发展孕育条件。因此，从经济发展的视角来看，市场经济是现代社会最有效率的机制，它不仅有利于提高现实个人的生活水平，而且有利于推动社会阶层之间的流动，推动社会文明整体的发展。亚当·斯密、约翰·穆勒等古典政治经济学家致力于自由竞争的市场经济的原因就在于此："劳动阶级的未来取决于劳动者能够在多大程度上成为理性的人。他们将要求自己掌控自己的行为和生活。其次，在许多情况下，他们很可能会要求国会干预他们的事务，要求法律对于与他们相关的各种问题作出规定，尽管他们对自身利益的看法常常不够成熟。"①因此，在国家权力的利用和发挥过程中，应该着力引导自由自觉的劳动意识，以及现实个人意识的培养与塑造。这是因为劳动者首先成为现实个人，具有理性思考和理性认知的人，他才能充分发挥自身的才能与天赋，参与自由竞争的市场机制。而且，一旦劳动者成为理性的人，他不仅在经济领域中发挥其理性评价和认知，由这些现实的个人组成的国家和政府同样会采取理性的态度，组织国家机构、统筹政府力量，平衡市场、国家和社会三者之间的关系，进而实现保障最大多数人的最大幸福的社会发展目标。

二是因为国家建立在特殊利益与共同利益矛盾冲突的基础上，为了缓和这种矛盾和冲突，国家获得一定的独立性和自由性，正是这种独立性和自由性，使得现代国家具有保护社会趋向的维度。按照马克思的观点，国家是阶级斗争的产物，它是为统治阶级利益服务的，但是，在资本社会中，一切阶级都是资本的人格化，资本是现代社会的最高统治，因此，国家也是资本利用的工具。当国家以协调特殊利益和共同利益的独立形式存在时，这意

---

① [英]约翰·斯图亚特·穆勒著.政治经济学原理(下)[M].金镝、金熠译，北京：华夏出版社，2017：707。

味着它既可以为资本服务，也可以为官僚集团服务，同时也可以为社会保护服务，至于它最终趋向于何种立场，这正是马克思自由人联合体思想的启示：一是争取利用现代国家服务社会的趋向，为现实个人的自由全面发展创造条件和基础。二是严格规制国家权力的使用，尤其是严格规制国家与资本的联盟，构建国家对资本的免疫性系统，最大限度地缩小国家为资本服务的可能性。

二、超越经济福利的实践路径

推动现实个人的自由自觉劳动意识的发展和引导国家权力的社会保护趋向。随着资本社会的发展，现有的经济关系、政治关系和社会关系发生相应的变化，即社会存在发生变化，社会意识也随之发生变化，自由自觉的劳动意识是在异化劳动实践的基础上产生的。正如马克思所说的，"意识一开始就是社会的产物，而且只要人们存在着，它就仍然是这种产物"①，并且"生产力、社会状况和意识，彼此之间可能而且一定会发生矛盾，因为分工使精神活动和物质活动、享受和劳动、生产和消费由不同的个人来分担这种情况成为可能，而且成为现实"②。换言之，自由自觉的劳动意识只能在现代社会劳动分工发展到一定阶段的时候才能产生。这是因为随着现代社会分工的进一步发展，人的劳动的异化程度越来越深，人要么作为片面的物质劳动工具存在，要么作为片面的精神劳动工具存在。

① 德意志意识形态（节选本）[M].北京：人民出版社，2003：25。
② 德意志意识形态（节选本）[M].北京：人民出版社，2003：26。

总之，人的工具性被社会分工和资本逻辑发展到极点，无论是能够享受财富的财产占有者，还是无法享受物质财富的劳动所有者，他们的生活都是片面的生活，都是资本逻辑统治下的不自由、不自觉的生活。如何消除这种片面的生活方式，唯有实现马克思所说的“消灭分工”，而消灭分工不是一蹴而就的，它是一个历史过程。这期间，自由自觉的劳动意识的觉醒是其必然环节。只有人意识到异化劳动的根源，深刻理解资本逻辑对人、社会以及自然的异化和占有，人才能有意识地规制自身的社会活动行为，尤其是劳动行为。当前社会经济发展的阶段，尤其是发达国家，满足人的物质生活需要的经济福利水平已经达到相当高的程度，并且这一水平已经达到人的生理需求的极限。经济福利的提升对人的生活质量的改善，能够起到的效果已经微乎其微，甚至在环境被破坏、人的精神需求和心理安全需求方面，社会经济水平的提升，不仅不能增进人的生活质量，反而降低人的生活幸福感。基于此，自由自觉的劳动意识，能够突破生产优先性这一传统经济智慧，从而把社会经济的生产引向以人为本的劳动优先性，即满足人自由全面发展的优先性。

当社会经济生产与人的社会生活相互融合时，由具有自由自觉劳动意识的现实的个人构成国家集体，那么，它的立场必然是人民的立场，它所采取的经济政策和社会政策必然以自由自觉的劳动人民为立脚点。一方面，它致力于培养和塑造现实个人的自由自觉的劳动意识，即通过教育系统，把家庭、社会和国家整合到社会发展的有机整体中，对全体民众进行全面的教育。教育不仅可以培养现实个人的生存生活的技能，提高社会劳动生产力，而且可以培养现实个人自由自觉的劳动意识，在实际生产和生活中，自觉地安排人的社会活动，包括经济的、政治的和社会的活动。另一方面，由自由自觉的现实个人组成的国家集体，必然以审慎的态度对待资本逻辑，而不是如现代国家那样，被资本逻辑“收买”，成为资本逻辑逐利的工具。虽然这个环节存在着国家或者政府权力的异化或者寻租现象，但是随着自由自觉的劳动意识的觉醒，现实个人能够获得更多的主动权和自主权，在此基础上，对资本逻辑的规制力量会随着现实社会存在的发展，以及人的有意识力量的增强而增强。

因此，在资本社会中，对现代国家权力的引导，不在于放弃国家权力在经济市场中的作用，更不在于消灭国家力量，而在于引导国家力量为现实个人的自由全面发展提供保障，充分利用现代国家维护社会自我保护的趋向，形成国家对资本的免疫性系统，争取在资本逻辑框架下，最大限度地发挥国家保护社会的性质。所谓国家对资本的免疫性指的是国家依托于资本逻辑的运行，但是不受制于资本逻辑的增殖原则，国家站在人民的立场，平衡市场经济扩张趋势和社会自我保护趋势。当然这是一个非常艰难而又漫长的历史过程，这期间国家维护私人利益和平衡全体利益的双重向度，会出现拉锯式对抗。至于如何把握与平衡，需要结合各个国家和民族的传统文化、社会经济状况和政治实践模式。正如马克思所说，“宗教的异化本身只是发生在意识领域、人的内心领域。而经济的异化是现实生活的异化。——因此，对异化的扬弃包括两个方面。不言而喻，在不同民族那里，运动从哪个领域开始，这要看一个民族的真正的、公认的生活主要是在意识领域还是在外部世界进行，这种生活更多地是观念的生活还是现实的生活”①。

现代社会是一个由市场—国家—社会构成的有机整体，现实个人是这个有机整体的核心。按照西方福利经济理论和实践的原则，理性经济人能够理性地统筹整个有机整体。换言之，自由竞争的资本逻辑是现代社会有机整体的主导核心，市场、国家和社会是资本逻辑的构件和环节，当资本逻辑主导经济领域时，经济行为人以理性的、自利的个体人参与经济活动，创造财富、分配财富和享受财富。这个过程是自由、竞争、平等、公平地完成的，不需要国家和社会过多的干预。实际的情况是什么呢？经济行为人并非完全理性，也并非经济人，他们是处于社会关系中的现实的个人，除了关注个体利益，自我幸福之外，他们还关注伦理的、道德的、社会的责任和义务。因此，即使在经济领域中，西方福利经济理论和实践的前提和基础也是存在问题的。更不要说他们把理性经济人的假设扩展到政治领域中，提出“政治”经济人的假设，并在此基础上推进福利社会实践活动，否定国家或者政府权力在财富分配中的作用。基于此，福利社会实践中，国家为现实的个人提供劳动实践的平等机会。劳动实践是现实的人的生存生活的最根本存在方式，只有劳动实践的平等机会得到保障和实现后，现实的个人才能获得真正的自由与全面发展。换言之，市场机制下的劳动力虽然是一种商品和劳务，但是它的供给并不完全受制于经济秩序的制约，它实际上受到国家和社会的调

① 1844年经济学哲学手稿(单行本)[M].北京：人民出版社，2000：82。

节。人的劳动力生产和提供,是按照人们的自由意愿提供的,现实的个人享有充分的自主权和自由权。何时提供劳动力,提供多少劳动力并不完全由市场秩序决定。想要实现这种自由自觉的劳动力供应模式,就需要国家平衡市场经济机制与劳动实践之间的关系。纵使现实个人有不能或者不愿意提供劳动力商品的时候,他仍然可以从国家或者社会组织中获得充足的生活资料。国家如此做的好处在于,一方面制约经济秩序对社会、人的占有与利用,另一方面,有利于国家自身权力的构建与巩固。

从根本上来说,如果国家一味地投向市场秩序的怀抱,最终的后果,不仅是经济秩序试图脱嵌社会秩序,而且同样制约政治秩序和国家权力的发展。当经济秩序和社会保护的张力达到极限时,要么发生经济危机,要么发生政治危机或者战争危机,冲破张力的界限,重建新的平衡秩序。无论是何种形式的危机,对于现代国家来说都是一种毁灭性灾难。即使国家不倾向于保护社会秩序,而社会秩序的自我保护趋向,最终也会试图挣脱经济秩序的制约与限制,冲破张力的界限,获得新的平衡。因而,当现代国家发现这个规律时,必然会利用这个力量,在平缓的节奏中,实现经济、社会和政治的均衡发展。实际上,这也是马克思主义批判性审视的根本目的,从一个更加宽广的视域,推动学科之间的融合与创新,为现代国家提供更加清晰的理论指导和实践路径,那么现代社会的福利实践进程将会平缓很多。市场、国家和社会在三者平衡的关系中,获得全面的发展。

在福利实践中,国家构建社会财富分配的合理性与合法性,杜绝财富分配的随意性与主观性。因为“财富的分配……它纯粹是与人类制度有关的问题……取决于社会的法律与习俗”①。这里的社会不是以自利活动为导向的市民社会。虽然市民社会提供了相对独立的、自由的活动场域，但是在本质上，市民社会是一个通过物的关系统治人的关系的异化社会。这里的社会指的是由自由的、现实个人组成的，人与人之间的关系社会。在这个社会中，物品的分配和利用，直接体现着人与人之间的自由的、独立的关系。人们不能依据自身的意志和喜好，随意地处置物品，他们对于物品的处置必须得到社会的认同。否则不仅社会有权利将这些物品从他的手中夺走，而且如果社会默许的话，或者不进行积极的干预，其他人也可以从他手中把这些物品拿走。因此，国家需要依据社会的习俗，构建保障社会财富分配的制度与法律，进而合理化、合法化对社会物品的利用。如此一来，社会中的每个人拥有的不仅是一件物品，同时还有一份安全感。因为“随着社会发展日趋复杂，越来越多的人会被各种各样的社会保障体系遗漏掉，那些有心理问题、身体残疾和智力障碍的人将会软弱无助。与 200 多年前相比，生活在当今世界更容易获得物质财富，却更难以解决心理问题。20 世纪沉思的精神生活与过去农村的物质生活一样艰难困苦”②。人类发展以来，安全感是人类生存生活的最大需求，也是人类美好生活的最根本保障。经济安全如此，心理安全更是如此。在福利实践中，国家不仅需要构建民众的经济安全网，而且还需要构建民众美好文化生活的心理安

① [英]约翰·斯图亚特·穆勒著.政治经济学原理(上)[M].金镝、金熠译，北京：华夏出版社，2017：169-170。

② [美]托德·布赫霍尔茨著.经济学大师们[M].黄延峰译，北京：中信出版社，2012：302。

全网。前一种安全网是有形而且具体的，可以通过经济的、政治的和社会的形式加以建设，后一种安全网则是一种文化的、民族精神和民族心理的建构。福利实践的具体路径主要由各个国家和民族的文化传统、经济发展阶段和政治制度模式共同作用形成。对于西方发达国家的福利理论和实践，中国能够借鉴的不是它们的具体模式，而是它们如何依据各自的文化传统特质，结合经济发展水平和政治制度模式，创新适合我国的福利实践路径。

基于此，我们在批判西方福利经济理论和实践的权力寻租、利益集团和官员腐败理论之后，进一步认识到国家在现代社会中，具有独立的形式和自由性。它既可以为资本服务，为官僚集团服务，也可以为社会保护服务。因此，我们的焦点不在于国家的性质问题，而在于如何利用和发挥国家权力的社会保护的趋向，构建属于中国特色社会主义的福利实践路径。如果能够站在现实个人的视角，从自由自觉的劳动实践出发，那么国家权力的规制和利用将不再成为福利实践中的难题。

本章小结

马克思主义视域的审视，主要是从唯物史观的视角出发，批判和审视西方福利经济理论和实践的前提和基础，阐明现实个人的实际生活状况的改善不仅是一个历史的过程，而且是一个由抽象到具体，再到具体的抽象的过程。这意味着现实个人的福利状况是随着社会经济的发展不断发展的，在人类历史进程的不同阶段，人们面临的福利问题内涵不尽相同。在 20 世纪初，随着资本主义经济的蓬勃发展，与之相适应的经济福利内涵逐渐凸显，因而整个20世纪，西方经济福利理论和实践由兴起、走向发展与完善。然而，经济福利只是福利问题的一个方面，随着人类社会历史进程的推进，福利问题的非经济维度日益凸显。西方福利经济理论和实践试图从经济学视域，实现突破和发展，然而，由于现代社会是资本逻辑主导的社会，囿于资本逻辑框架下的理论研究和实践尝试，始终无法突破国家或者政府权力被资本逻辑主导的命运。因此，国家或者政府权力在福利社会实践中的作用与力量经常受到新自由主义者和保守主义者的共同批判和攻击。国家平衡市场经济扩展与社会保护趋向的能量受到制约，甚至是否定。基于此，需要从马克思主义哲学的视域审视这种矛盾和冲突，进而提出现代社会福利问题的解决之道。即充分利用现代国家保护社会的趋向，推动资本逻辑极致化发展。一方面为经济福利的解决创造物质基础和前提条件，另一方面用自由自觉的劳动实践意识规制现代国家的权力，为人的总体性福利问题的解决，提供现实化的实践保障。

结语：福利问题哲学思考的当代意义

福利问题是一个古老而又常新的问题，阿马蒂亚·森认为福利问题可以追溯到亚里士多德时期，熊彼特认为现代福利经济学起源于中世纪自然法哲学系统，功利主义哲学实际上是最后一个自然法哲学系统。随着现代社会经济的深入发展，现代福利问题与古代福利问题不尽相同，尤其是现代福利经济学把福利问题限定在经济福利单一维度时，现代福利问题发生了根本变化。这种变化适应现代社会经济发展的需要，一方面，有利于资本经济发展，维持市场经济扩张和社会自我保护的平衡，另一方面，在一定程度上改善了人的生活质量，推动人的生命价值和意义的实践活动。

然而，西方福利经济学作为现代资本社会存在的理论反映，即使把经济福利研究的视域扩展到心理学、社会学和伦理学，也无法突破资本社会这个现实存在。因为“物质生活的生产方式制约着整个社会生活、政治生活和精神生活过程。不是人们的意识决定人们的存在，相反，是人们的社会存在决定人们的意识”[1]。资本主义社会的生产方式以生产资料私有制为基础,这决定资本社会中产生的一切理论都是私有制生产关系和资本社会生产力相互关系的意识表现。审视西方福利经济理论和实践,总结其经验与教训,能够为解决现实福利问题提供具体路径。西方福利经济理论经历近百年时间的洗礼,福利课题几经辗转,由纯经济福利研究,转向引入公共选择理论,最后走向与伦理学相结合的传统道德科学视域。这个历程演绎着福利经济理论的发展与成熟,同时也蕴含着福利实践的兴起、鼎盛和危机变革。

这给予我们的启示是:经济福利是资本社会经济发展的必然环节,但又不是人类社会发展的最终结果。因此,在资本社会阶段,一方面,需要推动经济福利的发展,另一方面,需要维护非经济福利的回归,而西方福利经济理论和实践却没能同时关注这两个方面。因此,马克思主义哲学视域的研究为福利课题的研究提供超越资本社会现实的可能路径。虽然社会存在决定社会意识,社会意识是一定社会存在的反映,但是人的意识具有相对的独立性,“它不用想象某种现实的东西就能现实地想象某种东西”[2],并且现代资本社会的生产关系与生产力之间的矛盾逐渐凸显,因此即使从社会存在决定社会意识的角度来说,福利课题研究也具有突破资产阶级经济学框架,超越传统经济人假设,关注现实个人的总体性福利的趋向。西方福利经济实践经验已经表明:当人的经济福利水平达到“门槛值”后,国民经济进一步增长并不能持

---

① 马克思恩格斯选集(第二卷)[M].北京:人民出版社,1995:32。
② 德意志意识形态(单行本)[M].北京:人民出版社,2003:26。

续地提升经济福利，相反，随着社会经济发展成本的增加，尤其是生态环境成本和人力资源成本增高时，人的福利水平反而会降低。换言之，非经济福利维度日益凸显，人的心理安全、精神需求逐渐成为影响福利水平的重要因素。当然，资本逻辑是当今社会最根本的现实存在，研究非经济福利向度，试图推动经济发展转向非经济目标，必然遭遇资本逻辑的阻碍。这是由资本社会的生产关系决定的，私人生产优先性有利于资本逻辑的增殖，但是现代资本发展有其自身界限，尤其是当资本增殖与资本自身发生矛盾时，资本社会经济发展转向非经济目标是其必然趋向。不过，在社会经济发展目标发生转向之前，由于当今世界经济发展不均衡的现状，我们在研究福利课题，应该需要注意发达国家与发展中国家遭遇的难点不尽相同。

当前西方福利经济理论和实践沿着两个方向实现一定程度的突破，为现代福利课题的解决提供理论的支撑和实践的指引。

一是由阿马蒂亚·森开启的非福利主义趋向，突破传统福利经济理论单一效用标准，用可行能力视角代替传统资源视角，用公平正义的标准衡量人的实际生活状态。这种非福利主义的实践导向转变社会经济发展的目标，摆脱传统经济生产优先性，转向人的自由权利和可行能力。这种自由发展的宗旨是美好的，但是当这种理论应用于福利实践时，不得不借助于传统福利的量度方法，把人的生活质量局限于物品和劳务的消费上。其实这不是自由权利视角自身的问题，而是由资本社会的现实存在决定的。因为现代社会是资本逻辑主导的社会，一切社会存在都成为资本增殖的工具和环节，因此，当局限于资产阶级经济学视域的福利理论趋向福利实践时，必然受制于资本逻辑。因为资本逻辑的根本目的是最大化资本利益，人的福利作为资本增殖的对立面，受制于资本增殖最大化的限制。按照西方福利经济理论，人的福利源自商品和劳务的消费，这种消费的限度应该是刚刚足够维持人的基本生存生活，才符合资本增殖最大化的逻辑。如果人的福利超过这一限度，就意味着资本把自身利益让渡给人的福利。基于此，虽然阿马蒂亚·森突破了阿罗不可能定理，把西方福利经济理论推进更加广阔的研究视域，但是仍然不能解决资本逻辑与人的福利相对立的矛盾，因此在趋向福利实践时，这种福利理论并不能最终解决现代人的福利问题。

另一个方向是由行为经济学和神经经济学开启的综合性视域。把经济学与心理学和脑神经科学结合起来，用科学实证的方法批判经济人假设。这种方法确实推动了西方福利经济理论的发展，同时包含效用福利视角和自由权利价值视角，利用心理学和脑神经科学的工具与方法，发展传统经济理论。一方面为效用价值的量度提供可靠的方法和数据，解决人际间效用比较问题。另一方面为公平正义标准提供心理依据和脑神经反应数据，解决价值判断难题。然而，这种融合创新的福利经济理论导向福利实践时，同样遭遇国家或者政府权力寻租问题。这个问题同样不是福利经济理论自身的问题，而是现代国家本性的问题。因为现代国家是资本主义生产方式下的政治生活表现，受制于以私有制为基础的生产方式。换言之，现代国家具有双重向度，既可以为资本服务，推动市场经济扩张，又可以为社会服务，实现社会自我保护。至于国家权力最终趋向何种服务，在现代民主社会中，取决于市场、社会和国家三方的较量。由于资本逻辑是现代社会的主导逻辑，经济秩序制约政治关系，因此，国家权力往往倾向于维护资产阶级的利益。基于此，主张以国家权力协调经济效率与社会平等关系的社会福利实践，其实践的初衷与实践成效往往出现背离现象。即“在较富裕的社会中，大部分的收入再分配是在中产阶级内部‘倒腾’，从一个口袋到另一个口袋，并减去由官僚制度、拉选票和裙带关系所产生的行政费用和无效率费用”①。因此，从这个角度来说，融合创新的福利经济理论仍然无法超越资本逻辑的框架，切实解决人的福利问题。

马克思主义哲学对其批判的优势在于：马克思主义的唯物史观为其理论发展和转向提供根本指导。其一，现实个人对理性经济人的批判，可以深入到社会现实生活中去。这意味着从社会经济现实存在的视角，解决现实个人的自由全面发展问题。社会经济发展阶段不同，福利课题内涵不同，解决福利问题的实践途径各不相同。西方福利经济理论实际上是与资本社会经济发展状况相适应的理论表现。由初创时期的经济福利阐释到突破和融合时期非经济福利问题的凸显，这实际上是资本社会经济发展在福利理论研究中的表现。这启示我们在推进社会福利实践时，应该结合社会经济发展所处阶段，实施与之相适应的经济政策和社会政策。具体而言，当社会经济发展处于初级阶段时，经济福利应该占据福利实践的首要地位。应该持续推进社会经济发展，创造和积累巨额社会财富，为经济福利的解决提供物质基础和前

① [美]汤姆·戈·帕尔默著.俾斯麦的遗产.[美]汤姆·戈·帕尔默主编.福利国家之后[M].熊越、李杨、董子云等译，海口：海南出版社，2017：040。

提。当社会经济发展到一定程度,经济福利达到“门槛值”时,应该深入关注非经济福利维度,把经济发展的目标转向非经济目标。当然,这是一个艰难的历史过程,然而,这是人类历史发展的根本方向。

其二,不同国家和民族的文化传统特质、政治实践模式和经济发展阶段各不相同,因此规制国家力量的具体路径各不相同。然而,这里强调的是:无论是新自由主义者,还是保守主义者,在面对现代资本市场时,他们都认识到国家力量在平衡市场经济扩张与社会自我保护张力关系的重要作用,不过对国家在经济活动中的角色定位和职能界限存在争议。在资本社会中,国家协调市场经济和社会保护张力关系遭遇质疑和非难的根本原因在于:新自由主义者认为国家实施的福利实践措施阻碍和影响个人自由权利,因此主张福利问题应该由个人负责为主体,社会组织为辅助,国家作为第三方补充力量。实际上,这是资本社会中市场与社会对立和分裂的矛盾关系在意识形态中的反映。问题的关键是:把个人自由与社会自由统一起来,把影响西方人意识的三个基本事实[①]统一起来。自由人联合体意味着个人自由与社会自由的统一,劳动实践与人的全面发展的统一。基于此,自由人联合体对现代国家的指引是:通过自由劳动实践构建个人自由与社

① 对死亡的认识,对自由的认识以及对社会的认识。[英]卡尔·波兰尼著.巨变:当代政治与经济的起源[M].黄树民译,北京:社会科学文献出版社,2017:352。“有关死后情况的设想……形成了人类天赋中最重要的一个原则,对死亡的恐惧——这是人类幸福的巨大破坏者,但又是对人类不义的巨大抑制;对死亡的恐惧折磨和伤害个人的时候,却捍卫和保护了社会”。[英]亚当·斯密著.道德情操论[M].蒋自强等译,北京:商务印书馆,2006:11。

会自由的统一性，开启人的自由自觉的劳动意识，为人的自由生活提供精神密钥。国家集体作为协调现代社会矛盾的独立性存在形式，具有双重向度。我们应该充分利用现代国家服务社会的性质，保障社会自我保护向度的发展。

发达国家的经济福利水平达到"门槛值"，非经济福利维度异常凸显，如果福利课题仍然局限于资产阶级经济学视域，非经济福利维度必然受制于资本逻辑，长期处于徘徊状态，无法推动总体性福利进程。因此，对于西方发达国家来说，虽然，它们有着丰富的理论和实践经验，但是由于福利课题重心发生转移，因此，福利实践模式和路径仍然需要创新，而且这种创新是超越资本逻辑框架的创新。换言之，"当积累财富不再具有那么大的社会重要性时，我们先前的道德准则也将会发生重大的变化"①。因此发达国家的福利实践需要解决的首要问题是转变人类恒久以来的传统观念，比如重利盘剥的逐利本性和迷恋金钱的占有欲望。这将是翻天覆地的变化，也将是深入骨髓的洗礼。风平浪静不是它的方式，暴风骤雨的洗礼才能实现根本转向。

相对于发达国家的彻底转变和观念洗礼，发展中国家的经济现状决定其福利课题的重心仍然是社会经济的发展。不过，鉴于发达国家福利实践的教训和人类自然环境的界限、人的社会关系的界限，发展中国家在处理福利课题时，不能完全照搬发达国家的传统经验。应该结合本国文化传统、政治制度模式和经济发展阶段，统筹构建符合本国国情的社会福利实践系统。

---

① [英]约翰·梅纳德·凯恩斯著.劝说集[M].李井奎译，北京：中国人民大学出版社，2016：214。

当前中国经济处于转型时期，经济发展由高速转向高质量发展，社会财富总量巨大，但是社会财富分配不均等现象日益显现。中国改革开放以来积累的自然环境债务和社会分配不公债务，是当前中国改革攻坚的重心。新时代经济的高质量发展，一方面是指降低经济发展的社会成本和自然成本，另一方面是指平衡经济效率与社会效用之间的关系，把增进民众福祉作为发展的首要目标。中国经济发展处于人类历史新时代的大背景下，中国民生问题必然与之相呼应。因此，新时代中国民生问题需要同时解决两种福利课题：一种是经济福利，即满足民众物质生活需求；另一种是非经济福利，即满足民众美好生活需要。

因此，中国在福利实践中，需要切实处理以下几个重要问题。第一，转变政府职能，以服务企业、盘活市场活力为经济管理目标。因为"在社会主义条件下，国家承担着双重任务，一方面，必须确保经济的发展，按经济的规律、原则指导和管理经济；另一方面，必须按照社会的原则，以人为本，改善民生，激发所有人的积极性，实现社会和谐"①。经济领域按照市场原则、资本原则、财富原则，激发市场经济最大活力。国家在其中的角色和作用不是直接管理企业，而是创造公平公正的自由竞争环境。另一方面，非经济领域按照社会原则、人本原则，共享经济发展成果，而且共享模式不同于传统的以国家为主导的社会财富的二次分配，而是创新共享经济模式，国家引导经济生产和社会效益，直接返利于民。比如当前的税收改革，国家采取退税降费的措施，这实际上

① 孙承叔.资本、国家与社会主义——社会生活的两重性与国家治理的两重性[J].中国浦东干部学院学报，2018(6)：25－35。

是创新性共享经济模式。这种模式的优势在于，直接把社会经济发展的成果返利于民。这有利于激发个体创造财富的积极性，而且有利于个体自由全面发展的切实落实。另一方面，在一定程度上规制政府权力寻租问题。换言之，在一定程度上转变政府传统服务职能，把传统的财富转移支付形式，转换为直接的减税降费模式。如此一来，政府权力导向不是组织二次分配，而是根据个体效率和贡献能力，直接返利于民。不过这种创新共享经济发展成果的模式，是一种具体的社会政策。实际上，中国在社会福利实践过程中，税收问题的根本解决途径是税收制度的改革。这种改革包括两种趋向：一种是改变传统的税收模式，借鉴西方福利国家的税收机制，比如设置资本税和遗产税。另一种是根据社会经济发展程度，实施激活市场经济活力的普惠式减税降费措施。后一种税费改革的目的是增强市场竞争活力，把经济效率与个人福利水平直接挂钩。这两种税收改革可以从根本上激活市场经济自由竞争的能量与活力。

第二，开发人力资源，增强市场竞争能力和活力。当前中国经济发展处于转型时期，由高速发展转向高质量发展。这意味着传统的劳动密集型产业结构的转型，而且意味着传统的以自然环境破坏为代价的经济模式的转型。这种转型所需的首要条件是自由自觉的劳动及其劳动力的自由流动。如果劳动力资源能够得到适度开发，不仅可以激活市场经济的活力，实现中国社会经济的快速转型，而且可以提高劳动效率，发展优势产业和企业，进而实现民族企业的全球化模式。虽然现代社会是资本逻辑主导的社会，但是，人民是社会发展的根本力量。劳动力的充分发展和利用,是中国社会经济走向另一个辉煌时代的根本力量。中国当前阻碍劳动力自由流动的重要因素不是安土重迁的传统观念,而是中国严格的户籍制度。户籍制度对劳动力自由流动的最大影响不是限制劳动者的人身自由,而是限制劳动者获得社会福利保障的自由。尤其是城乡二元户籍制,更加阻碍劳动力的自由流动,这从根本上限制了中国特色社会主义市场经济的活力和能力。因此,户籍制度的改革,可以为市场经济的发展提供充分的劳动力资源,而且这种资源按照自由竞争的市场机制实现最优化配置。从根本上推动社会劳动力的发展与提高,创造出更多、更大的社会财富。同时户籍制改革涉及现实个人享受社会福利保障的自由与权利问题。当前中国实施的城乡二元户籍制度,不同户籍享受的社会福利保障内容和水平存在巨大差异。实际上,中国社会经济发展的成果是由全体民众共同创造的,经济发展的成果应该由全体民众共同享有,这是民众的基本权利和自由。然而基于二元户籍制度的社会福利模式并不能保障这种自由和权利,反而成为民众实现福利权利和自由的阻碍。因此,无论是从发展社会经济视角,激活中国特色社会主义市场经济活力来说,还是从民众的福利权利视角,户籍制度改革是当前中国社会经济转型和国家政治改革面临的重要课题。

第三,构建全面教育系统,提高国民综合素质。按照托马斯·皮凯蒂的理论:科学知识和技术是推动当今世界经济趋同的重要力量。[①]一国的科学知识和技术水平,由该国的国民素质来

① [法]托马斯·皮凯蒂著.21世纪资本论[M].巴曙松、陈剑等译,北京:中信出版社,2014。

表现。当前中国处于全球信息化革命大环境中，从国家宏观层面来讲，中国社会经济和国家政治的发展需要掌握科学知识和技术的人才。从民众个体微观层面来讲，个人财富创造和积累以及幸福生活水平的提升，需要个人掌握适应社会经济发展的科学知识和劳动技能。在构建全面教育系统和培养国民素质方面，做得比较好的主要是西方发达国家。一方面是由于它们的经济发展水平已经达到相当高的程度，与此相适应的个人素质也得到提升与改造。另一方面是因为西方发达国家，尤其是北欧国家的福利保障体系非常注重劳动者素养的培养和塑造。基于此，当前中国社会经济发展过程中，应该借鉴北欧国家的全面教育体系，着重构建多种类型的教育保障。依据教育目的可以划分为综合素养教育和职业技能教育，当前还应该关注休闲娱乐技能教育。随着中国社会经济持续发展，社会教育投入力度应该按照国民收入的比例适当增加。当前西方发达国家的教育资源投入比例占国民收入的9%左右，中国教育支出占国民收入比例为4.22%（2016），① 世界平均教育支出比例是7%，欠发达国家的教育支出比例是4.1%。因此，从中国经济总量来说，教育投入比例还有很大的上升空间。

然而，正如党的十九大报告所指出的，当前中国社会经济发展存在很大的不均衡不充分状况，同样教育资源分配也存在极大的不均衡不充分状况。在中国经济发达地区，人均教育资源达到

① 通过对1991—2016年《中国教育经费统计年鉴》中的相关数据进行整理发现，全国财政性教育经费占GDP比例由1991年的2.81%上升至2016年的4.22%。王善迈、赵婧.教育经费投入体制的改革与展望——纪念改革开放40周年[J].教育研究，2018(8)：4-10。

发达国家水平,但是在经济欠发达地区,甚至贫困地区,人均教育资源占有率远远落后于发达地区,甚至落后于欠发达国家。基于此,当前国家或者政府的着力点不仅是要构建全面的教育系统,而且应主动协调教育资源分配比例,进而保障民众享受教育的自由和权利。因此,发达地区的教育保障,应该致力于协调综合素养教育、职业技能教育和休闲娱乐技能教育的平衡。所谓综合素养教育系统,就是着重受教育者的全面素养培养,包括科学知识、人格品质和道德素养等。这种教育有利于提高整个民族的综合文化素养,进而有利于整体社会劳动生产力的提升。职业技能教育实际上是为市场经济提供具有较高劳动效率的劳动者,着重于培养受教育者的劳动技能和技术。这部分教育的重要性在于不仅从社会经济发展的视角出发,推动劳动者就业能力的培养,而且客观上也推动劳动者福利保障的实现。并且不是单纯地依靠国家或者和政府供养,而是以开发劳动力资源的方式,推动个体福利增进。这不仅有利于市场经济的高效发展,而且有利于社会财富初次分配的公平公正。至于休闲娱乐技能教育系统,这是一种新型的教育系统,通常适用于经济发达地区。因为按照提勃尔·西托夫斯基的理论,"文明的不断进步将会促使我们的幸福,如果我们享受闲暇的教育和我们的闲暇时间同步推进的话。如果不同步,问题就会产生"①。西托夫斯基是通过心理学视角,分析美国社会经济发展和社会福利现状的适应性,得出如上结论。他认为随着社会经济持续发展,人们的物质生活水平得到保障和

---

① [美]提勃尔·西托夫斯基著.无快乐的经济:人类获得满足的心理学[M].高永平译,北京:中国人民大学出版社,2008:前言2-3页。

提升，但是如果人们享受闲暇的方式和途径不能够随之得到改善的话，人们会陷入低级娱乐困境中，比如赌博和吸毒。而高级娱乐和享受需要耐心、技能、自律和毅力，因此这部分品质不是个人天然获得的，而是需要通过后天教育和习惯培养获得。因此，提出应该“像培训生产技能一样培训他们进行良性休闲的技能，并为他们提供使用这些技能的机会”①。中国社会经济发展存在不均衡不充分的现状，因此，国家在构建全面教育系统时，应该同时关注三种教育类型，并因地制宜地推进与当地经济发展水平相适应的教育模式。

从经济发展是福利问题解决的前提和基础来看，转型时期的中国经济需要国家转变传统职能，坚持深入改革开放的前提下，进一步转换政府服务职能。由传统被动服务转向主动服务，利用信息科技革命成果，运用大数据技术，主动分析社会经济结构和产业结构，进而为企业发展提供具体的服务和扶持。比如当前推进供给侧结构性改革，包括商品生产、资本金融等各个领域供给侧结构性改革，这实际上是中国政府利用自身优势和特点，为社会经济发展主动服务的表现。然而，这种国家职能服务的转变会触及既得利益者、官僚利益集团，但是中国共产党有这样的决心和意志，“触动利益比触及灵魂还难，再深的水也得趟，因为别无选择，它关乎国家的命运、民族的前途”。②从市场扩张和社会保护的张力关系来看，中国应该致力于解放和激发劳动力市场的竞

① [美]提勃尔·西托夫斯基著.无快乐的经济：人类获得满足的心理学[M].高永平译，北京：中国人民大学出版社，2008：6。

② 国际金融报，2013 年 3 月 18 日，第五版。http://paper.people.com.cn/gjjrb/html/2013-03/18/content_1212127.htm?div=-1，2019-02-24。

争活力,进而为社会生产力的提高和社会福利水平的增进注入活力。从西方福利国家的实践经验来看,自由竞争的劳动力市场有利于激发市场经济活力,而且有利于增进个体劳动者创造财富和积累的能力。换言之,劳动不仅是社会财富的来源,而且是人的幸福生活的实践保障,劳动是一切历史的第一个前提,“一个很明显的而以前完全被人忽略的事实,即人们首先必须吃、喝、住、穿,就是说首先必须劳动,然后才能争取统治,从事政治、宗教和哲学等等”①。从这个角度来说,劳动是个体实现自由全面发展的根本途径和方式。因此,把两者结合起来看,那么自由竞争的劳动力市场,不仅可以激活市场经济效率,而且可以培养和塑造现实的个人的自由自觉的劳动意识,为实现的人的自由全面发展提供物质和精神条件。至于全面教育系统的建构,它是提高国民素质和促进社会经济、政治制度变革的重要力量。在信息科技革命的当前阶段,教育的力量和作用远远超过历史任何时期,因此,构建全面教育系统,一方面,提高国民素质,为经济、政治和社会发展提供最根本的人力资源资本。另一方面,培养和塑造劳动者自由自觉的劳动意识,以及推进劳动者创新幸福体验模式。无论是从经济发展的视角,还是从社会保护的视角,教育都是立国之本,也是构建文化自信的核心环节。

总体而言,福利问题哲学思考的当代意义在于两个方面。一方面,推动西方福利经济理论实现真正的创新与融合,发掘它指导社会福利实践的能量。另一方面,推动马克思主义哲学研究的

① 马克思恩格斯文集(第3卷)[M].北京:人民出版社,2009:459。

现实化与具体化,结合中国经济发展特质,指导中国社会福利实践活动。阐明社会福利实践模式建立在社会经济状况、政治制度模式和文化传统特质相互协调的基础上。发达国家的福利实践重心是解决经济福利的瓶颈问题,推动社会发展转向非经济目标。发展中国家的福利实践重心是维持经济发展与社会保护二者的张力平衡,避免遭遇西方发达国家的福利实践困境,最终超越资本逻辑,实现人的自由全面发展这一根本目的。

参考文献

一、中文文献

(一)著作

[1] 马克思恩格斯选集(第1—4卷)[M].北京:人民出版社,1995年。

[2] 马克思恩格斯文集(第5卷)[M].北京:人民出版社,2009年。

[3] 马克思恩格斯文集(第6卷)[M].北京:人民出版社,2009年。

[4] 马克思恩格斯文集(第6卷)[M].北京:人民出版社,2009年

[5] 马克思恩格斯文集(第8卷)[M].北京:人民出版社,2009年。

[6] 马克思恩格斯全集(第1卷)[M].北京:人民出版社,1956年。

[7] 马克思恩格斯全集(第4卷)[M].北京:人民出版社,1979年。

[8] 马克思恩格斯全集(第47卷)[M].北京:人民出版社,1979年。

[9] 马克思恩格斯全集(第30卷)[M].北京:人民出版社,1995年。

[10] 马克思恩格斯全集(第31卷)[M].北京:人民出版社,1995年。

[11] 马克思、恩格斯著.德意志意识形态(节选本)[M].北京:人民出版社,2003年。

[12] 马克思著.1844年经济学哲学手稿(单行本)[M].北京:人民出版社,2000年。

[13] [印度]阿马蒂亚·森著.正义的理念[M].王磊、李航译,北京:中国人民大学出版社,2012年。

[14] [印度]阿马蒂亚·森著.伦理学与经济学[M]王宇.王文玉译,北京:商

务印书馆,2014 年。

[15] [印度]阿马蒂亚·森、詹姆斯·福斯特著.论经济不平等[M].王利文、于占杰译,北京:人民大学出版社,。

[16] [印度]阿马蒂亚·森著.集体选择与社会福利[M]胡的的、胡毓达译,上海:上海科学技术出版社,2004 年。

[17] [印度]阿马蒂亚·森著.以自由看待发展[M].任赜、于真译,北京:中国人民大学出版社,2013 年。

[18] [印度]阿马蒂亚·森著.身份与暴力[M].李风华、陈昌升、袁德良译,北京:中国人民大学出版社,2012 年。

[19] [美]埃里克·马斯金、阿马蒂亚·森等著.选择的悖论[M].黄永译,北京:中信出版社,2016 年。

[20] [美]安格斯·迪顿著.逃离不平等——健康、财富及不平等的起源[M].崔传刚译,北京:中信出版社,2014 年。

[21] [英]阿尔弗雷德·马歇尔著.经济学原理[M].宇琦译,长沙:湖南文艺出版社,2012 年。

[22] [英]阿瑟·塞西尔·庇古著.福利经济学(下)[M].金镝译,北京:华夏出版社,2013 年。

[23] [英]阿瑟·塞西尔·庇古著.福利经济学(上)[M].金镝译,北京:华夏出版社,2013 年。

[24] [英]阿瑟·塞西尔·庇古著.社会主义和资本主义的比较[M].黄延峰译,北京:电子工业出版社,2013 年。

[25] [英]安东尼·吉登斯著.第三条道路:社会民主主义的复兴[M].郑戈译,北京:北京大学出版社,2000 年。

[26] [英]安东尼·吉登斯著.现代性后果[M].田禾译,南京:译林出版社,2011 年。

[27] [美]艾伯特·O.赫希曼著.转变参与:私人利益与公共行动[M].李增刚译,上海:上海人民出版社,2015 年。

[28] [美]艾伯特·O.赫希曼著.退出、呼吁与忠诚:对企业、组织和国家衰退的回应[M].卢昌崇译,上海:格致出版社,2015 年。

[29] [瑞典]阿萨·林德贝克著.新左派政治经济学:一个局外人的看法[M].张自庄、赵人伟译,北京:商务印书馆,2013 年。

[30] [英]埃蒙·巴勒特著.解读亚当·斯密[M].王巧玲、陈叶盛译,西安:陕西人民出版社,2009 年。

[31] [美]A.E.门罗编.早期经济思想[M].蔡受百译,北京:商务印书馆,2011 年。

[32] [瑞典]埃克隆德著.瑞典经济:现代混合经济的理论与实践[M].刘国来译,北京:北京经济学院出版社,1989 年。

[33] [英]彼得·德·哈恩著.从凯恩斯到皮凯蒂:20 世纪的经济学巨变[M].朱杰、安子旺、于东生译,北京:新华出版社,2017 年。

[34] [古希腊]柏拉图著.理想国[M].郭斌和,张竹明译,北京:商务印书馆,1986 年。

[35] [美]保罗·W.格莱姆齐、[瑞士]恩斯特·费尔、[美]科林·F.卡默勒等主编.神经经济学:决策与大脑[M].周晓林、刘金婷等译,北京:中国人民大学出版社,2014 年。

[36] [美]保罗·萨缪尔森、威廉·诺德豪斯著.萨缪尔森谈效率、公平与混合经济[M].萧琛主译,北京:商务印书馆,2012 年。

[37] [美]保罗·萨缪尔森、威廉·诺德豪斯著.萨缪尔森谈财税与货币政策[M].萧琛主译,北京:商务印书馆,2012 年。

[38] [美]鲍莫尔著.福利经济及国家理论[M].郭家麟、郑孝齐译,北京:商务印书馆,1982 年。

[39] 陈银娥著.现代社会的福利制度[M].北京:经济科学出版社,2000 年。

[40] [英]大卫·李嘉图著.政治经济学及赋税原理[M].周洁译,北京:华夏出版社,2013 年。

[41] 丁冰著.瑞典学派[M].武汉:武汉出版社,1996 年。

[42] 丁建定著.社会福利思想[M].武汉:华中科技大学出版社,2005 年。

[43] [美]戈登·图洛克著.收入再分配的经济学[M].范飞、刘琨译,上海:上海人民出版社,2017 年。

[44] [美]戈登·图洛克著.特权和寻租的经济学[M].王永钦、丁菊红译,上海:上海人民出版社,2017 年。

[45] 董德刚等著.经济哲学[M].北京:中共中央党校出版社,2003 年。

[46] [丹麦]哥斯塔·埃斯平-安德森著.福利资本主义的三个世界[M].苗正民、滕玉英译,北京:商务印书馆,2010 年。

[47] 郭金华总主编，占茂华著.自然法观念的变迁[M].北京：法律出版社，2010年。
[48] [美]司马贺著.人类的认知——思维的信息加工理论[M].荆其诚、张厚粲译，北京：科学出版社，1986年。
[49] 赫伯特·西蒙著.管理行为[M].詹正茂译，北京：机械工业出版社，2013年。
[50] [澳大利亚]黄有光著.福利经济学[M].周建明等译，北京：中国友谊出版公司出版，1991年。
[51] 黄有光著.社会福祉与经济政策[M].唐翔译，北京：北京大学出版社，2005年。
[52] 何秉孟、李千著.新自由主义评析[M].北京：社会科学文献出版社，2012年。
[53] 贺卫著.寻租经济学[M].北京：中国发展出版社，1999年。
[54] [德]何梦笔主编.秩序自由主义：德国秩序政策论集[M].董靖、陈凌、冯兴元等译，北京：中国社会出版社，2002年。
[55] 黄范章著.瑞典"福利国家"的实践与理论[M].北京：商务印书馆，2021年。
[56] [英]J.A.霍布森著.财富的科学[M].于树生译，北京：商务印书馆，2015年。
[57] [美]约瑟夫·熊彼特著.经济分析史(第三卷)[M].朱泱等译，北京：商务印书馆，1996年。
[58] [美]约瑟夫·熊彼特著.经济分析史(第一卷)[M].朱泱等译，北京：商务印书馆，1996年。
[59] [美]约瑟夫·熊彼特著.经济分析史(第二卷)[M].朱泱等译，北京：商务印书馆，1996年。
[60] [美]约瑟夫·熊彼特著.资本主义、社会主义与民主[M].吴良建译，北京：商务印书馆，1996年。
[61] [英]约翰·凯恩斯著.劝说集[M].李井奎译，北京：中国人民大学出版社，2016年。
[62] [英]约翰·斯图尔特·穆勒著.功利主义[M].徐大建译，北京：商务印书馆，2016年。

[63] [英]约翰·斯图亚特·穆勒著.政治经济学原理(上)[M].金镝、金熠译,北京:华夏出版社,2017 年。

[64] [英]约翰·斯图亚特·穆勒著.政治经济学原理(下)[M].金镝、金熠译,北京:华夏出版社,2017 年。

[65] [英]约翰·穆勒著.论政治经济学的若干未定的问题[M].张涵译,北京:商务印书馆,2012 年。

[66] [澳]约翰·金著.尼古拉斯·卡尔多[M].贾晓屹、张军译,北京:华夏出版社,2010 年。

[67] [英]约翰·希克斯著.经济史理论[M].厉以平译,北京:商务印书馆,2011 年。

[68] [美]加耳布雷思著.丰裕社会[M].徐世平译,上海:上海人民出版社,1965 年。

[69] [美]约翰·肯尼斯·加尔布雷思著.1929 年大崩盘[M].沈国华译,上海:上海财经大学出版社,2017 年。

[70] [美]约翰·E.罗默著.在自由中丧失:马克思主义经济哲学导论[M].段中桥、刘磊译,北京:经济科学出版社,2003 年。

[71] [英]杰里米·边沁著.道德与立法原理导论[M].时殷弘译,北京:商务印书馆,2011 年。

[72] [美]乔治·索罗斯著.金融炼金术[M].孙忠、侯纯译,海口:海南出版社,2016 年。

[73] [英]詹姆斯·A.莫里斯著.福利、政府激励与税收[M].王俊译,北京:中国人民大学出版社,2013 年。

[74] 卡尔·波兰尼著.巨变:当代政治与经济的起源[M].黄树民译,北京:社会科学文献出版社,2017 年。

[75] [美]肯尼斯·J.阿罗著.社会选择与个人价值[M].丁建峰译,上海:上海人民出版社,2010 年。

[76] [英]莱昂内尔·罗宾斯著.经济科学的性质和意义[M].朱泱译,北京:商务印书馆,2009 年。

[77] [美]理查德·塞勒著."错误"的行为:行为经济学的形成[M].王晋译,北京:中信出版社,2018 年。

[78] [美]理查德·泰勒著.赢家的诅咒:经济生活中的悖论与反常现象

[M].高翠霜译,北京:中信出版社,2018 年。
[79] [美]理查德·塞勒、卡斯·桑斯坦著.助推——如何做出有关健康、财富与幸福的最佳决策[M].刘宁译,北京:中信出版社,2018 年。
[80] [美]理查德·豪伊著.边际效用学派的兴起[M].晏志杰译,北京:中国社会科学出版社,1999 年。
[81] [美]兰迪·T.西蒙斯著.政府为什么会失败[M].张媛译,北京:新华出版社,2017 年。
[82] [英]李特尔著.福利经济学评述[M].陈彪如译,北京:商务印书馆,2014 年。
[83] [德]路德维希·艾哈德著.大众的福利[M].丁安新译,武汉:武汉大学出版社,1995 年。
[84] [德]路德维希·爱哈德著.社会市场经济之路[M].丁安新译,武汉:武汉大学出版社,1998 年。
[85] 厉以宁、吴易风、李懿著.西方福利经济学述评[M].北京:商务印书馆,1984 年。
[86] 鲁品越.资本逻辑与当代现实[M].上海:上海财经大学出版社,2006 年。
[87] [德]马克斯·韦伯著.新教伦理与资本主义精神[M].龙靖译.合肥:安徽人民出版社,2012 年。
[88] [英]马丁·鲍威尔主编.理解福利混合经济[M].钟晓慧译,北京:北京大学出版社,2011 年。
[89] [英]诺曼·巴里著.福利[M].储建国译,长春:吉林人民出版社,2005 年。
[90] [韩]朴炳铉著.社会福利与文化:用文化解析社会福利的发展[M].高春兰、金炳彻译.[M].北京:商务印书馆,2012 年。
[91] [印度]普塔斯瓦梅亚编.约翰·希克斯对经济理论和应用的贡献[M].王志伟等译,北京:华夏出版社,2011 年。
[92] 裴小革著.瑞典学派经济学[M].北京:经济日报出版社,2008 年。
[93] 彭华民等著.西方社会福利理论前沿[M].北京:中国社会科学出版社,2009 年。
[94] [古希腊]色诺芬著.经济论　雅典的收入[M].张伯健、陆大年译,北京:商务印书馆,2011 年。

[95] 孙承叔著.资本与历史唯物主义:《资本论》及其手稿当代解读[M].上海:复旦大学出版社,2013年。
[96] 孙承叔著.资本与社会和谐[M].重庆:重庆出版社,2008年。
[97] 孙承叔著.真正的马克思:《资本论》三大手稿的当代意义[M].北京:人民出版社,2009年。
[98] 孙承叔、韩欲立、钱厚诚、罗富尊著.重建历史唯物主义——西方马克思主义基础理论研究[M].上海:复旦大学出版社,2015年。
[99] 孙承叔、王东著.对《资本论》历史观的沉思[M].上海:学林出版社,1988年。
[100] 孙月平、刘俊、谭军编著.应用福利经济学[M].北京:经济管理出版社,2004年。
[101] 沈越著.德国社会市场经济探源[M].北京:北京师范大学出版社,1999年。
[102] [美]提勃尔·西托夫斯基著.无快乐的经济:人类获得满足的心理学[M].高永平译,北京:中国人民大学出版社,2008年。
[103] [美]汤姆·戈·帕尔默编.福利国家之后[M].熊越、李杨、董子云等译,海口:海南出版社,2017年。
[104] [法]托马斯·皮凯蒂著.21世纪资本论[M].巴曙松、陈剑等译,北京:中信出版社,2014年。
[105] [美]托德·布赫霍尔茨著.经济学大师们[M].黄延峰译,北京:中信出版社,2012年。
[106] [日]堂目卓生著.解读亚当·斯密之《道德情操论》与《国富论》[M].杨玲译,北京:求真出版社,2012年。
[107] 吴晓明、邹诗鹏主编.全球化背景下的现代性问题[M].重庆:重庆出版社,2009年。
[108] 吴晓明.哲学之思与社会现实[M].武汉:武汉大学出版社,2010年。
[109] 吴晓明.王德峰.马克思的哲学革命及其当代意义[M].北京:人民出版社,2005年。
[110] 吴晓明.超感性世界的神话学及其末路[M].北京:中国人民大学出版社,2011年。
[111] 吴晓明.思入时代的深处:马克思哲学与当代世界[M].北京:北京师

范大学出版社，2006 年。
[112] [日]武川正吾著.福利国家的社会学[M].李莲花、李永晶、朱珉译，北京：商务印书馆，2011 年。
[113] 王志凯著.比较福利经济分析[M].杭州：浙江大学出版社，2004 年。
[114] 王桂胜主编.福利经济学[M].北京：中国劳动社会保障出版社，2007 年。
[115] [瑞士]西斯蒙第著.政治经济学新原理：或论财富同人口的关系[M].何钦译，北京：商务印书馆，2020 年。
[116] [瑞士]西斯蒙第著.政治经济学研究(第一卷)[M].胡尧步、李直、李玉民译，北京：商务印书馆，2011 年。
[117] [瑞士]西斯蒙第著.政治经济学研究(第二卷)[M].胡尧步、李直、李玉民译，北京：商务印书馆，2011 年。
[118] 解静著.福利国家模式变迁的历史比较研究[M].长春：吉林人民出版社，2016 年。
[119] [古希腊]亚里士多德著.尼各马可伦理学[M].廖申白译注，北京：商务印书馆，2003 年。
[120] [古希腊]亚里士多德著.政治学[M].颜一、秦典华译，北京：中国人民大学出版社，2003 年。
[121] [英]亚当・斯密著.道德情操论[M].蒋自强等译，北京：商务印书馆，2006 年。
[122] [英]亚当・斯密著.国富论[M].张晓林、王帆译，长春：时代文艺出版社，2011 年。
[123] [英]亚当・斯密原著.左手《国富论》右手《道德情操论》[M].焦亮编译，北京：中央编译出版社，2009 年。
[124] 余源培著.马克思主义经济哲学及其当代意义[M].上海：复旦大学出版社，2010 年。
[125] 姚明霞著.福利经济学[M].北京：经济日报出版社，2005 年。
[126] 张世贤主编.西方经济思想史[M].北京：经济管理出版社，2009 年。
[127] 朱荣科著.社会主义福利经济学[M].哈尔滨：黑龙江人民出版社，1998 年。
[128] 张曙光.人的世界与世界的人：马克思的思想历程追踪[M].郑州：河南人民出版社，1994 年。

[129] 张曙光.现代性论域及其中国话语[M].武汉:武汉大学出版社,2010 年。

[130] 张曙光.生存哲学:走向本真的存在[M].昆明:云南人民出版社,2001 年。

（二）论文

[1] 毕照卿、宋朝龙.走进历史的自由:马克思自由思想的三重维度[J].理论月刊,2018 年第 7 期。

[2] 鲍金.论经济哲学的理论定位——基于对《哲学的贫困》、《资本论》和《贫困的哲学》的考察[J].上海交通大学学报(哲学社会科学版),2014 年第 5 期。

[3] 曹典顺.自由的尘世根基——《黑格尔法哲学批判》研究[M].吉林大学博士论文,2008 年。

[4] 蔡继明、陈臣.论古典学派价值理论的分野[D].经济学动态,2017 年第 6 期。

[5] 陈肖舒.西方福利经济理论的批判与反思[D].吉林大学博士论文,2017 年。

[6] 杜德省.体面劳动理论及其当代中国实践研究[D].华东师范大学博士论文,2017 年。

[7] 冯珊.马克思个人与共同体关系的思想研究[D].吉林大学博士论文,2018 年。

[8] 胡寅寅.走向"真正的共同体"——马克思共同体思想研究[D].黑龙江大学博士论文,2014 年。

[9] 胡道玖.可行能力:阿马蒂亚·森经济伦理方法研究.郑州大学博士论文,2006 年。

[10] 金碚.论民生的经济学性质[J].中国工业经济,2011 年第 1 期。

[11] 约翰·罗默、梁爽、黄斐、刘军.社会主义、马克思主义和平等——耶鲁大学教授约翰·罗默访谈[J].社会科学辑刊,2016 年第 6 期。

[12] 刘军.从马克思主义国家理论看中国国家治理现代化[J].中国特色社会主义研究,2014 年第 5 期。

[13] 马旭东、史岩.福利经济学:缘起、发展与解构[J].经济问题,2018 年第 2 期。

[14] 孙承叔.试论社会主义政治经济学的哲学立场[J].上海财经大学学报,2018 年第 2 期。

[15] 孙承叔.资本、国家与社会主义——社会生活的两重性与国家治理的两重性[J].中国浦东干部学院学报,2018 年第 11 期。

[16] 孙承叔.《资本论》哲学思想与马克思的现代史观[J].学习与探索,2013 年第 1 期。

[17] 孙承叔.资本逻辑下的经济学与经济哲学[J].上海财经大学学报,2013 年 12 月第 6 期。

[18] 孙承叔.中国道路与马克思主义哲学研究重心的第二次转向[J].马克思主义与现实,2014 年第 1 期。

[19] 孙承叔.《资本论》的再一次胜利——试述《21 世纪资本论》当代意义[J].马克思主义与现实,2014 年第 5 期。

[20] 唐正东.马克思劳动价值论的双重维度及其哲学意义[J].山东社会科学,2017 年第 5 期。

[21] 汤剑波.重建经济学的伦理之维——论阿马蒂亚·森的经济伦理思想.复旦大学博士论文,2004 年。

[22] 汪丁丁.行为、意义与经济学[J].经济研究,2003 年第 9 期。

[23] 汪行福.《21 世纪资本论》对新古典经济学的批判——皮凯蒂对主流经济学意识形态的批判[J].当代国外马克思主义评论,2016 年第 1 期。

[24] 吴海江、徐伟轩.马克思恩格斯"自由人的联合体"思想及其当代意义[J].东南学术,2018 年第 5 期。

[25] 吴晓明.从马克思的"现实"立场把握中国道路[J].马克思主义与现实,2014 年第 3 期。

[26] 吴晓明.《资本论》方法的当代意义[J].教学与研究,2018 年第 7 期。

[27] 吴晓明.从历史唯物主义与中国道路的理论与实践[J].学习与探索,2016 年第 11 期。

[28] 吴晓明.从社会现实的观点把握中国社会的性质与变迁[J].哲学研究,2017 年第 10 期。

[29] 吴晓明.马克思的现实观与中国道路[J].中国社会科学,2014 年第 10 期。

[30] 王代月.马克思主义与自由主义在国家治理观上的实质分歧[J].马克思主义研究,2018 年第 6 期。

[31] 徐国松.边际效用价值论转向的理论旨趣[J].甘肃社会科学,2013 年

第 3 期。

[32] 张伟.经济福利测度:理论分析与中国经验研究[J].华中科技大学博士论文,2010 年。

二、外文文献

[1] Alm, J. & C J. Bourdeaux, (2017), Applying behavioral economics to the public sector, *Review of Public Economics* 206(3):91-134.

[2] Atkinson, A.B. (2011), Economics as a moral science: The restoration of welfare economics, *American Economic Review* 101(3):157-161.

[3] Barker, R.L. (1999), *The Social Work Dictionary*, Washington, D.C.: NASW Press.

[4] Blair, T. (1999), *Beveridge revisited: a welfare state for the 21st century*, *in R Walker(ed.) Ending Child Poverty*. Bristol: Policy Press. p.9.

[5] Brown, G. (1999), *Equality then and now*, in D. Leonard(ed.) Crosland and New Labour. London: Fabian Vintage. p.40.

[6] Barberis, N. (2013), The psychology of tail events: Progress and challenges, *American Economic Review* 103(3):611-616.

[7] Bernheim, B.D. (2008), Behavioral welfare economics, NBER Working Paper No.14(6):22.

[8] Easterlin R. (1974), *Does Economic Growth Improve the Human Lot? Some Empirical Evidence*, Nations and Households in Economic Growth. New York: Academic Press.

[9] Easterlin R. (1995), Will Raising the Incomes of all Increase the Happiness of all? *Journal of Economic Behavior and Organization*, 27:35-47.

[10] Easterlin R. (2000), The Worldwide Standard of Living Since 1800. *Journal of Economic Perspectives*, 14(Winter):7-26.

[11] Easterlin R. (2001), Income and Happiness: Toward a Unified Theory. *Economic Journal*, 1:65-84.

[12] Easterlin R. (2005), Diminishing Marginal Utility of Income? A Caveat Emptor. *Social Indicators Research*. 70:243-255.

[13] Easterlin R. (1974), *Does Economic Growth Improve the Human Lot? Some Empirical Evidence*, Published in Nations and Households in Economic

Growth. New York: Academic Press.

[14] Easterlin R. (2001), Income and Happiness: Toward a Unified Theory. *The Economic Journal*, 1:65 - 84.

[15] F.A. Hayek. (1999), *The Sensory Order: An Inquiry into the Foundations of Theoretical Psychology*. University of Chicago Press.

[16] Fleurbaey, M.F Maniquet(2011), *A Theory of Fairness and Social Welfare*, New York: Cambridge University Press.

[17] Gowdy, J.M. (2004), "The revolution in welfare economics and its implications for environmental valuation and policy", *Land Economics* 80(2): 239 - 257.

[18] F. Gul. & W. Pesendorfer(2007), Welfare without happiness, *American Economic Review* 97:471 - 476.

[19] Murray, (1988), *In Pursuit of Happiness and Good Government*. New York. Touchstone Books.

[20] Max-Neef M. (1995), Economic growth and quality of life: a threshold hypothesis, *Ecological Economics*, vol.15, no.2, p.115 - 118.

[21] Marwell, Ames. (1981), Economists Free Ride: Does Anyone Else? *Journal of Public Economics* 15:295 - 310.

[22] Rubinstein, A.Y Salant(2012), Eliciting welfare preferences from behavioral data sets, *Review of Economic Studies* 79:375 - 387.

[23] Shiller, R J. & V.M. Shiller(2011), Economists as worldly philosophers, *American Economic Review* 101(3), 171 - 175.

[24] Scitovszk, T. DE(1941). A Note on Welfare Propositions in Economics, *Review of Economic Studies*, p.88.

[25] William D. Nordhaus & James Tobin. Is Growth Obsolete? *Economic Research: Retrospect and Prospect*, Volume 5, Economic Growth. http://www.nber.org/books/nord72-1.

后　记

时间是人的积极存在，它不仅是人的生命尺度，而且是人的发展空间。随着时间的流逝，人的意识不断发展，由最初的动物性本我，走向理性理智的自我，再到善良智慧的超我。人的生存生活也在变化，由自我人格的发展，走向关注亲密他者的爱恋，再到关注非亲密他者的幸福。人的现实生存的转变，推动人的意识不断完善，人的意识深入发展，推动人的现实生存变化。我从高中时候的一个简单梦想，走向学为人师，行为世范的教师寻梦之旅。由本科时期关注自我成长，心理认知，到硕士时期关注现代人的生存困境，再到博士时期关注现代人的福利课题。当博士论文完结时，我猛然发现求学之旅更像是自我意识发展之旅。

一路走来，十几载寒暑，有辛酸，也有喜悦；有挫折，也有收获。当意识到自我存在的价值和意义时，学术研究的心境和觉悟更为平和与宁静。我于时间长河不过沧海一粟，芸芸众生尔，然而人类正是由我这样的个体而存在。个人力量或许有限，而集体力量则为强大。如果能够贡献我微弱之光，增强人类集体的能量，我亦有何怨？唯有焚膏继晷、孜孜不倦！

几十载的求学之旅，我不是孤单的独行侠，良师益友时时给予我指引和帮助。非常感谢我的博士生导师孙承叔教授给予我学术方向的指引和生活信念的支持。对我的博士论文，他给予专业细致的指导；对我的生活，他给予最大的包容和理解。对于这份师生情谊，我相信是缘分，我更相信是自己幸运。从刚入复旦开始，孙老师谆谆教导我如何选题，如何研读经典，如何切入现实。从博士开题到中期考核，再到论文完成，孙老师给予我无数次的指导和帮助。他严谨的学术态度和热切的现实情怀深深地影响着我。在以后的学术生涯中，我想我会尽最大的努力，传承这种严谨品格和现实情怀。非常感谢吴晓明教授在博士期间给我的指导和帮助。他的每一次鼓励，都会让我更加自信；他的每一次帮助，都会让我感到复旦温暖如家。他的儒雅、睿智和博学让我倍感敬仰。高山仰止、景行行止，虽不能至，然心向往之。感谢冯平教授的关怀与教诲，她温暖如母，严厉而慈祥，温柔而坚定。感谢郑召利教授、邹诗鹏教授、王金林教授在开题和中期考核和答辩阶段对我的论文给予指导和建议，感谢吴猛教授课堂上给予的启示和指引。同时，特别感谢几位老师在我择业过程中的推荐与帮助，希望自己在以后的学术生涯中，更加努力进取，不辜负老师们的期望。另外，非常感谢吴向东教授对我学习和生活的关心与帮助，是他最初把我引向这条充满惊奇和喜悦的学术之路，也是他给予我学术研究的莫大动力和希望之光。感谢复旦时光，感谢复旦哲院老师们的谆谆教诲和真诚关怀。

我相信人生是一场修炼，庆幸的是在人生的每个阶段，都有至诚至真的师友陪伴身边。在博士期间，非常有幸认识张晓兰博士和李先悦博士，大到择业方向，小到生活琐事，她们不厌其烦，循循善诱。非常感谢她们在我撰写博士论文时，提供的情感支撑和信念鼓励。同时感谢万里之外的好友杨莹莹，博士论文所需外文资料，都是她帮我查找和整理。有她的帮助，我才能更加顺利地查阅最新外文文献，才能够顺利完成博士论文。感谢好友黄春莹博士和李星博士，十几年的友谊，胜似亲人的帮助和关怀，感谢她们在我最迷茫的时刻，给我最坚定的信念支撑和情感信赖。在学术道路上，能够得到良师益友的帮助与指引，是我人生的一大幸事。感谢、感念、感恩，铭记于心，勿忘于怀。

如果说良师益友给予我学术的指引，专业的指导，那么家则是关于自我的起源。有了家，才有取之不尽用之不竭的爱之力量。父母给予我生命，养育我成长，鼓励我振翅飞翔。这些年，远离父母，忙于学业、生活，疏于关心他们。然而，世界上最伟大的爱莫过于父母之爱，他们无怨无悔，倾尽一生地爱着我，支持着我。这份爱，何其深厚而浓郁；这份情，何其温暖而绵长。或许我能回报给他们的就是顺利毕业，幸福生活。最后非常感谢我的爱人、我的女儿。在我撰写博士论文期间，他承担起照顾年幼女儿的责任，解除我的后顾之忧。他温暖而坚定，为我构筑家的港湾，为我撑起生活的蓝天。乖巧的女儿是我快乐的源泉。每每疲惫不堪时，她甜蜜的呼唤，她天真的笑靥，成了我继续前进的动力。

虽然，人生是一场单向的修炼旅程，但是，庆幸有家人的关心和陪伴，有良师益友的帮助和指引。十几年的哲学反思和沉淀，让我懂得在确定性中把握不确定性，在不确定性中保持确定性。幸福生活的本质就是对确定性的把握，当外在世界动荡不安时，如果人心也动荡不安，幸福生活从何谈起？

图书在版编目(CIP)数据

马克思主义视域下西方福利经济理论研究/张九红著.一上海:上海三联书店,2023.11
ISBN 978-7-5426-8279-6

Ⅰ.①马… Ⅱ.①张… Ⅲ.①西方经济学-福利经济学-理论研究 Ⅳ.①F0-08 ②F061.4

中国国家版本馆 CIP 数据核字(2023)第 199033 号

马克思主义视域下西方福利经济理论研究

著　　者 / 张九红

责任编辑 / 杜　鹃
装帧设计 / 一本好书
监　　制 / 姚　军
责任校对 / 王凌霄

出版发行 / 上海三联书店
(200030)中国上海市漕溪北路 331 号 A 座 6 楼
邮　　箱 / sdxsanlian@sina.com
邮购电话 / 021-22895540
印　　刷 / 上海颛辉印刷厂有限公司

版　　次 / 2023 年 11 月第 1 版
印　　次 / 2023 年 11 月第 1 次印刷
开　　本 / 890mm×1240mm　1/32
字　　数 / 200 千字
印　　张 / 9.875
书　　号 / ISBN 978-7-5426-8279-6/F·902
定　　价 / 88.00 元

敬启读者,如发现本书有印装质量问题,请与印刷厂联系 021-56152633